高等职业教育高速铁路客运服务专业系列教材

高速铁路动车餐饮服务
（第3版）（新型活页式）

主　编 ◎ 王　慧　李　鹏　李　丹

副主编 ◎ 施　敏　朱翠翠

西南交通大学出版社
·成　都·

图书在版编目（CIP）数据

高速铁路动车餐饮服务：新型活页式 / 王慧，李鹏，李丹主编. —3版. —成都：西南交通大学出版社，2021.12（2025.6重印）

高等职业教育高速铁路客运服务专业系列教材　高等职业教育校企合作新形态系列教材

ISBN 978-7-5643-8427-2

Ⅰ.①高… Ⅱ.①王… ②李… ③李… Ⅲ.①高速动车－饮食业－商业服务－高等职业教育－教材 Ⅳ.①U293.3

中国版本图书馆 CIP 数据核字（2021）第 254338 号

高等职业教育高速铁路客运服务专业系列教材
Gaosu tielu dongche canyin fuwu
（Xinxing Huoyeshi）

高速铁路动车餐饮服务
（第 3 版）（新型活页式）

主　编　王慧　李鹏　李丹	责任编辑／臧玉兰
	封面设计／墨创文化

西南交通大学出版社出版发行
（四川省成都市金牛区二环路北一段 111 号西南交通大学创新大厦 21 楼　610031）
发行部电话：028-87600564　028-87600533
网址：https://www.xnjdcbs.com
印刷　四川玖艺呈现印刷有限公司

成品尺寸　185 mm×260 mm
印张　14　字数　307 千
版次　2016 年 1 月第 1 版　　2018 年 12 月第 2 版　　2021 年 12 月第 3 版
印次　2025 年 6 月第 14 次

书号　ISBN 978-7-5643-8427-2
定价　46.00 元

课件咨询电话：028-81435775
图书如有印装质量问题　本社负责退换
版权所有　盗版必究　举报电话：028-87600562

第 3 版前言
PREFACE

2019年，教育部先后印发《国家职业教育改革实施方案》《关于组织开展"十三五"职业教育国家规划教材建设工作的通知》《职业院校教材管理办法》，倡导使用新型活页式、工作手册式教材并配套开发信息化资源。每三年修订一次教材，其中专业教材随信息技术发展和产业升级情况及时动态更新，本书正是按此要求进行编写的。

本书按照《高等职业学校高速铁路客运服务专业教学标准》要求编写，为适应高等职业教育教材改革的要求，采用活页式教材形式。本书以实际岗位需求为目标，以就业需求为导向，实现职业技能提升，配备有活页式的任务工单，方便实训课程的组织与实施。

本书在第 2 版基础上做了较大改动，增加了动车组列车餐饮服务人员的基本素质培养、动车组列车餐饮服务人员服务意识培养，动车组列车餐饮服务人员职业形象塑造，动车组列车餐吧车备品货品定位放置，复兴号动车组列车和卧铺动车组列车餐饮作业，动车组列车互联网订餐交接及配送，动车组列车餐饮安全管理、动车组列车餐吧车应急处置等内容。每个任务后面增加实训情境描述，增加任务单，围绕文化素养、道德修养等课程思政目标，培养学生精益求精的大国工匠精神，增强学生探索未知、追求真理、勇攀科学高峰的责任感和使命感。

全书共分为六个项目，主要内容包括：项目一高速铁路动车组列车餐饮服务人员职业素养，项目二高速铁路动车组列车餐吧车设备设施，项目三高速铁路动车组列车餐吧车备品货品定位放置，项目四高速铁路动车组列车餐饮作业，项目五高速铁路动车组列车餐饮服务，项目六高速铁路动车组列车餐饮作业安全管理。

本书既可作为高等职业院校高速铁路客运服务、铁道交通运营管理等相关专业教材，亦可作为铁路职工的培训教材以及相关人员的参考资料。

本书由天津铁道职业技术学院王慧、中国铁路北京局集团有限公司安全监察室天津安全监察队李鹏和天津铁道职业技术学院李丹任主编,长沙南方职业学院施敏和济南市技师学院朱翠翠任副主编。具体分工如下:李丹编写项目一,朱翠翠编写项目二,施敏编写项目三,王慧编写项目四和项目五,李鹏编写项目六。

由于编者水平有限,虽然经过改版,增加了新内容,同样会存在不妥之处,敬请读者批评指正。

编 者

2021 年 7 月

第二版前言
PREFACE

　　高速铁路客运服务的实质是铁路企业最大限度地满足旅客的需求并为其创造价值。客运服务是站在消费者角度强调旅客在消费客运服务时的一种实际体验和体验的满足程度，侧重于服务的"过程性"和旅客的"满足感"。高速铁路客运服务按照出行过程可以分为出行前服务、车站服务、列车服务和延伸服务。其中列车服务包括信息服务、车厢服务、通信服务、票务、娱乐和餐饮等服务。因此，高速铁路动车餐饮服务要最大限度地满足广大旅客在旅行上的餐饮需要，在旅行途中为旅客创造舒适愉快的环境和得到生活上的优质服务。

　　本书依据高速铁路动车餐饮服务与经营管理的客观规律，以管理理论为指导，以餐饮实际业务活动为基础，以当前最新最实用的管理方法与操作为主要内容，坚持理论与实际相结合、定性研究与定量分析相结合，全面、系统地阐述了动车组餐饮服务与管理的各种要素及其服务程序，力求做到基础理论简明扼要，重点突出技能、应急处理。教材坚持继承与创新相结合、实用可行的原则，结构层次系统连贯、操作方式具体先进。

　　本书是在第 1 版的基础上经过修订而成，全书仍然保持了原有的体例，但是内容做了较多的改变，补充了"复兴号"动车餐饮服务、动车组餐食制作及配送过程、动车餐饮服务礼仪、重点旅客餐饮服务、动车组列车互联网订餐服务以及"八纵八横"高铁网沿线美食介绍。本书全面介绍了高速铁路动车餐饮服务的法律法规、动车组餐饮经营方法、动车组餐吧车设备设施、动车组餐饮供应组织以及动车组餐饮服务等内容的基本概念和基础理论。全书共分为四个项目，主要内容包括：项目一——动车组列车餐饮经营、项目二——动车组餐车乘务作业、项目三——动车组列车餐饮供应、项目四——动车组列车餐饮服务。

　　本书既可作为高等职业院校高速铁路客运乘务、铁道交通运营管理等相关专业的教材，又可作为铁路相关专业职工的培训教材以及相关专业人员工作的参考资料。

　　本书由天津铁道职业技术学院王慧、李丹任主编，天津铁道职业技术学院穆怀全、天津市道路桥梁管理处第三道路管理所谷雅娟任副主编。具体分工如下：谷雅娟编写项目一，李丹编写项目二，穆怀全编写项目三，王慧编写项目四。

　　由于编者水平有限，虽然经过改版，纠正了第 1 版的部分错误，增加了新内容，但书里难免会存在不妥之处，敬请读者批评指正。

编　者
2018 年 7 月

第1版前言
PREFACE

　　高速铁路客运服务的实质是铁路企业最大限度地满足旅客的需求并为其创造价值。客运服务是站在消费者角度强调旅客在消费客运服务时的一种实际体验和体验的满足程度，侧重于服务的"过程性"和旅客的"满足感"。高速铁路客运服务按照出行过程可以分为出行前服务、车站服务、列车服务和延伸服务。其中列车服务包括信息服务、车厢服务、通信服务、票务、娱乐和餐饮等服务。因此，高速铁路动车餐饮服务要最大限度地满足广大旅客在旅行上的餐饮需要，在旅行途中为旅客创造舒适愉快的环境和得到生活上的优质服务。

　　本书依据高速铁路动车餐饮服务与经营管理的客观规律，以管理理论为指导，以餐饮实际业务活动为基础，以当前最新最实用的管理方法与操作为主要内容，坚持理论与实际相结合、定性研究与定量分析相结合，全面、系统地阐述了动车组餐饮服务与管理的各种要素及其服务程序，力求做到基础理论简明扼要，重点突出技能、应急处理。教材坚持继承与创新相结合、实用可行的原则，结构层次系统连贯、操作方式具体先进。

　　本书全面介绍了高速铁路动车餐饮服务的法律法规、动车组餐饮经营方法、动车组餐吧车设备设施、动车组餐饮供应组织以及动车组餐饮服务等内容的基本概念和基础理论。全书共分为四个项目，主要内容包括：项目一动车组列车餐饮经营、项目二动车组餐车乘务作业、项目三动车组列车餐饮供应、项目四动车组列车餐饮服务。

　　本书既可作为高等职业院校高速铁路客运乘务、铁道交通运营管理等相关专业的教材，又可作为铁路相关专业职工的培训教材以及相关专业人员工作的参考资料。

　　本书由天津铁道职业技术学院李丹任主编，天津铁道职业技术学院王慧、闫莹娜、刘敏、王嘉嘉任副主编，北京铁路局天津客运段胡博参与编写。具体分工如下：李丹编写项目一，闫莹娜、胡博编写项目二，王慧、刘敏编写项目三，王嘉嘉编写项目四。

　　由于编者水平有限，书中不妥之处在所难免，敬请批评指正。

编　者
2015年10月

目 录
CONTENT

项目一	高速铁路动车组列车餐饮服务人员职业素养	001
任务 1	动车组列车餐饮服务人员职业素养提升	001
任务 2	动车组列车餐饮服务人员职业形象塑造	011

项目二　高速铁路动车组列车餐吧车设备设施　019
　　任务 1　"和谐号"动车组列车餐吧车设备设施　019
　　任务 2　"复兴号"动车组列车餐吧车设备设施　031
　　任务 3　动车组列车餐吧车设备操作　037

项目三　高速铁路动车组列车餐吧车备品货品定位放置　053
　　任务 1　动车组列车餐吧车车容整理　053
　　任务 2　动车组列车餐吧车备品货品定位放置　071

项目四　高速铁路动车组列车餐饮作业　079
　　任务 1　动车组列车餐吧车作业　079
　　任务 2　"复兴号"动车组列车餐饮作业　115
　　任务 3　动车组列车互联网订餐交接及配送　131

项目五　高速铁路动车组列车餐饮服务　143
　　任务 1　动车组列车餐饮供应服务　143
　　任务 2　动车组列车餐饮销售服务　155
　　任务 3　动车组列车重点旅客餐饮服务　169
　　任务 4　动车组列车餐饮投诉处理　181

项目六　高速铁路动车组列车餐饮作业安全管理　191
　　任务 1　动车组列车餐饮作业安全管理　191
　　任务 2　动车组列车餐吧车应急处置　205

参考文献　215

思政案例

项目一 高速铁路动车组列车餐饮服务人员职业素养

项目描述

动车组餐吧车是为广大旅客及乘务人员提供餐饮产品及餐饮服务的主要场所,服务人员必须拥有丰富的服务知识与娴熟的服务技能,将精美可口的食品和尽善尽美的服务有机结合起来,让服务对象在物质和精神上获得满足。本项目主要介绍动车组列车餐饮服务人员应具备的职业素养。本项目的学习,可培养学生认真负责的工作态度,用饱满的精神及优雅的气质打动旅客,规范自己的行为,在动车组餐饮服务事业中享受工作带来的成就感。

学习目标

1. 思政目标

热爱中国共产党、热爱社会主义祖国、热爱人民、热爱集体;遵守法律,遵规守纪;具有社会责任感和参与意识。

2. 素质目标

树立"人民铁路为人民"的职业情操;具有良好的职业道德和职业素养;具有较强的集体意识和团队合作精神,能够进行有效的人际沟通和协作;具有良好的身心素质和自我管理能力。

3. 能力目标

能够有意识、有计划地提高自身的职业素养;能够理解服务意识在动车组餐饮服务中的作用,提高自身的餐饮服务意识;塑造良好的职业形象。

4. 知识目标

掌握动车组餐饮服务人员应具备的职业道德要求;培养动车组餐饮服务人员应具备的服务意识;掌握动车组餐饮服务人员职业形象塑造的要求。

任务 1　动车组列车餐饮服务人员职业素养提升

任务引入

动车组餐饮服务工作是与人打交道的工作。动车组餐饮乘务人员应具备高度的政治觉悟、高尚的道德情操和自觉的组织纪律性，在乘务过程中站立行走、动作与姿态等服务行为应规范，具有丰富的专业知识、强烈的事业心和责任感。动车组列车餐饮服务人员的工作目标是让旅客在物质和精神上获得满足，提高动车组列车餐饮服务质量，用先进的管理经验和服务方式，提升动车组列车的餐饮品质。

请思考：动车组列车餐饮服务人员应具备哪些职业素养？

相关知识

职业素养是指人类在社会活动中需要遵守的行为规范，是职业内在的要求，是一个人在从事职业过程中表现出来的综合品质，体现了一个社会人在职场中成功的素养和智慧。

一、动车组列车餐饮服务人员的职业素养

良好的职业素养包括：高尚的职业道德，阳光的心态，自愿合作和协同努力的精神，能够进行有效的服务沟通，不断进行自主学习的能力。

（一）职业素养

素养是指人的修养，包括一个人的道德品质、外在形象、知识水平、能力等各个方面。在知识经济发展的今天，人的素养包括思想政治素养、文化素养、业务素养和身心素养等。

职业素养是指职业内在的规范和要求，是在职业过程中表现出来的综合品质，包含职业道德、职业技能、职业行为、职业作风和职业意识等方面。职业素养是职场人尽自己最大的能力把工作做好的素质和能力，良好的职业素养是衡量一个职场人成熟度的重要指标。

（二）职业素养的核心

1. 职业信念

职业信念包含良好的职业道德、正面积极的职业心态和正确的职业价值观意识，是一个成功职场人必须具备的核心素养。职业信念内涵十分丰富，如爱岗、敬业、忠诚、奉献、乐观、开放、合作、始终如一，等等。

2. 职业知识技能

职业知识技能是指做好一个职业应该具备的专业知识和能力。没有过硬的专业知识，没有精湛的职业技能，就无法把一件事情做好。为此必须坚持不断地关注行业的发展动态及未来的趋势走向，培养良好的沟通协调能力，懂得上传下达、左右协调从而做到事半功倍。此外，还要懂得职场礼仪、时间管理及情绪管控的方法等。每个职业有每个职业的知识技能，学习、提升职业知识技能是为了让我们把本职工作做得更好。

3. 职业行为习惯

职业行为习惯是指在职场上通过长时间学习到改变形成，最后变成习惯的一种职场综合素质。信念可以调整，技能可以提升。要让正确的信念、良好的技能发挥作用，就得不断地练习、再练习，直到成为习惯为止。

二、动车组列车餐饮服务人员的职业道德

职业道德是人们在长期的职业活动中逐渐形成的具有自身职业特征的道德准则和行为规范。铁路职业道德通过一系列的职业道德基本规范来制约每个铁路从业人员，调解铁路与社会、集体与个人、个人与个人的道德关系。铁路职业道德的基本原则是：人民铁路为人民。

由于工作的性质，动车组列车餐饮服务人员的职业道德具有一定的特殊性。归纳起来主要有以下几个方面：

（1）服务理念，主动热情、细心周到。

（2）礼貌待客，行为端正、举止文明。

（3）职业修养，工作勤奋、业务熟练。

（4）经营作风，诚信无欺、真实公道。

（5）优良品质，廉洁奉公、谦恭自律。

（6）高尚风格，团结协作、顾全大局。

（7）遵章守纪，执行标准、服从命令。

三、动车组列车餐饮服务人员的身体素质

1. 健康的身体

动车组餐饮从业人员应符合《铁路运营食品安全管理办法》的有关规定，经铁路食品安全监督机构许可后，方可从事食品经营活动。动车组列车餐饮服务人员必须身体健康，上岗前必须按规定到指定医院检查身体，体检合格后由卫生部门发放健康证，取得健康证明后方能上岗。每年必须进行一次体检复查，如发现患有细菌性痢疾、伤寒、病毒性肝炎、活动性肺结核、渗出性、化脓性皮肤病，以及有其他不适合从事直接为旅客服务的疾病，不得从事食品和铁路运输场所的服务工作。

2. 充沛的体力

动车组列车餐饮服务工作的劳动强度较大，在工作中站立、行走、售餐等，都要有一定的腿力、臂力和腰力，所以餐饮服务人员必须要有充沛的体力。

四、动车组列车餐饮服务人员应具备的专业素质

动车组列车餐饮服务人员的专业素质是做好餐车服务工作的重要保证，是提高餐饮服务工作效率和质量的基本条件。动车组列车餐饮服务人员主要承担在列车运行过

程中列车上食品、饮料等商品的销售工作,以此来实现餐吧车的经营目标。餐饮服务,既是餐吧车的生命,也是餐吧车的主要产品。在餐饮服务中,餐饮服务人员要始终保持亲切热忱的态度,时刻为旅客着想,给旅客以宾至如归的感觉。

(一)专业知识

动车组列车餐饮服务人员应掌握的餐饮产品专业知识主要如下。

1. 菜肴和酒水知识

餐饮服务人员需要熟悉所销售的菜肴、酒水的特点,要懂得我国主要菜系的构成以及各大菜系的特点、代表性的名菜等,了解常用酒水的产地、口味、特点、年份等。

2. 烹饪知识

了解基本烹饪的方法、步骤和制作过程,熟悉动车组餐吧车的不同车型,餐吧内设施设备,工具的性能、使用方法及保养知识等。

3. 食品卫生知识

餐饮服务人员应懂得食品营养的搭配与组合,了解各种主要营养素在人体中的重要作用。此外,还要掌握动车组餐饮安全管理要求,了解食品污染及食品中毒的相关知识及预防措施等。这样,既能保证旅客的营养膳食结构趋向平衡、合理,又能保证旅客旅途中的食品安全。

4. 习俗常识

餐吧车每天要接待大量来自全国各地的旅客,他们有不同的饮食习惯。餐饮服务人员担负着为旅客推荐饮食、鉴别饮食质量的责任,这就需要他们既熟悉来自不同地域旅客的风俗习惯和饮食特点,还熟悉菜品的特点,以便为旅客提供有针对性的服务。

5. 安全应急知识

餐吧车被誉为"流动的餐厅",人员密集,安全要求高。有时会遇到特殊原因导致线路中断停止运行、列车晚点等突发状况,以及餐吧车电气化厨房设备操作不当或发生食品安全问题等非正常情况,这就需要采取相应的应急处置。因此,餐饮服务人员应掌握一定的安全应急知识。

(二)专业技能

动车组列车餐饮服务人员要有熟练的专业技能,一方面,能给旅客提供高质量的服务,以增加旅客的信任感和安全感,进而给餐厅带来良好的经济效益;另一方面,对列车餐饮企业的信誉起着扩散与宣传作用。熟练的操作技能是快速服务的前提,而快速服务能节省时间,提高工作效率。

1. 沟通能力

餐吧车每天要接待许多来自四面八方的旅客,餐饮服务人员要善于利用自己的语言、行为和肢体语言,与不同旅客进行沟通。语言是有声的思想,是表达感情的工具,餐饮服务人员对客人态度的好坏,很大程度上是从语言中反映出来的。餐饮服务人员在为旅客服务时，要根据不同的接待对象使用不同的尊敬语、称呼语、问候语。为旅客服务时要做到有"五声"，即客人来时有迎客声、遇到客人有称呼声、受到帮助有致谢声、工作失误有致歉声、客人离开有送别声。使用服务语言时要简单明了，生动活泼，注意语调、语速的使用方法，表达应清楚，富有感染力。同时，要提高自己的口头和书面表达能力，善于抓住问题的关键，熟练处理旅客的各种投诉。

2. 推销能力

每一个餐饮服务人员都应该是一个优秀的推销员。餐饮推销不只销售食品和饮料，而且要向旅客销售优质服务。归纳起来，要做好推销工作，餐饮服务人员就要注意以下几点：

（1）动车组列车餐饮服务人员要讲究仪容仪表美，坚持微笑服务，态度真诚，做到客到微笑到、敬语到、服务到。良好的仪容仪表也是对旅客的尊重，容易让旅客在心理上产生好感，也更容易让旅客接受餐饮服务人员推销的产品。

（2）餐饮服务人员可根据旅客的年龄、职业、地区、性别或同行人等特点，做出初步判断。面对不同的旅客、不同的消费水准，进行有针对性的推销。如老年旅客由于消化能力减弱，喜欢松软、油轻、低糖、低盐、易消化的食品。遇到女性旅客时，餐饮服务人员推荐菜品要注意征询女性旅客的意见。

（3）餐饮服务人员要善于把握旅客的就餐心理，灵活地使用推销语言，使旅客有良好的感受。常用的语言技巧有选择问句法、语言加法、语言减法、语言除法、借人之口法、赞誉法和亲近法等。

3. 熟练的服务技能

要成为一名优秀的动车组列车餐饮服务人员，仅仅具有专业知识和良好的愿望是不够的，还必须有扎实的基本功和熟练的服务技能。如旅客让餐饮服务人员将所点食物、饮品端送到座位时，如果餐饮服务人员的端托技能欠佳、端托不稳，将食物或酒水洒在了旅客身上，这时态度再好的客人也不会满意。为了避免这样的情况发生，餐饮服务人员就必须练好基本功，熟练掌握端托、餐巾折叠、摆台、上酒水服务等技能。另外，还要熟知安全措施和应急预案，熟练使用安全设备设施，具备妥善处理突发事件的应急、应变能力。

五、动车组列车餐饮服务人员的服务意识

动车组列车餐饮服务工作以向旅客提供餐饮服务产品来实现经营目标。优质的餐饮服务是餐吧车的生命。餐吧车的服务包括规范服务和超常服务。规范服务是按照岗位标准为旅客提供餐饮产品的过程，是最基本的服务内容；超常服务是为旅客提供的服务内容超出了旅客的期望值和满意度，是在提供规范化服务的基础上，为旅客带来的一种良好的综合性体验感受。超常服务来自主动发现、了解、满足旅客的需要，要通过餐饮服务人员良好的服务意识来实现。

（一）服务意识的内涵

服务意识是一种乐于为他人提供帮助的意愿，是主动满足旅客潜在需求的服务能力，发自于服务人员的内心。为了能及时、准确地识别旅客的潜在需求，就需要服务人员主动关注旅客，通过主动与旅客沟通，不断发掘旅客的潜在需求，从而尽可能地满足旅客的需要。在服务过程中，旅客的潜在需求主要有被关心、被倾听、服务人员专业化、迅速反应四个方面。

服务意识与服务能力的区别在于，服务意识是愿不愿意做好的问题，服务能力则是能不能做好的问题。为了向旅客提供优质服务，服务人员应当努力培养和提高自己的服务意识，把消极被动转变成积极主动。

（二）动车组列车餐饮服务人员应具备的服务意识

服务意识是一种工作态度。当一个服务人员拥有较强的服务意识的时候，他的工作是自动自发地、自觉自愿地站在旅客的角度，为旅客着想，帮旅客解决问题。动车组列车餐饮服务人员应培养主动、热情、耐心、周到的服务意识，在工作中主动满足旅客的潜在需求。

1. 主　动

主动服务是指动车组列车餐饮服务人员主动满足旅客到餐吧车用餐需求而采取的有效措施。

"五主动"服务是指主动迎送旅客、主动扶老携幼、主动解决旅客困难、主动介绍旅行常识、主动征求旅客意见。

（1）当好旅客参谋。

每天到餐吧车用餐的旅客来自全国各地，旅客用餐的口味、标准、档次不同，用餐需求也不同。因此，动车组列车餐饮服务人员要学会研究旅客心理，揣摩其用餐需求，主动介绍适宜菜品，照顾南甜北咸、东辣西酸的饮食习惯。同时，要适时介绍列车运行沿途地域的地方风味菜和特色菜。除此以外，餐饮服务人员推售货车前往各车厢服务时，应主动向旅客介绍各地的名优特产，以增进旅客对各类餐饮产品的了解；要对不同的旅客提供对应服务，对重点旅客做到重点照顾，有服务，有登记。态度表情应亲切自然，举止要优雅庄重，要面带微笑。

（2）主动服务，遵守程序。

餐吧车服务人员是铁路企业形象的代表，能否主动地为旅客服务，将直接影响旅客对铁路企业的印象。餐吧车服务人员要以自己主动的服务去赢得旅客的赞誉。在服务的全过程，要遵守服务程序，要主动介绍餐吧服务设施、设备及使用方法，要为旅客提供动车餐吧服务指南和食谱及价格，介绍菜谱酒水等相关内容。

2. 热　情

热情服务是指餐饮服务人员细心体察旅客需求，自然微笑，真诚待客，使旅客感到亲切、温暖。

3. 耐　　心

耐心服务是指餐饮服务人员以高尚的道德修养，对服务过程中出现的各种情况和问题，做到恰当、理智处理。要耐心地对待旅客，及时解答问题和化解矛盾。对旅客提出的合理要求和意见应及时解决，尽量满足旅客，对做不到的事项应说明原因，耐心解释。

"四心"服务指的是对待旅客热心、解答问题耐心、工作认真细心、接受意见虚心。

4. 周　　到

周到服务是指动车组列车餐饮服务人员在语言表达、服务态度、用餐照顾等全过程服务中，要处处为旅客提供方便。承诺旅客的事情，一定要落实解决，言而有信。"三要"服务是指对待旅客要文明礼貌、纠正违章要态度和蔼、处理问题要实事求是。

六、动车组列车餐饮服务人员的岗位职责

动车组列车乘务组由司机、列车长、乘务员、随车机械师、乘（辅）警、餐饮服务人员、乘服员组成。列车乘务组在列车长统一领导下，各司其职，共同做好客运乘务组织工作。长编动车组列车客运乘务组原则上由1名列车长、5名乘务员、3名餐饮服务人员、5名乘服员组成，短编动车组列车客运乘务组原则上由1名列车长、3名乘务员、2名餐饮服务人员和3名乘服员组成。单程运行时间8小时以上动车组，长编按照1名列车长、1名列车值班员、6名乘务员、4名餐饮服务人员、5名乘服员配置，短编按照1名列车长、1名列车值班员、3名乘务员、3名餐饮服务人员、4名乘服员配置。

（一）餐服长岗位职责

（1）在列车长的领导下，做好当次列车餐服组人员、跟车保洁人员的管理及与铁路其他工作人员的协调工作。

（2）负责核对卫生许可证是否相符，检查本组人员健康证、上岗证、胸牌、培训合格证是否齐全有效，请领各类报表、票据、备品及消耗品。

（3）负责召集出乘前准备会，带领本组人员到派班室签到。

（4）负责填写领货申请单，与库管员进行售卖商品的交接。

（5）负责检查餐吧设备设施的性能及使用状况。

（6）负责本组餐饮服务人员、跟车保洁员对旅客的迎送、餐售服务、卫生清洁及车上其他临时性工作的开展及调配。

（7）负责当次列车上商品销售的现金管理。

（8）负责"餐服乘务日志"的记录、保存。

（9）负责回收报损商品，做好销售商品、现金、备品、消耗品与地面的交接。

（10）负责填写车组领货单、现金缴款清单、报废品明细表、免费品发放单、列车接待任务欠款单等相关单据，与库管人员办理交接。

（11）负责免费品发放单、列车接待任务欠款单等单据与列车长的联系签认工作。

（12）负责退乘会的召集并到派班室记录。

（二）餐饮服务人员岗位职责

（1）在餐服长的领导下，完成列车餐售及服务工作。

（2）负责送餐车、售货车的整理工作。

（3）负责餐车餐饮准备工作，按规定布置餐厅、餐台和补充各种商品。

（4）负责列车商品及餐食的销售工作。

（5）负责餐车设备的检查及操作。

（6）负责餐食交接、发放、回收包装袋工作。

（7）负责餐车内部的卫生清洁及设备清洁保养。

（8）负责作业区域各类紧急情况的处理。

（9）完成列车长布置的其他工作。

> 任务实施

1. 任务准备

（1）设备准备：形体训练教室，专业训练服（可着正装）。

（2）实训资料准备：实训任务单、动车组列车服务质量规范、教材等。

（3）情景准备：实训前各小组查阅、收集资料，选择动车组列车餐饮服务某个情景，情景中包括动车组列车餐饮服务人员、旅客，人数自定，情景涉及餐饮服务中旅客订餐、销售餐饮、用餐照顾等服务环节。

（4）人员准备：实训分小组进行，每组6~8人，每小组做好人员分工。

2. 实施步骤

（1）动车组列车餐饮服务人员服务意识培养。

（2）动车组列车餐饮服务人员的服务能力提高。

（3）动车组列车餐饮服务人员的岗位职责认知。

（4）组内互查，教师总结并评分、评价。

3. 任务单

训练名称	高速铁路动车餐饮服务人员职业素养训练		
班　级		姓　名	
1. 结合实际谈谈高速铁路动车餐饮服务的重要性。			
2. 模拟动车组餐饮服务工作场景，提高服务能力。			
3. 树立服务意识，为用餐旅客主动服务。			
4. 认知动车组列车餐饮服务人员的岗位职责。			
任务总结：			

4. 效果评价

	项目	A—优	B—良	C—中	D—及格	E—不及格	综合
小组评价	服务意识（15%）						
	服务能力（15%）						
	专业素质（20%）						
	团队合作（10%）						
教师评价	职业素养（20%）						
	任务单（20%）						
	教师签名						

任务 2　动车组列车餐饮服务人员职业形象塑造

任务引入

良好的职业形象、优质的餐饮服务铸就了动车组餐饮服务这道流动的风景线。餐饮服务人员的言行举止是旅客认知餐饮服务品牌最直接的途径，我们应该时刻提醒自己把最佳状态呈现给旅客。

请思考：动车组列车餐饮服务人员应展示哪些职业形象？

相关知识

动车组列车餐饮服务主要是为旅客提供食品享受和精神享受的服务。在餐饮服务过程中，为了给旅客提供优质的服务，应积极塑造职业化的服务形象，这也是保证动车组餐饮服务水平的关键。

一、动车组列车餐饮服务人员着装标准与规范

动车组列车餐饮服务人员要求仪容整洁，着装统一，整齐规范。制服穿着得体，不得随意改变制服款式。工作时制服要干净，熨烫平整，无污渍斑点、皱褶、脱线、损扣、残破、毛边等。制服上不得佩戴任何饰物，当班值乘时，只许佩戴相应的职务徽章。非工作期间，除集体活动外，不得穿制服出入公共场合或乘坐动车组列车。女乘务员制服包含乘务大衣、外套、马甲、衬衣、西裙、长裤、帽子、长筒丝袜、工鞋及围裙（部分发放）等。

（一）动车组列车餐饮服务人员夏装着装规范

（1）穿着夏装时，女性餐饮服务人员长筒丝袜的颜色应统一为咖啡色，不得出现破洞、抽丝等现象。值乘期间，应多佩戴至少一双，防止刮破、拉丝。

（2）穿着夏装时，男性餐饮服务人员袜子的颜色统一为黑色，每天更换，统一佩戴领结，上衣应束于裤内，制服必须干净整洁。

（3）统一佩戴领花或丝巾。

（4）制服上装每天都需水洗。西裙要型号适中，不宜过短，拉链在后腰部正中位；如需要进行尺寸修改时，只可修改大小，不可修改长短。

（5）皮鞋必须是黑色，款式应简洁朴素，不得有任何装饰物，保持光亮无破损；女餐饮服务人员工鞋高度不得超过 3.5 cm，不得是细跟，需为粗跟（直径不少于 3 cm）、四方跟。

（二）动车组列车餐饮服务人员春秋装、冬装着装规范

（1）女性餐饮服务人员穿着春秋装、冬装时，所有拉链应拉紧，统一佩戴领带，衬衣应束在裤子或裙子内。衬衣型号适中，熨烫平整，系好纽扣（尤其注意衬衣第一颗扣及袖口三颗扣）；禁止挽起袖子或衬衣垂直外漏在西裙或裤子外。

（2）餐饮服务人员着乘务大衣需扣好纽扣；秋冬季节时在站台接车可穿大衣，车厢服务时不允许穿着大衣。

（3）马甲、外套着装要求为型号适中，干净平整，无油渍，系好纽扣；左上侧须佩戴铭牌，口袋内不得放置零散物品（如手机、点餐笔、物品单等）。

（4）佩戴帽子时应帽尖端正，正对鼻梁，帽檐不能遮眉，佩戴在眉上方1指处。

（5）男性餐饮服务人员穿着春秋装、冬装时，袜子的颜色应统一为黑色，每天更换，所有纽扣和拉链应扣好、拉紧，统一佩戴领结，衬衣应束于裤内，衬衣的衣袖不得卷起。

（6）裤子必须干净、平整、有裤线，不可有光亮感。

（三）动车组列车餐饮服务人员围裙穿着规范

（1）穿着围裙的时间：始发收岗后开始佩戴围裙，终到站立岗前摘取围裙；折返站终到、始发立岗（除部分列车运行时间较短，折返次数多的车次外）均不佩戴围裙。

（2）保证围裙干净、平整、整齐，穿戴完毕后应互相整理，穿戴围裙时必须佩戴工号牌。

（四）职务徽章佩带规范

穿着制服时，餐饮服务人员应佩带职务徽章。职务徽章（工号牌）应别于左胸上方，衬衣第二颗与第三颗纽扣中间，平行偏左2cm处，与上衣第二颗纽扣平行。

（五）拉杆箱、乘务包管理规范

（1）餐饮服务人员出乘时应保证出乘物品携带齐全。

（2）餐饮服务人员必须使用统一发放的拉杆箱，拉杆箱上不得悬挂、张贴任何饰物。

（3）所有拉杆箱须统一佩挂发放的标识牌，并在标识牌上工整填写使用人的姓名。

（4）出乘餐饮服务人员集体行动时，以餐服长的拉杆箱为准，摆放整齐端正。

（5）出乘准备会结束后，餐服班组可将拉杆箱统一放于指定区域，箱子应竖直放置，整齐排列，不能超出指定区域。

（6）餐饮服务人员在不着冬装外套、帽子的情况下，将外套、帽子整齐地摆放在拉杆箱上。

（7）在拿取拉杆箱时，餐饮服务人员应仔细查看拉杆箱上的标识，避免拿错造成后续班次的波动，如不慎拿错，应在第一时间向餐服长汇报。

（8）餐饮服务人员应爱护拉杆箱，确保其完好，如因个人使用不当造成拉杆箱损坏，应立即到仓库登记、购买。

二、动车组列车餐饮服务人员仪容要求

仪容是动车组列车餐饮服务人员个人形象的重要组成部分之一。良好的仪容是一种无声的语言,也是服务人员精神面貌的体现,能给旅客带来清新的感受和美的享受。得体的仪容大体上受两大要素的影响,一是本人的先天条件,二是本人的修饰维护。总的要求是适度、美观。

(一)微　笑

微笑是人们日常生活和社会交往中最常使用的一种身体语言。人际交往一般都是以微笑开始。轻松而友善的微笑,能缩短人与人之间的心理距离,能迅速带来融洽的氛围,已成为服务行业中的一种基本礼仪规范。

1. 微笑的要求

为旅客服务时微笑是最有价值的面部表情,因此微笑要真诚和适度,微笑要做到"四个结合",即口眼相结合,笑与神情、气质相结合,笑与语言相结合,笑与仪表、举止相结合。

2. 微笑的基本方法

微笑的特征是面含笑意,但笑容不甚显著。一般情况下,人在微笑时是不闻其笑声,不见其牙齿的。微笑,面容和祥,微笑时嘴角微微上翘,露出六或八颗牙齿,注意保持牙齿清洁以表示对他人的尊重。

(二)动车组列车女性餐饮服务人员仪容要求

餐饮服务人员须在出乘前按标准梳理好发型,化职业淡妆,整组妆容需统一。

1. 头　部

头发保持干净,有光泽,无头皮屑,不得染色,短发最短不得短于两寸,长发最长不得超过衣领底线,刘海应保持在眉毛上方,禁止理奇异发型;任何一种发型都应梳理整齐,使用发胶、摩丝定型,不得有蓬乱感觉;头发两侧鬓角应使用黑色发卡固定,不得有头发掉下来,头发应保持黑色,不得使用假发套;发夹、发箍应为无饰物黑色;佩戴规定头花,头花佩戴高度不宜过高,高度不能超过外耳轮上部。

2. 面　部

面部保持清洁,出乘前必须按要求画淡妆。妆容基本要求是肤色自然,突出眉毛、眼影、眼线、腮红、唇膏。眉毛应修剪秀丽、整齐,眉笔应使用黑色、深棕色,眼影与制服颜色协调;不得佩戴带框架眼镜及有色隐形眼镜(即接触镜);唇线颜色应与唇膏颜色一致,不得使用不健康色唇膏;不得化奇异妆容。工作中还应注意补妆,补妆应在洗手间或乘务员室进行。禁止使用油腻或珠光的口红及唇彩,粘贴假睫毛长度不得超过 1 cm。

3. 耳　部

耳饰一边仅可佩戴一只细小耳钉,镶嵌物直径不得超过 2 mm,不允许佩戴吊坠耳环。

4. 手　腕

可佩戴一块正装手表，必须走时准确。所戴手表表带应为链或皮带材质，宽度不得超过 2 cm，不得佩戴卡通及装饰物的手表。

5. 手　部

双手保持清洁健康，指甲修剪整齐美观，无凹凸不平的边角，保持肉色，不涂指甲油，手指甲长度不超过手指尖 2 mm，长度应保持一致。不得佩戴戒指。

（三）动车组列车男性餐饮服务人员仪容要求

1. 头　部

发型稳重，头发保持干净，有光泽，无头皮屑，不得染色。发型要修剪得体，轮廓分明，头发应梳理整齐，使用发胶、摩丝等定型，不得有蓬乱的感觉；头发两侧鬓角不得长于耳垂底部，前面不遮盖眉毛，后部不长于衬衣领；两侧鬓角不得超过耳垂底部；不得剃光头、烫发和剪板寸头；头发应保持黑色，不得使用假发套。

2. 面　部

面部需保持清洁，无胡须，鼻毛不得外露。

3. 耳　部

耳部不得佩戴耳钉、耳环、耳坠。

4. 手　腕

手腕可佩带一块正装手表，必须走时准确，不得佩戴异形、夸张样式手表以及手链和手镯等饰物，不得系带怀表。

5. 手　部

双手保持清洁健康，手指不得有抽烟留下的熏黄痕迹，指甲修剪整齐美观，无凹凸不平的边角，手指甲长度不超过手指尖 2 mm，长度应保持一致，不得佩戴戒指。

三、动车组列车餐饮服务工作中的行为动作要求

动车组餐吧车服务是铁路企业形象的"名片"之一，因此在餐吧车服务中的礼节、礼貌是不可缺少的一部分，它渗透在列车餐饮服务的方方面面，贯穿服务过程始终。无论是餐饮服务人员还是餐服长，都应该是这趟列车的"礼仪大使"，把就餐旅客放在"贵宾"的位置来对待。

（1）表情自然，态度和蔼，用语文明，举止得体，庄重大方。

（2）服务语言表达规范、准确，使用普通话，口齿清晰。使用"请、您好、谢谢、对不起、再见"等服务用语。对旅客称呼恰当，统称为"旅客们""各位旅客""旅客朋友"，单独称为"先生、女士、小朋友、同志"等。

（3）旅客问讯时，要面向旅客站立（工作人员办理业务时除外），目视旅客，有问必答，回答准确，解释耐心。遇有失误时，要向旅客表示歉意；对旅客的配合与支持，要表示感谢。

（4）坐立、行走姿态端正，步伐适中，轻重适宜。在旅客多的地方，先示意后再通行；与旅客走对面时，要主动侧身面向旅客让行，不与旅客抢行。列队出（退）勤（乘）时，按规定线路行走，步伐一致，箱（包）在同一侧。

（5）立岗姿势规范，精神饱满。站立时，挺胸收腹，两肩平衡，身体自然挺直，双臂自然下垂，手指并拢贴于裤线上，脚跟靠拢，脚尖略向外张呈"V"字形。女性餐饮服务人员可双手四指并拢，交叉相握，右手叠放在左手之上，自然垂于腹前；左脚靠在右脚内侧，夹角为45°呈"丁"字形。男性餐饮服务人员立岗时，双脚分开，与肩同宽，脚尖略向外张，双手放在身后，左手半握拳，右手握住左手手腕处。

（6）列车进出站时，在车门口立岗，面向站台致注目礼，以列车进入站台开始，开出站台为止。办理交接时行举手礼，右手五指并拢平展，向内上方举手至帽檐右侧边沿，小臂形成45°角。

（7）清理卫生时，清扫工具不触碰旅客及携带物品。挪动旅客物品时，征得旅客同意。需要踩踏座席、铺位时，穿戴鞋套或使用垫布。占用洗脸间洗漱时，要礼让旅客。

（8）夜间作业、行走、交谈及开关门要轻。进包房先敲门，离开时应倒退出包房。

（9）不高声喧哗、嬉笑打闹、勾肩搭背。定时定点分批用乘务餐，其他时段不在旅客面前吃食物、吸烟、剔牙齿和出现其他不文明、不礼貌的动作。不对旅客评头论足，接班前和工作中不食用异味食品。餐车对旅客供餐时，不在餐车逗留、闲谈、占用座席、陪客人就餐。

（10）指示方位时应五指并拢，小臂带动大臂，根据指示距离的远近调整手臂的高度，身体随手的方向自然转动，目光与所指示的方向一致；收回时，小臂向身体内侧略成弧线自然收回。切忌用单个手指指示方位。

（11）鞠躬时应面带微笑，双脚并拢，脚尖略分开，双手四指并拢，交叉相握，右手叠放在左手之上，自然垂于腹前，身体向前，腰部下弯成15°，头、颈、背自然成一条直线。上身抬起时，要比向下弯时稍慢些；视线随着身体的移动而移动，视线的顺序是：旅客的眼睛—脚—眼睛。迎送客时和还礼时，身体鞠躬为30°。道歉时，身体鞠躬为45°（如图1-2-1所示）。

图1-2-1　鞠躬

四、端拿递送餐食标准

动车组用托盘分为三种：备品托盘，供餐托盘，收垃圾托盘。

供餐置盘时米饭类顺序摆放位置为左边摆放餐食，右边摆放套筷，上方摆放汤/酱油；饮料类顺序摆放为纵向摆放或横向摆放，Logo方向必须一致。要求专盘专用。

端拿递送服务时面带微笑，和旅客有适当的语言交流和眼神交流。

1. 端托盘时

端托盘时，双手端住托盘的后半部分，大拇指握紧托盘内沿，其余四指托住托盘底部，托盘的高度应在腰间以上胸部以下，托盘端平，微向里倾斜，托盘上的放置品不应过高，以不超过胸部为宜，拿东西时，应轻拿轻放。

2. 拿水杯时

拿水杯时，应轻拿轻放。一手握住水杯把（无把手水杯应拿水杯下端的1/3处），一手轻托水杯底部。

3. 递送东西时

递送东西时，应站在旅客的正面与其呈45°角的地方，双手递送；递送东西应到位，当对方接稳后再松手，并注意周围是否有旅客和其他工作人员并行或通过，送到旅客身边时应提醒旅客注意端拿及注意饮用烫口。为旅客送东西时要保证及时和周到，不要有遗漏。将有文字的物品递交他人时，应主动介绍名称，严格遵守发放原则——先左后右、先里后外，先宾后主、先女后男，如图1-2-2所示。

图1-2-2 端拿递送

> **任务实施**

1. 任务准备

(1) 设备准备：形体训练教室，形体训练教室内椅子、凳子若干、专业训练服（可着正装）。

(2) 实训资料准备：实训任务单、动车组列车服务质量规范、教材等。

(3) 情景准备：实训前各小组查阅、收集资料，选择动车组列车餐饮服务某个情景，情景中包括动车组列车餐饮服务人员、旅客，人数自定，情景涉及餐饮服务中旅客订餐、销售餐饮、用餐照顾等服务环节。

(4) 人员准备：实训分小组进行，每组6~8人，每小组做好人员分工。

2. 实施步骤

(1) 动车组列车餐饮服务人员的着装训练。

(2) 动车组列车餐饮服务人员的仪容训练。

(3) 动车组列车餐饮服务人员的行为动作训练。

(4) 组内互查，教师总结并评分、评价。

3. 任务单

训练名称	高速铁路动车餐饮服务人员职业形象训练		
班　级		姓　名	
1. 结合实际谈谈高速铁路动车餐饮服务人员职业形象塑造的重要性。			
2. 模拟动车组餐饮服务工作场景，按动车组列车餐饮服务人员着装要求进行服务工作。			
3. 模拟动车组餐饮服务工作场景，按动车组列车餐饮服务人员仪容要求，为用餐旅客服务。			
4. 模拟动车组餐饮服务工作场景，按动车组列车餐饮服务人员行为动作要求，为用餐旅客服务。			
5. 模拟动车组餐饮服务工作场景，按端拿递送餐食标准要求，为用餐旅客服务。			
任务总结：			

4. 效果评价

	项目	A—优	B—良	C—中	D—及格	E—不及格	综合
小组评价	着装要求（15%）						
	仪容要求（15%）						
	行为要求（20%）						
	团队合作（10%）						
教师评价	职业素养（20%）						
	任务单（20%）						
	教师签名						

复习思考题

1. 动车组列车餐饮服务人员应具备哪些专业素质？
2. 动车组列车餐饮服务人员的岗位职责是什么？
3. 简述动车组列车餐饮服务人员应具备的服务意识。
4. 简述动车组列车餐饮服务人员职业形象塑造的要求。

项目二　高速铁路动车组列车餐吧车设备设施

项目描述

动车组列车是高速铁路旅客旅行的主要载体，动车组是由若干动力车和拖车长期固定连挂在一起组成的车组。"复兴号"中国标准动车组是指中国标准体系占主导地位的动车组，具有鲜明的中国特征。本项目主要介绍"和谐号"和"复兴号"动车组列车餐吧车设备设施。本项目的学习，可使学生掌握高速铁路动车组列车餐饮服务人员正确使用动车组餐吧车设备的技能内容。

学习目标

1. 思政目标

热爱中国共产党、热爱社会主义祖国、热爱人民、热爱集体；遵守法律、遵规守纪；具有社会责任感和参与意识。

2. 素质目标

树立"人民铁路为人民"的职业情操；具有精益求精的工匠精神，尊重劳动、热爱劳动；具有一定的学习能力、质量意识、安全意识和创新精神；具有较强的集体意识和团队合作精神。

3. 能力目标

能正确使用动车组列车餐吧车设备设施，能够保证动车组餐吧车设备安全。

4. 知识目标

了解高速铁路动车组列车餐吧车编挂位置，熟悉动车组列车餐吧车的构造及设备设施的组成，掌握餐吧车设备设施的安全操作要求。

任务 1　"和谐号"动车组列车餐吧车设备设施

任务引入

动车组列车餐吧车是为广大旅客及乘务人员提供餐饮产品及餐饮服务的主要场所。"和谐号"动车组列车餐吧车按车型分为 CRH1 型、CRH2 型、CRH3 型、CRH5

型和 CRH380 型动车组餐吧车。

请思考:"和谐号"动车组列车餐吧车内有哪些设备设施?

> **相关知识**

我国"和谐号"动车组列车按车型分为 CRH1 型、CRH2 型、CRH3 型、CRH5 型和 CRH380 型动车组。不同车型的餐吧车编挂位置及内部结构会有所不同。

一、CRH2 型动车组餐吧车

(一) CRH2A 型动车组餐吧车

CRH2A 型动车组的编组方式是 4 节动车配 4 节拖车(4M4T),每 4 节为一个单元,牵引功率为 4 800 kW,最高营运时速为 250 km,标称时速 200 km,列车装有两副受电弓。列车设有一等座车、二等座车和二等座车/餐车,其中一等座及二等座座椅均可旋转。CRH2A 型动车组可两组重联运行。

1. CRH2A 型餐吧车编挂位置

CRH2A 型餐吧车位于 5 号车上,售货车配有防撞条和制动装置。动车组列车设备设施图例如图 2-1-1 所示,CRH2A 型餐吧车设备设施位置如图 2-1-2 所示。

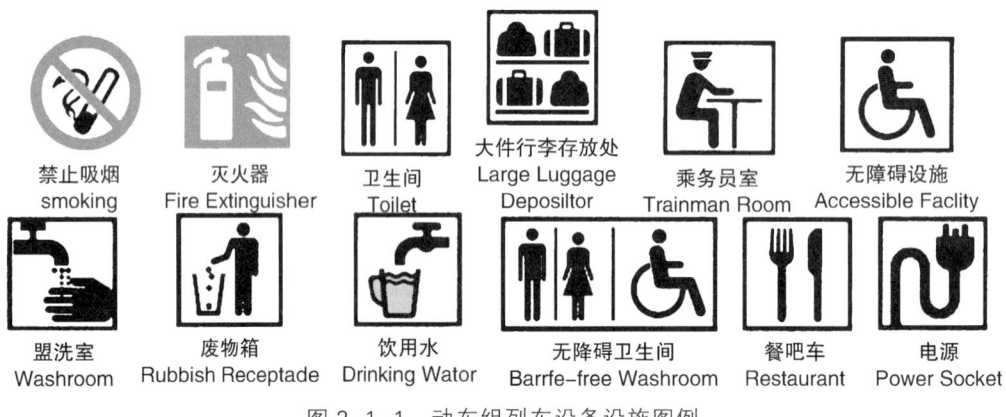

图 2-1-1　动车组列车设备设施图例

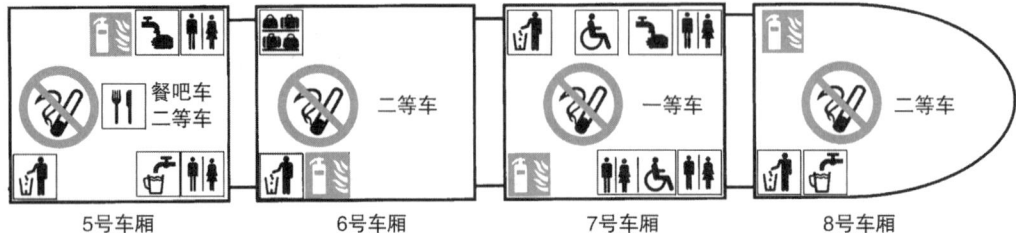

图 2-1-2　CRH2A 型餐吧车设备设施示意图

2. CRH2A 型餐吧车内部结构

5 号车设有餐吧柜台。内设有可供饮食的立式餐桌。左侧(车辆前方位部位)设有带水龙头的单盆水槽及热水器。柜台侧设置有冷藏陈列柜。背面备有冷餐桌，其上方设有微波炉、控制功放、监控扬声器、220 V 电源插座、陈列柜开关、脚灯开关、荧光灯及其开关、插座、配电盘及橱柜。餐饮区配备 4 张固定桌子和 16 张椅子，供旅客餐饮就座。CRH2A 型餐吧车内部结构如图 2-1-3 所示。

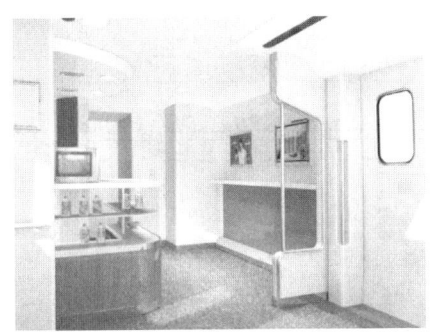

图 2-1-3　CRH2A 型餐吧车内部结构

（二）CRH2E 型动车组餐吧车

卧铺动车组于 2008 年 12 月 21 日首次开行，卧铺动车组可以分为日间卧铺动车组和夜间卧铺动车组。

1. CRH2E 型餐吧车

CRH2E 型餐吧车设在 8 车，共有 40 个座位，车厢内设有休闲酒吧和三台液晶电视机，车厢内干净明亮，食品、饮品丰富多样。CRH2E 型餐吧车设备设施位置如图 2-1-4 所示。

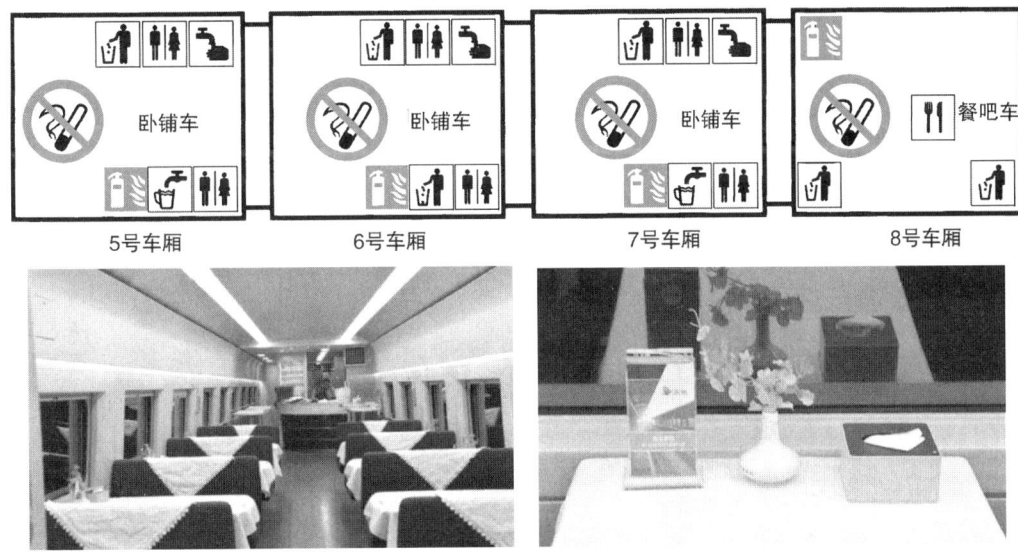

图 2-1-4　CRH2E 型动车组列车餐吧车设备设施示意图

8 号车厢内布置图如图 2-1-5 所示。

2. CRH2E 型纵向卧铺动车组餐吧车

CRH2E（新）车型为纵向卧铺动车组，9 号车厢为卧铺、餐车合造车（定员 20 人），餐车区域不设座位。设有 5 个软卧包厢，每个软卧包厢 4 人。卧铺区域仍为传统的横向卧铺包间式布局，为旅客提供了更多的选择。9 号餐车只设有一个坐式卫生间（如图 2-1-6 所示）。

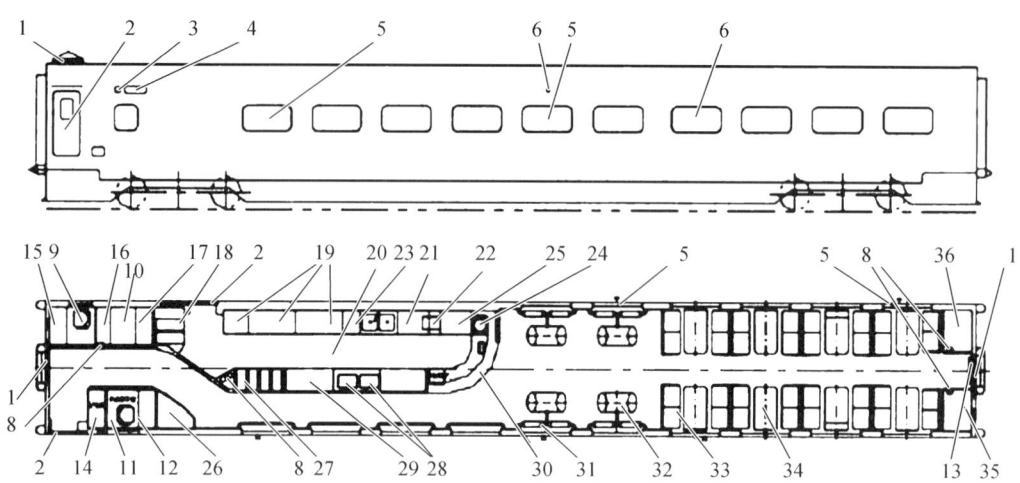

1—外端拉门；2—侧拉门；3—车号显示器；4—目的地显示器；5—紧急窗；6—车侧灯；7—列车无线天线；8—灭火器；9—乘务员室；10—配电室；11—机械师室；12—列车信息控制/影视系统控制屏；13—客室信息显示器；14—运转配电盘/控制继电器盘；15—收音机广播装置；16—服务配电盘/接地开关盘；17—厨房配电盘/饮水机配电盘/终端装置；18—烤箱；19—冷藏箱；20—厨房；21—消毒柜；22—电开水炉；23—冰箱分配阀；24—咖啡机；25—立式展示柜；26—储藏柜/下部垃圾箱；27—上储藏柜/小推车；28—微波炉/下储藏柜；29—保温箱；30—吧台；31—吧凳；32—吧桌；33—餐桌；34—餐椅；35—储藏柜；36—备品洁具柜

图 2-1-5　8 号车车内布置图

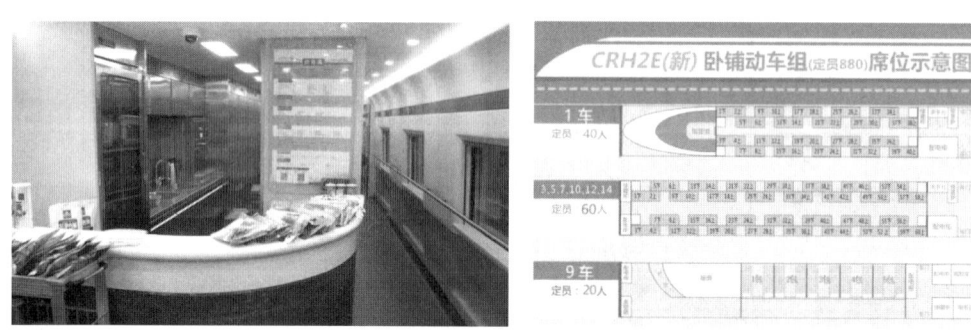

图 2-1-6　CRH2E（新）卧铺、餐车合造车

二、CRH3 型动车组餐吧车

1. CRH3 型餐吧车编挂位置

CRH3A 型动车组采用 4 动 4 拖 8 辆编组，牵引总功率 5 120 kW，车门车窗均采用拓宽设计，可满足旅客快速上下车，密闭的车厢结构将行车噪声降至最低。列车设有一等座车 1 辆、二等座车 6 辆和带酒吧的二等座车 1 辆。其中一等座采用 2+2 方式布置，二等座为 2+3 布置。除了带酒吧的二等座车外，其他车厢所有座位均能旋转。

CRH3 型餐吧车设在 4 号车厢（如图 2-1-7 所示）。

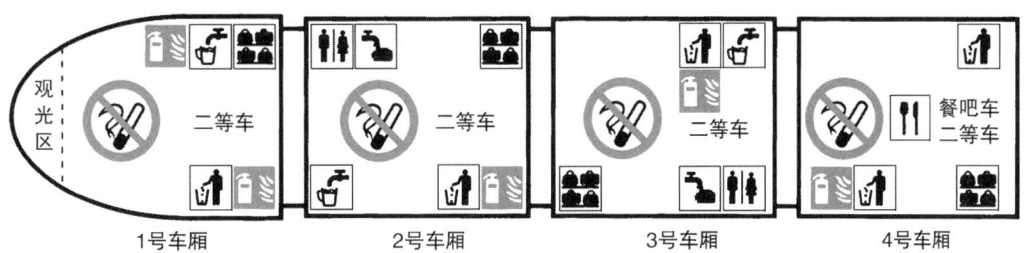

图 2-1-7 CRH3 型动车组列车餐吧车设备设施示意

2. CRH3 型餐吧车内部结构

CRH3 型餐吧车为二等座与餐车合造车,餐吧车设备有:餐桌、依靠栏、吧台、陈列柜、微波炉、冷藏柜、储藏柜、冷冻柜、保温柜、电器控制柜、电茶炉、水槽、售货车、垃圾桶等。售货车配有防撞条和制动装置(如图 2-1-8、图 2-1-9、图 2-1-10、图 2-1-11、图 2-1-12 所示)。

图 2-1-8 CRH3 餐吧车吧台

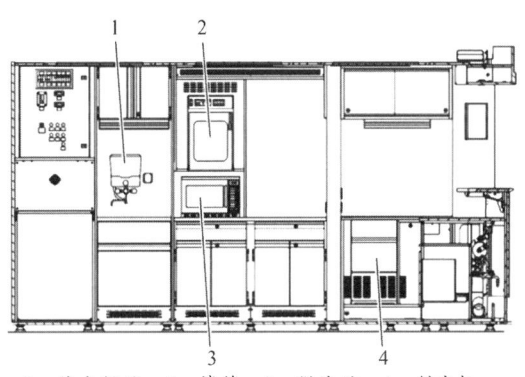

1—热水锅炉;2—烤箱;3—微波炉;4—制冰机;
5—热饮水机

图 2-1-9 CRH3 餐吧车厨房示意图

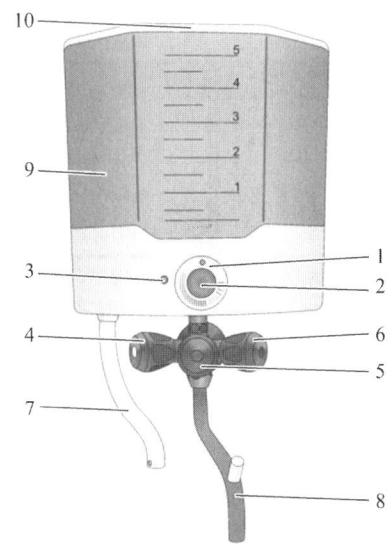

1—温度选择旋钮;2—接通按钮;3—指示灯;4—白色加水水龙头;5—红色热水水龙头;
6—蓝色凉水水龙头;7—溢流管;8—旋转出水管路;9—储水箱;10—除垢进口

图 2-1-10 热水锅炉示意图

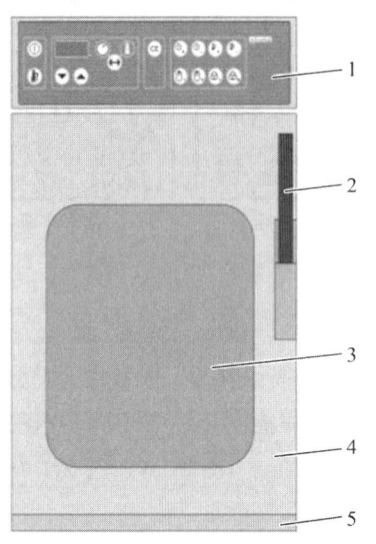
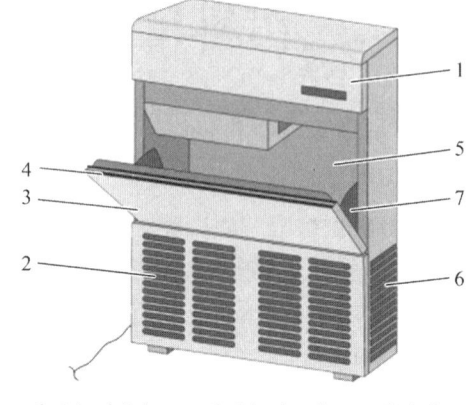

1—控制面板；2—门把手；3—玻璃窗；4—烤箱门；
5—承滴盘

图 2-1-11　烤箱

1—前面板（上）；2—前面板（下）；3—储存箱门；
4—把手；5—储存箱；6—冷凝装置；7—斜板

图 2-1-12　制冰机

三、CRH5 型动车组餐吧车

CRH5 型为 8 辆车厢编组座车动车组。最高营运速度 250 km/h，具备时速 300 km 的提速能力，共 5 节动车 3 节拖车。列车可通过两组联挂方式增至 16 车。列车设有一等座车、二等座车、一等包座/二等座车和带酒吧的二等座车/餐车。其中一等座采用 2+2 方式布置，二等座为 2+3 布置。

1. CRH5 型餐吧车编挂位置

CRH5 餐吧车位于单组车体 6 号车，重联时为 6 号、14 号车（如图 2-1-13 所示）。

图 2-1-13　CRH5 型（重联）动车组列车餐吧车设备设施示意图

2. CRH5 型餐吧车内部结构

CRH5 型餐吧车包括配餐区和休闲区。餐吧车设备有：餐桌、倚靠栏、吧台、陈列柜、电茶炉、售货车、垃圾桶等。售货车配有防撞条和制动装置（如图 2-1-14、图 2-1-15 所示）。

配餐室的餐饮设备包括：1 套压缩机—冷凝器单元、1 台冷藏玻璃柜、1 台带有 8 个抽屉的冷藏柜、1 台冰柜、1 台立式冰箱，包含 1 个冷藏室和 1 个冷冻室、1 台立式双门冷藏柜、1 个带有供水管路和热水器的洗盆、1 台消毒柜、1 台微波炉、1 台对流式烤箱。

啤酒/饮料冷却和分配系统包括：3个水嘴（1个用于啤酒2个用于软性饮料）、1台饮水机、1个小推车存储区、2个可加热小推车、1个普通小推车。

图 2-1-14　CRH5 型餐吧车休闲区

图 2-1-15　CRH5 型餐吧车配餐区

配餐室餐饮设施的平面布置及效果如图 2-1-16 所示。

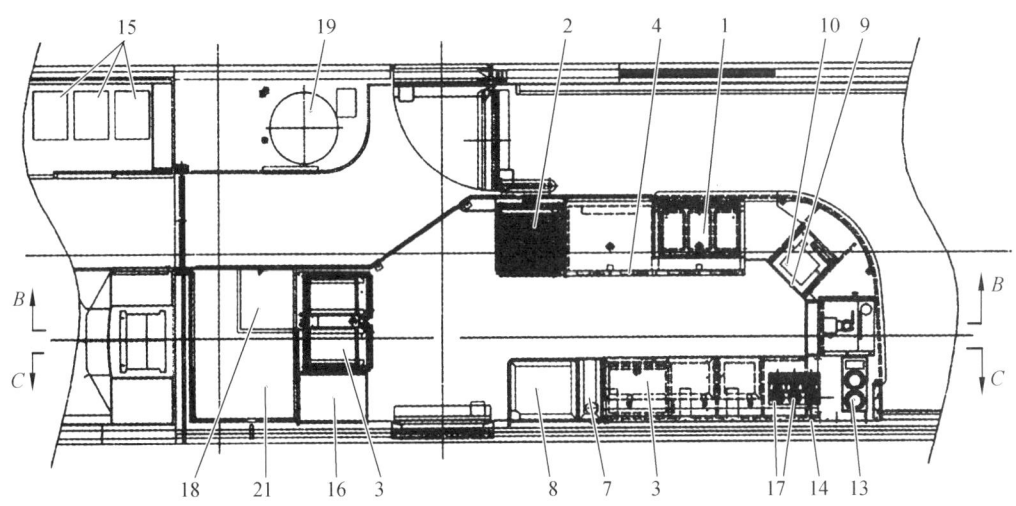

1—玻璃展示柜；2—立式冷藏冷冻箱；3—独立冰柜（挨着16的是双门冰箱）；4,8—抽屉冰箱；7—清洁箱；8—洗池（带温水箱）；9—垃圾桶或加热风机；10—收银机；13—热水机；14,17—啤酒/软饮料分配系统；15—左侧两个是可加热小推车，右侧是中型小推车，外部为存储区；16—储藏柜；18—电气柜；19—水系统控制板和水箱

图 2-1-16　CRH5 型配餐区平面布置图

四、CRH380A 型动车组餐吧车

CRH380A 型动车组采用 6 动 2 拖的编组方式。列车设有带一等包厢座位的一等座车 2 辆、二等座车 3 辆、带观光座的二等座车 2 辆和带酒吧的二等座车 1 辆。其中一等座采用 2+2 方式布置，二等座为 2+3 布置。除了带酒吧的二等座车、一等包厢座位外，其他车厢所有座位均能旋转。列车设有观光座定员 12 人，一等包座定员 6 人，一等座定员 89 人，二等座定员 373 人，全列定员 480 人。

1. CRH380A 型餐吧车编挂位置

CRH380A 型餐吧车位于单组车体 5 号车，重联时为 5 号、13 号车（如图 2-1-17 所示）。

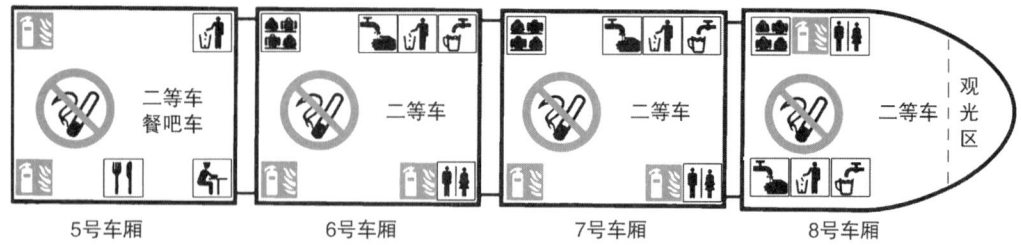

图 2-1-17　CRH380A 型餐吧车设备设施示意图

2. 餐饮、休闲区

CRH380A 型餐吧车设有雅致的吧台，共 14 个座位，有多种食物、饮品等，供旅客选择餐厅与 5 号车的小卖部相邻。餐厅配备 4 张固定桌子、2 个两人座椅、2 个四人座椅、2 个单人座椅，供旅客就座餐饮。与餐厅相邻的走廊设走廊扶手、吧台、吧桌、靠吧等设施，供乘客休息使用（如图 2-1-18 所示）。

图 2-1-18　CRH380A 餐饮、休闲区

3. 配餐室、厨房设备

CRH380A 型餐吧车二位端设有配餐室。配餐室内设有提供冷、热链配餐的厨房设备。厨房设备主要包括洗池模块、操作台模块、加热区橱柜及微波炉和小推车模块、冷冻冷藏及保温模块（如图 2-1-19 所示）。

图 2-1-19　CRH380A 型餐吧车厨房设备

五、CRH380AL 型动车组餐吧车

CRH380AL 型动车组列车采用了 14 动 2 拖的编组方式。列车设有带 VIP 座席的商务车 1 辆、一等座车 2 辆、二等座车 10 辆、带观光座的一等座车 2 辆和餐车 1 辆。其中一等座采用 2+2 方式布置,二等座为 2+3 布置,商务车和观光座为 1+2 布置。除了带酒吧的二等座车外,其他车厢所有座位均能旋转。列车商务座定员 26 人,一等座定员 112 人,二等座定员 923 人,全列定员 1 061 人。

1. CRH380AL 型餐吧车编挂位置

CRH380AL 型餐吧车位于 9 号车厢,如图 2-1-20 所示。

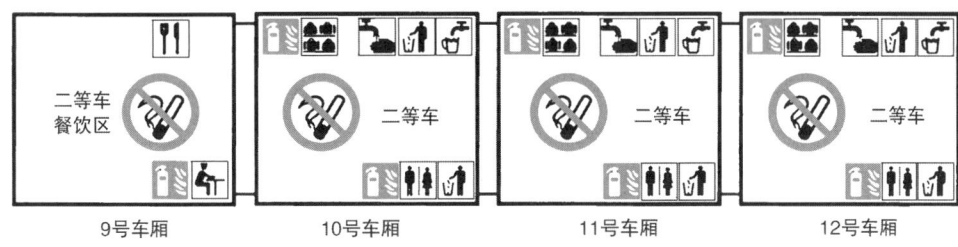

图 2-1-20　CRH380AL 型餐吧车设备设施示意图

2. CRH380AL 型餐吧车内部结构

CRH380AL 型动车组列车餐吧车定员 38 人,设有 10 个餐桌。与餐厅相邻的走廊设走廊扶手、吧台、吧桌等,供旅客休息时使用。厨房区域包括:展示柜、微波炉、冷藏柜、电茶炉、水槽、售货车、垃圾桶等。同时设有乘务室和监控室。售货车配有防撞条和制动装置。

六、CRH380B、CRH380B 重联型动车组餐吧车

1. CRH380B、CRH380B 重联型餐吧车编挂位置

CRH380B 型餐吧车位于 5 号、13 号车厢(如图 2-1-21 所示)。

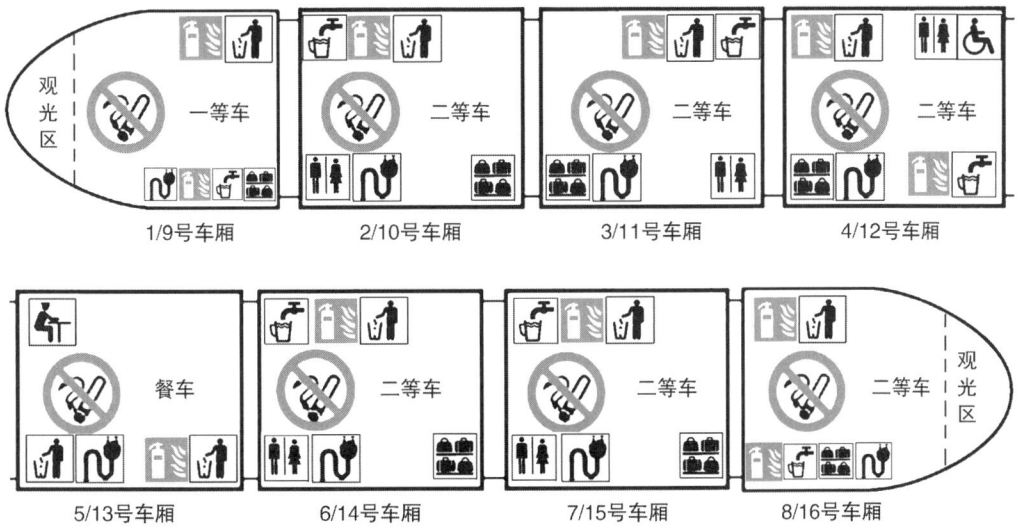

图 2-1-21　CRH380B、CRH380B 重联型餐吧车设备设施示意图

2. CRH380B 型餐吧车内部结构

CRH380B 型餐吧车为餐座合造车,包括大供餐能力厨房和独立乘务员室。设有雅致的吧台,不单设座位。餐车设有餐桌、倚靠栏、吧台、微波炉、冷藏柜、储物柜、电茶炉、水槽、售货车、展示柜、保温柜、消毒柜、垃圾箱。售货车配有防撞条和制动装置。

七、CRH380BL、CRH380CL 型动车组餐吧车

CRH380BL 型动车组采用了 8 动 8 拖的编组方式,列车由 1 辆商务车(又称 VIP 座车)、4 辆一等座车、10 辆二等座车和 1 辆餐车组成,其中商务车定员 28 人,一等座车定员 186 人,二等座车定员 791 人,总定员为 1 005 人。CRH380CL 型动车组列车采用了 8 动 8 拖的编组方式,列车由 2 辆商务车(又称 VIP 座车)、2 辆一等座车、11 辆二等座车和 1 辆餐车组成,定员为 1 015 人。

1. CRH380BL、CRH380CL 餐吧车编挂位置

CRH380BL、CRH380CL 餐吧车位于 9 号车厢,共 38 个座位,餐车内有多种食物、饮品等,供旅客选择(如图 2-1-22 所示)。

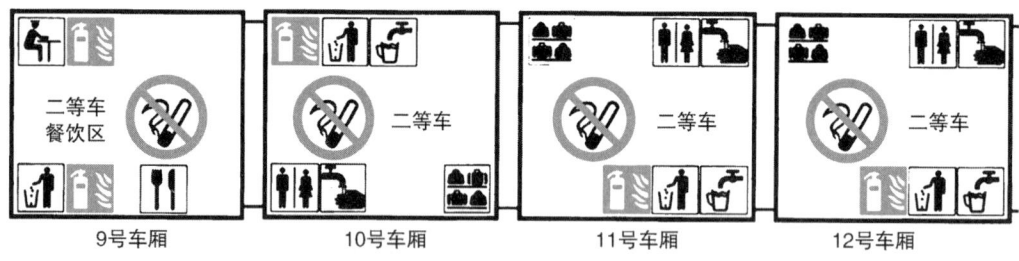

图 2-1-22 CRH380BL、CRH380CL 型餐吧车设备设施示意图

2. CRH380BL、CRH380CL 餐吧车内部结构

CRH380BL、CRH380CL 餐吧车设有餐桌、倚靠栏、吧台、微波炉、冷藏柜、储物柜、电茶炉、水槽、售货车、展示柜、保温柜、消毒柜、垃圾箱。售货车配有防撞条和制动装置。

任务实施

1. 任务准备

(1) 设备准备:仿真"和谐号"动车组餐吧车,专业训练服(可着正装)。

(2) 实训资料准备:实训任务单、动车组列车服务质量规范、教材等。

(3) 情景准备:实训前各小组查阅、收集资料;选择动车组列车始发作业时,餐服长和餐饮服务人员要按照作业程序进行餐吧车设备检查情景,情景中包括动车组列车乘务组中的餐服长和餐饮服务人员,人数自定,情景涉及餐吧车设备检查和使用环节。

(4) 人员准备:实训分小组进行,每组6~8人,每小组做好人员分工。

2. 实施步骤

(1) 认知CRH2E型动车组餐吧车编挂位置及内部结构。

(2) 认知CRH5型动车组餐吧车编挂位置及内部结构。

(3) 认知CRH380AL型动车组餐吧车编挂位置及内部结构。

(4) 组内互查,教师总结并评分、评价。

3. 任务单

任务训练	"和谐号"动车组餐吧车设备认知训练		
班　级		姓　名	
1. 识别CRH2E型动车组餐吧车编挂位置及内部结构。			
2. 识别CRH5型动车组餐吧车编挂位置及内部结构。			
3. 识别CRH380AL型动车组餐吧车编挂位置及内部结构。			
4. 识别CRH380B型动车组餐吧车编挂位置及内部结构。			
任务总结:			

4. 效果评价

	项目	A—优	B—良	C—中	D—及格	E—不及格	综合
小组评价	编组方式（10%）						
	编挂位置（10%）						
	内部结构（30%）						
	团队合作（10%）						
教师评价	设备认知（20%）						
	任务单（20%）						
	教师签名						

任务 2　"复兴号"动车组列车餐吧车设备设施

任务引入

动车组列车餐吧车是为广大旅客及乘务人员提供餐饮产品及餐饮服务的主要场所。"复兴号"CR400 型动车组列车餐吧车按车型分为 CR400AF 系列动车组、CR400BF 系列动车组餐吧车。

请思考:"复兴号"动车组列车餐吧车内有哪些设备设施?

相关知识

"复兴号"中国标准动车组列车是为了适应中国的高速铁路运营环境和条件,满足复杂多样、长距离、长时间、连续高速运行等需求,打造适合中国国情、路情(持续高速运行、长距离、开行密度较高、载客量较大、高寒、多雪、高原风沙、沿海湿热以及雾霾、柳絮等条件)的高速动车组。

一、"复兴号"CR400AF 和 CR400BF 型动车组餐吧车

CR400AF 型动车组全列 8 辆编组,4 动 4 拖,车辆类型包括一等/商务座车、二等/商务座车、二等座车(1 辆设有残疾人设施、1 辆为餐座合造车)。8 辆编组全列定员共 576 席(其中商务座席 10 席、一等座席 28 席、二等座席 538 席)。CR400BF 型动车组全列 8 辆编组,分别为 1 辆商务一等合造车,6 辆二等座车(1 辆设有残疾人设施、1 辆为餐座合造车),全列定员共 576 席(其中商务座席 10 席、一等座席 28 席、二等座席 538 席)。

1. CR400AF 和 CR400BF 餐吧车编挂位置

CR400AF 和 CR400BF 餐吧车位于 5 号车厢,设有 63 个二等座,设有雅致的吧台,有多种食物、饮品等,供旅客选择,餐车不另设座位。CR400AF 餐吧车编挂位置如图 2-2-1 所示,CR400BF 餐吧车编挂位置如图 2-2-2 所示。

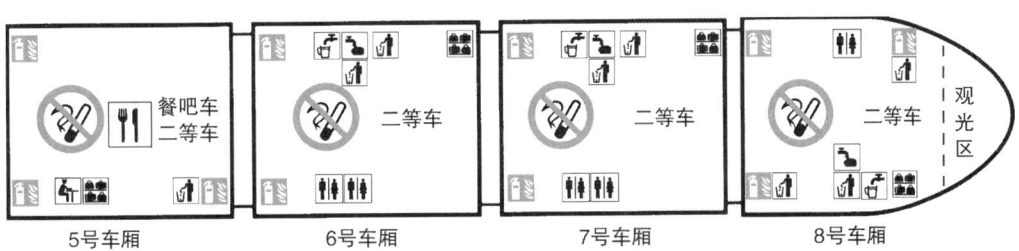

图 2-2-1　"复兴号"CR400AF 型餐吧车设备设施示意图

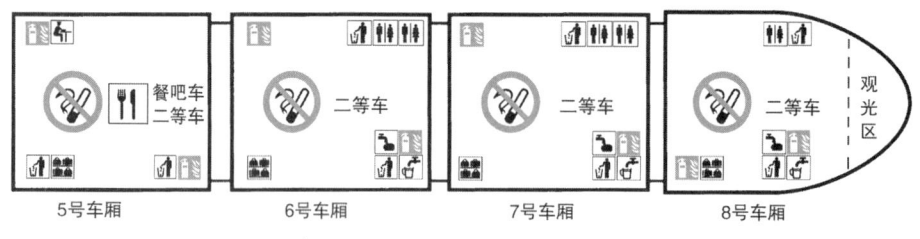

图 2-2-2 "复兴号" CR400BF 型餐吧车设备设施示意图

2. CR400AF 餐吧车内部结构

CR400AF 餐吧车采用冷热链为主,常温链补充的供餐模式,配置成熟产品的厨房设备。餐饮区域按供应快餐设置,可满足用餐高峰 1.5 小时内 50% 定员用餐的需求,厨房内主要设置设备见表 2-2-1。

表 2-2-1 CR400AF 餐吧车厨房内主要设置设备

序号	设备	配置数量	备注
1	微波炉	4	松下-NE1756 商用微波炉,功率 2.78 kW
2	冷藏箱	1	容积:740 L;功率 0.86 kW;可放置 4 个(550 mm×400 mm×450 mm)储物箱
3	冷藏展示柜	1	容积:150 L;功率不大于 1 kW
4	保温箱	1	容积:大于 350 L;功率 1.8 kW;可放置 550 mm×400 mm×450 mm 储物箱
5	电开水炉	1	功率 4.5 kW,每小时产水量不小于 40 L
6	消毒柜	1	有效容积 100 L(595 mm×500 mm×638 mm),功率 1.2 kW
7	手推车	2	尺寸 300 mm×970 mm×630 mm
8	洗池	单洗	
9	备用插座	3	咖啡机用插座功率不大于 1.4 kW;收银机用功率不大于 0.5 kW;备用插座 0.5 kW

CR400AF 餐吧车结构如图 2-2-3 所示。

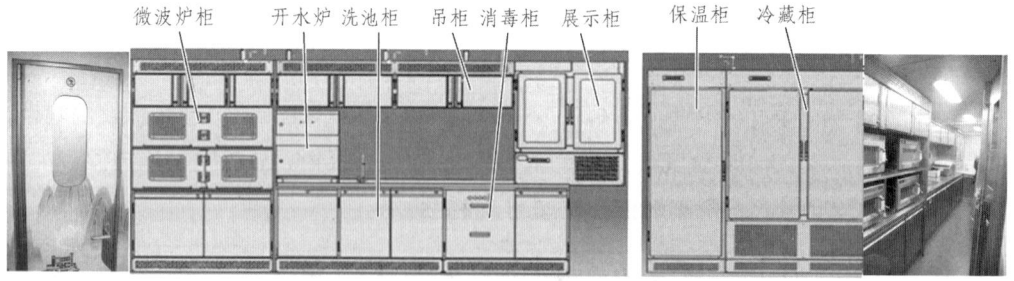

图 2-2-3 CR400AF 型餐吧车结构示意图

二、"复兴号" CR400AF-A 和 CR400BF-A 型动车组餐吧车

CR400AF-A 型长编组动车组采用 8 动 8 拖配置,总长度超过 415 米,总定员 1 193 人,可满足时速 350 公里运营要求。16 辆编组"复兴号"在 1 号车设有单独的"商务座车"车厢,全部为商务座布局。CR400BF-A 型动车组长编组"复兴号"动车组采用

8动8拖配置，总长度超过415米，总定员1 193人，可满足时速350公里运营要求。长编组"复兴号"照明系统可对车厢内的色温进行变换，灯光可在"冷光"与"暖光"之间平滑调节，为旅客打造更加舒适的车厢氛围。一等座的充电口位于扶手的前方，二等座的充电口位于坐垫下方。充电口不仅有两孔和三孔插座，还增加了USB接口。

CR400AF-A和CR400BF-A型餐吧车位于9号车厢，CR400BF-A餐吧车编挂位置如图2-2-4所示。

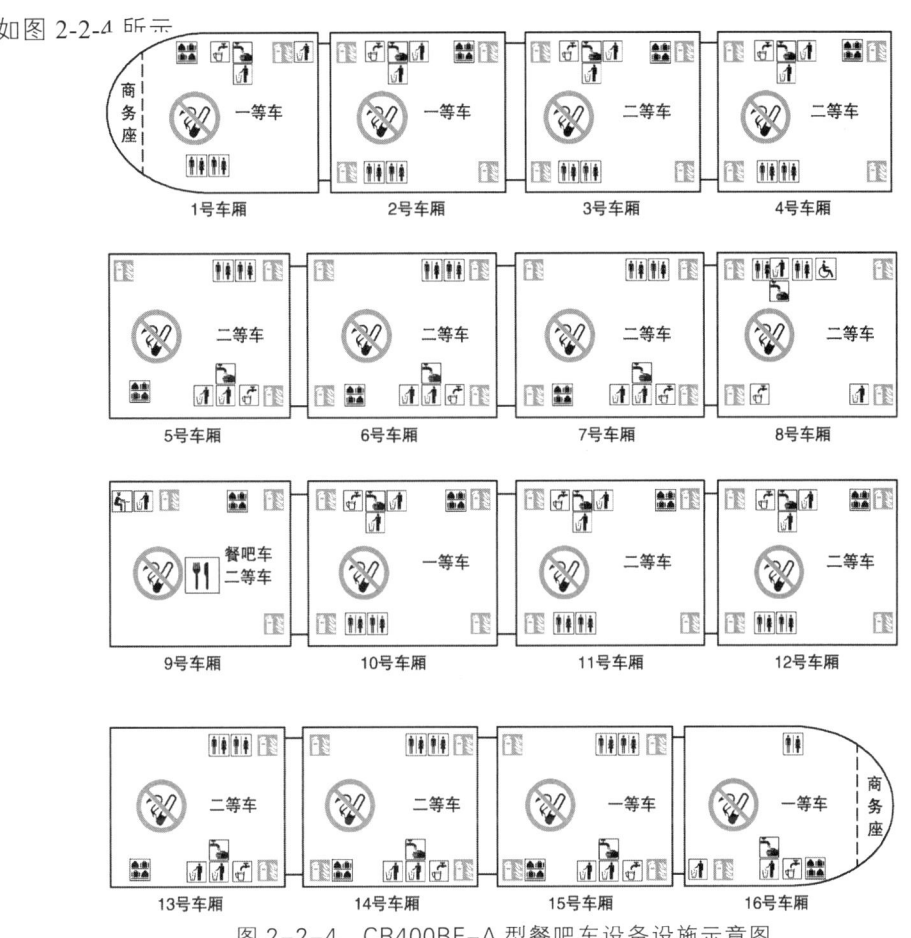

图2-2-4　CR400BF-A型餐吧车设备设施示意图

三、"复兴号"CR400AF-B和CR400BF-B型动车组餐吧车

CR400AF-B动车组长439.8米，在原有16辆长编组"复兴号"的基础上再增加一节车厢，使全列扩编至17辆编组。载客量为1 283人。

17辆编组CR400BF-B型动车组车身长439.8米，可乘坐1 283人。

CR400AF-B和CR400BF-B型餐吧车位于9号车厢，CR400AF-B餐吧车编挂位置如图2-2-5所示。

四、"复兴号"智能动车组餐吧车

CR400AF-C和CR400BF-C型"复兴号"智能动车组采用4动4拖的8辆编组，最高运营速度350公里/小时。

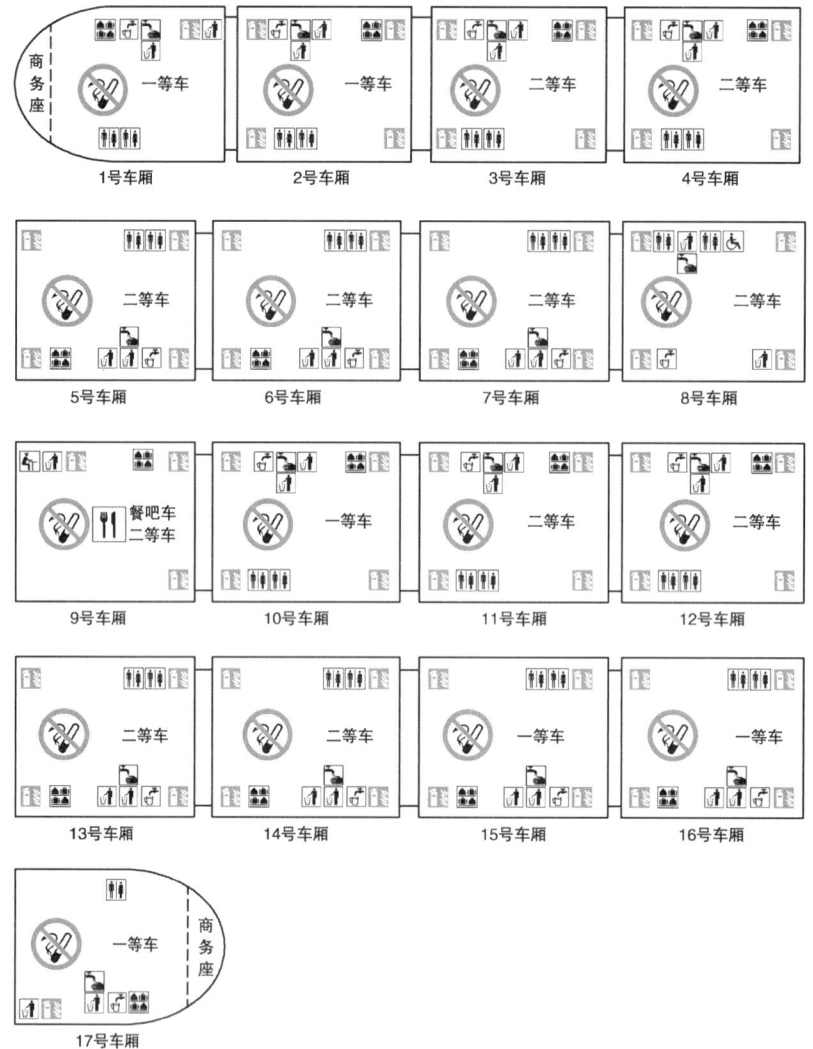

图 2-2-5 CR400AF-B 餐吧车设备设施示意图

"复兴号"智能动车组餐吧车吧台采用开放式设计,车厢视觉通透,没有遮挡,餐台的顶端灯光还可以呈现五环图案。餐吧吧台如图 2-2-6 所示。

CR400AF-Z、CR400BF-Z 为 8 辆编组的标准车型;CR400BF-GZ 为 8 辆编组的高寒车型,CR400AF-BZ、CR400BF-BZ 为 17 辆编组的超长型编组车型。餐吧车增设 1 台自动售货机,可为旅客提供自助购买水果、饮料、零食等服务。旅客乘车可以使用手机扫码根据需求自主选购。

  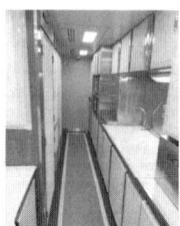

图 2-2-6 "复兴号"智能动车组餐吧车吧台

任务实施

1. 任务准备

（1）设备准备：仿真"复兴号"动车组餐吧车，专业训练服（可着正装）。

（2）实训资料准备：实训任务单、动车组列车服务质量规范、教材等。

（3）情景准备：实训前各小组查阅、收集资料；选择动车组列车始发作业时餐服长和餐饮服务人员要按照作业程序进行餐吧车设备检查情景，情景中包括动车组列车乘务组中的餐服长和餐饮服务人员，人数自定，情景涉及餐吧车设备检查和使用环节。

（4）人员准备：实训分小组进行，每组6~8人，每小组做好人员分工。

2. 实施步骤

（1）认知CR400AF系列动车组餐吧车编挂位置及内部结构。

（2）认知CR400BF系列动车组餐吧车编挂位置及内部结构。

（3）认知"复兴号"智能动车组餐吧车。

（4）组内互查，教师总结并评分、评价。

3. 任务单

任务训练		"复兴号"动车组餐吧车设备认知训练	
班　级		姓　名	
1. 识别CR400AF和CR400BF型动车组餐吧车编挂位置及内部结构。			
2. 识别CR400AF-A和CR400BF-A型动车组餐吧车编挂位置及内部结构。			
3. 识别CR400AF-B和CR400BF-B型动车组餐吧车编挂位置及内部结构。			
任务总结：			

4. 效果评价

	项目	A—优	B—良	C—中	D—及格	E—不及格	综合
小组评价	编组方式（10%）						
	编挂位置（10%）						
	内部结构（30%）						
	团队合作（10%）						
教师评价	设备认知（20%）						
	任务单（20%）						
	教师签名						

任务 3　动车组列车餐吧车设备操作

任务引入

我国高速铁路动车组列车餐吧车车型不同,其内部设施设备也会有所不同。通常,动车组列车餐吧车内设有吧台,供服务人员使用。餐吧车内无明火,不设炉灶,采用微波炉加热餐盒。常用设备包括:餐桌、倚靠栏、洗池柜、陈列柜、冷藏柜、储藏柜、冷冻柜、保温柜、电器控制柜、电茶炉、水槽、垃圾桶、售货车等。售货车配有防撞条和制动装置。根据餐车基本设备使用情况可分成多个模块单元。

请思考:动车组列车餐饮服务人员怎样正确操作餐吧车设备?

相关知识

动车组列车餐吧车厨房设备按照模块化进行设计和安装。设备和装置用不锈钢制成,厨房外墙由木质胶合板制成。为便于操作和控制,在厨房内部设置了电气控制柜,用以控制厨房内部的所有电器件,此外在电气控制柜面板还设置了烟火报警装置和漏水报警装置。

一、动车组列车餐吧车基本设备

动车组列车餐吧车根据使用情况可分成多个模块单元。

（一）洗池模块

动车组列车餐吧车洗池模块如图 2-3-1 所示。动车组列车餐吧车厨房侧墙设有洗池柜,洗池柜为整体式,设置外装式水龙头;洗池柜内一端设置 40 L 抽屉式垃圾箱,另一端嵌有消毒柜;洗池柜台面上设有电开水炉,为厨房提供开水;洗池柜上部设有吊柜,用于厨具和物品的存储(第一个吊柜可放封箱条,第二个吊柜放垃圾袋、纸杯、茶叶、胶带等,第三个吊框可放置筷子牙签),吊柜下表面设有照明用 LED 灯,洗池旁的操作台可以用来配置或准备食物;厨房墙侧设有 500 W 和 1 400 W 两个备用插座。

图 2-3-1　洗池模块

吊柜门和废物抽屉上都装有撞击锁紧机构，滑入废物抽屉或关闭吊柜门时，其锁定机构必须卡住锁定，以避免意外打开造成人身伤害。洗池模块示意如图2-3-2所示。

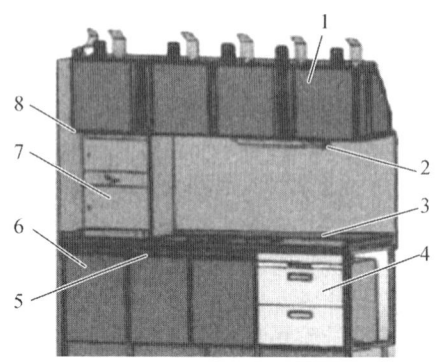

1—吊柜；2—工作区照明灯；3—清洗单元工作台面；4—消毒柜；5—水槽；
6—带垃圾箱废物抽屉；7—开水炉；8—间壁

图2-3-2 洗池模块示意图

（二）加热区及小推车模块

动车组列车餐吧车厨房内设有微波炉柜如图2-3-3所示，用于放置微波炉。柜体下部为储物柜，上部为小吊柜，吊柜内设有微波炉散热用风机，微波炉后侧设有隔热板。厨房内设有4或6个微波炉，置于微波炉柜中，用于食品的快速加热。微波炉柜一端下部设有小推车柜，上部为储藏柜，柜体下部设有两个或四个小推车。小推车高970 mm、长620 mm、宽300 mm，置于小推车柜下部。小推车采用铝合金制作，前后均设门，上面设饮料存放架，内部设隔板用于餐食盒饭的存放，小推车滚轮设脚踏锁定和解除功能，小推车4个角设置防撞角。小推车存放时许将红色踏板踩下，并将存放区止挡顺时针旋转90度，防止小车滑出。小推车如图2-3-4所示。

图2-3-3 微波炉柜　　　　　　图2-3-4 小推车

加热区模块示意如图2-3-5所示。

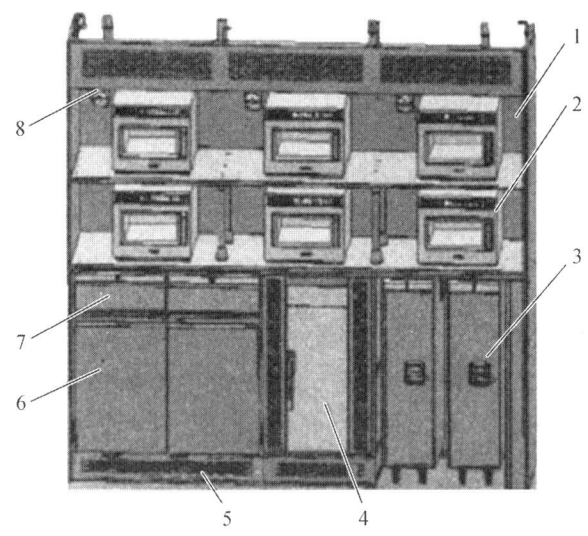

1—加热模块柜体；2—微波炉；3—小推车；4—电烤箱；5—热排风；6—储物柜；7—抽屉；8—电源插座

图 2-3-5　加热区示意图

（三）冷藏、冷冻、保温及展示模块

1. 冷藏柜

冷藏柜的冷藏温度可在 2 ℃~8 ℃ 调节，冷藏柜采用整体式独立制冷系统，设电子式温度控制器。电子式温度控制器安装在冷藏柜上部挡板上，接线盒设在柜体上部。冷藏柜如图 2-3-6 所示。

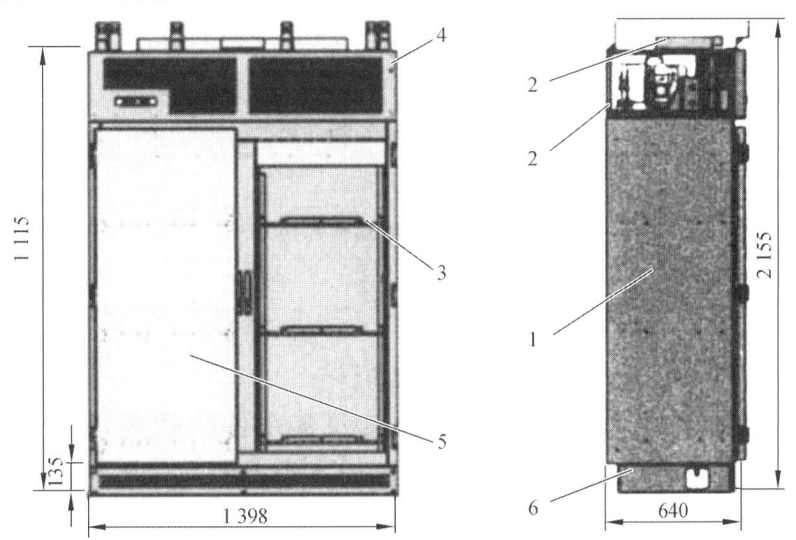

1—柜体；2—制冷机组；3—搁架；4—温度器面板；5—柜门；6—底座；7—排风口

图 2-3-6　冷藏柜示意图（单位：mm）

2. 冷冻柜

冷冻柜的温度通常控制在 -18 ℃~-14 ℃，用来存放专门需要冷冻的食品。冷冻箱内部每一侧都有 3 个搁架。冷冻柜的制冷机组位于上部，可以从厨房一侧接触到进行维护。冷冻柜如图 2-3-7 所示。

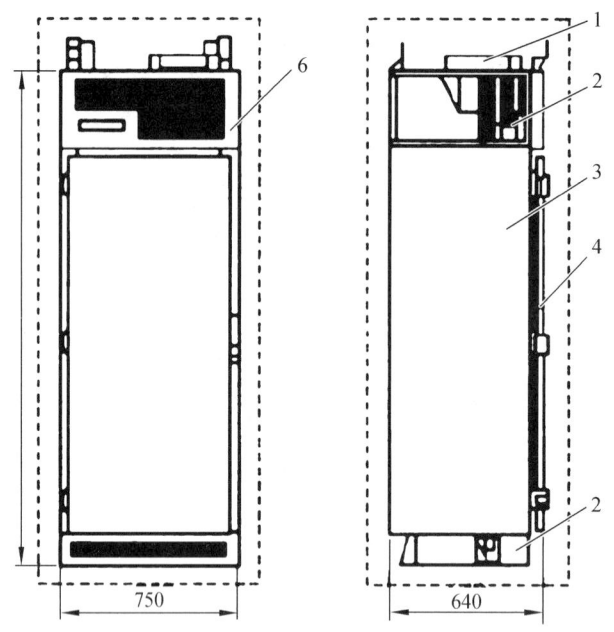

1—排风口；2—制冷机组；3—柜体；4—柜门；5—底座；6—温度器面板

图 2-3-7　冷冻柜示意图

3. 保温柜

保温柜的温度可在 60 ℃～110 ℃ 调节，用于保存加热后的食品，保温柜设电子式温度控制器。电子式温度控制器安装在保温柜上部挡板上，接线盒设在柜体上部。保温柜如图 2-3-8 所示。

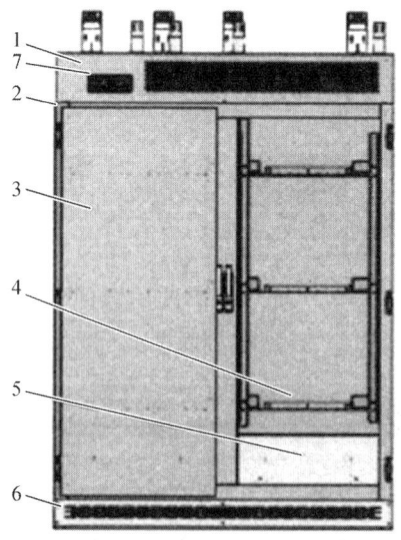

1—温控器面板；2—柜体；3—柜门；4—搁架；5—加热单元；6—底座；7—控制面板

图 2-3-8　保温柜示意图

控制面板上包括电源开关：控制保温柜的电源开关，保温柜接通电源时指示灯呈绿色。温控器：设定和控制柜体内部的温度。超温指示：一级保护故障指示灯亮（黄色），二级保护故障指示灯亮（红色）。超温复位：一级保护故障复位装置；温控器的内部参数在出厂时已经设置,不能随意更改(如图 2-3-9 所示)。

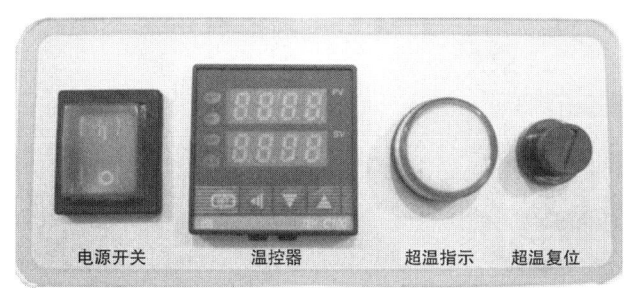

图 2-3-9　保温柜控制面板

4. 展示柜

展示柜为独立制冷系统的整体式展示柜,展示柜设电子式温度控制器,电子式温度控制器安装在展示柜上部挡板上,接线盒设在柜体上部。展示柜是专为饮料等冷却到 2 ℃~8 ℃ 温度范围内设计的,展示柜玻璃门展示柜内装 3 个搁架,下部设置抽屉,展示柜顶部装有一个 LED 灯;制冷机组位于下部,可以从厨房一侧接触到进行维护。展示柜如图 2-3-10 所示。

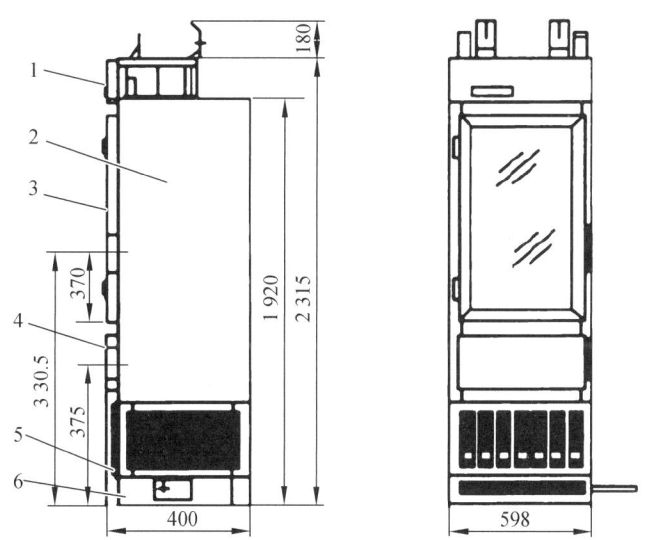

1—温控器面板;2—柜体;3—柜门;4—抽屉;5—制冷机组;6—底座
图 2-3-10　展示柜示意图(单位:mm)

(四)吧台模块

吧台包含上下两个色丽石台面,在此区域工作人员可以向旅客提供食品和饮料;装在柜台内部的灯带为吧台区提供照明并起装饰效果。吧台区扶手除了为在此接受餐饮服务的顾客提供安全保障外,还起装饰作用。同样,储物柜和废物抽屉上都装有撞击锁定机构,关闭储物柜门或滑入废物抽屉时,撞击锁弹簧卡销锁定机构必须卡住锁定。吧台如图 2-3-11 所示。

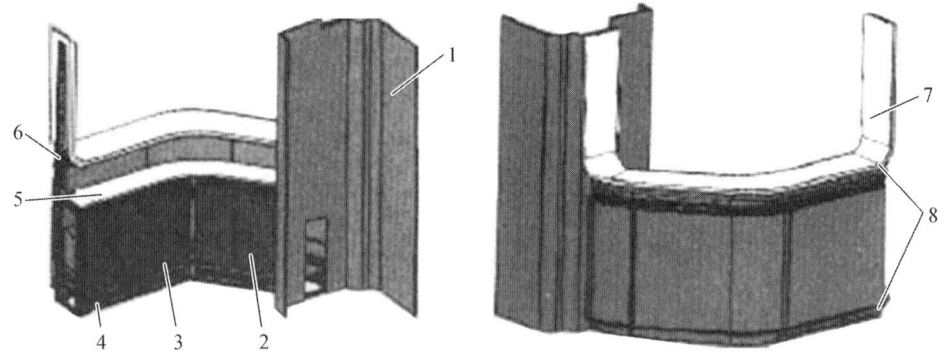

1—安装箱板；2—储藏柜；3—热排风；4—带垃圾箱废物抽屉；5—色丽石工作台面；
6—灯带；7—色丽石上台面；8—铝型材扶手

图 2-3-11　吧台示意图

（五）柜台模块

柜台作为工作台使用，两个插座可以为电气设备供电；储物柜和吊柜可以用来存放食物等东西，上部配置了一盏 LED 照明灯；带垃圾箱抽屉用来存放垃圾；热排风通过底部踢脚板的出气口格栅吹入厨房区，格栅后面的出气口箱与空调供风风道相连接。柜台如图 2-3-12 所示。

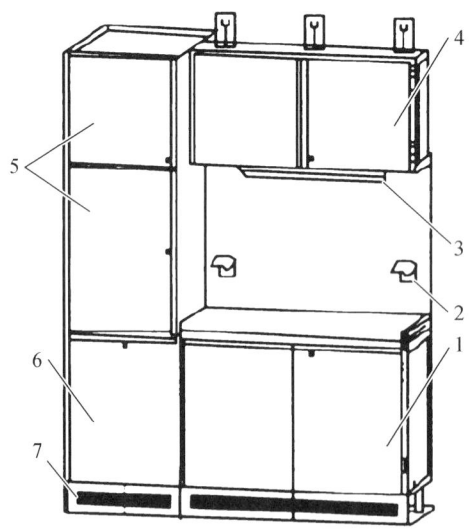

1—储物柜；2—电源插座；3—工作区照明灯；4—吊柜；5—储物柜；
6—带垃圾箱废物抽屉；7—热排风

图 2-3-12　柜台单元示意图

二、动车组列车餐吧车设备检查

动车组列车开车前，餐服长和餐饮服务人员要按照作业程序进行餐吧车设备检查。如全面检查餐吧车上部设备设施，配置的微波炉、电烤箱、咖啡机等厨房电器是否符合规定数量、规格和额定功率，保持洁净。接通电源后查看微波炉、电茶炉、冰箱、保温柜、售货车使用性能是否良好。发现问题应及时通知车长及机械师修复并做好记录。

（一）CRH5A 型动车组餐吧车设备检查

1. 检查顶部及照明

检查各顶板安装牢固；检查顶部射灯照明良好，无闪烁、暗色。

2. 检查餐吧桌

检查餐吧桌面板安装牢固、无损坏；手推无晃动；检查餐吧桌扶手、脚踏杆安装牢固，无损坏；检查餐吧桌与地板安装牢固。

3. 检查电视

检查餐车电视安装牢固，电视显示良好，显示屏无花屏、闪烁。

4. 检查垃圾箱

检查垃圾箱柜门外观良好，无损坏；检查上台板无损坏；检查垃圾箱柜门锁闭到位，三角锁无损坏。

5. 检查扶手杆

检查扶手杆安装牢固；检查扶手杆与基座安装螺栓无缺失。

6. 检查其他设备

检查餐车车窗、安全锤、旅客紧急制动阀、电暖器外罩；检查上货门外观良好，各部件无损坏；门上扶手杆安装牢固，无损坏；上货门折页处状态良好，各螺栓无丢失；上货门锁闭良好，指示灯显示正常；查看锁舌位置标记线在卡簧位置；上货门门锁把手安装牢固，无损坏；门锁闭到位，三角锁无损坏；密封胶条状态良好，无破损、窜出。

CRH5A 型动车组餐车设备检查如图 2-3-13 所示。

图 2-3-13　CRH5A 型动车组餐车设备检查

（二）CRH5A 型动车组厨房设备检查

1. 检查各柜门

检查厨房各柜门外观良好，无损坏，装饰条无损坏、开胶；检查各柜门锁把手安装牢固，无损坏，锁闭功能良好；检查顶板安装牢固，顶板照明良好，灯罩安装牢固，无损坏；顶板通风格栅安装牢固，无损坏。

2. 检查展示区及货架

检查展示区玻璃完好，无损坏；检查货架安装牢固，无损坏；检查区域射灯照明良好，无闪烁、暗色；检查台板面外观良好，无损坏。

3. 检查洗碗区

检查水龙头安装牢固，打开检查出水正常；检查洗池下水正常，无堵塞；检查货架安装牢固，无损坏。

4. 检查插座

检查立柜内插座2个，微波炉插座1个，后厨门旁插座1个，电茶炉插座2个。检查电源插座无松动，面板无脱落、裂损，插孔无烧损；检查吧台窗口下部各电源插座，洗手池下部插座，各插座无松动，面板无脱落、裂损，插孔无烧损；检查各插座标识齐全，无破损、缺失。

5. 检查开水炉

检查开水炉外观良好，水龙头安装牢固，把手无松动，打开检查出水正常；检查显示灯罩板无损坏；检查下水口无堵塞；饮水机插头及电源线外观无异常，无灼烧、打火痕迹。

6. 检查微波炉

检查微波炉无烧损异味；检查微波炉插头外观无异常，无灼烧、打火痕迹。

7. 检查冰箱

检查各冰箱门把手螺丝不松动、把手锁钩螺丝不松动，冰箱风扇限位开关螺丝不松动；检查各冰箱温度显示器显示正常，冷藏系统冰箱八抽屉、双门、1/2 上门冰箱温度应达到 10 ℃ 以下；冷冻系统冰箱 1/2 下门、独立冰箱温度应达到 0 ℃ 以下；卧式、双门冰箱温度应达到 0 ℃ 以下，上下门冰箱温度应达到 10 ℃ 以下，指示灯、开关工作正常，无破损，无烧损。

CRH5A 型动车组厨房设备检查如图 2-3-14 所示。

图 2-3-14　CRH5A 型动车组厨房设备检查

三、动车组列车餐吧车电气设备安全操作

（一）动车组列车餐吧车电气设备使用要求

（1）电气化厨房设备的安全操作，直接影响到人身安全、设备的可靠性及使用寿命。因此，设备操作人员必须经过操作培训，并经考试合格后才能进行上岗操作。

（2）动车组列车运行中，随车机械师应对电气化厨房设备进行定时巡视，发现使用人员未按安全操作规定使用设备时，应及时予以制止和纠正。

（3）餐吧车电气化厨房设备在使用操作前，应确认电源控制柜技术状态，各设备开关是否在正常位，指示灯显示是否正常后，方准操作使用。

（4）动车组列车运行中和列车入库停留，在无人操作设备时，应及时将各设备开关放置在关闭或零挡位，切断电源控制柜总电源，锁闭电源柜，做到人走断电，防止发生意外。

（5）电气化厨房设备必须在明显位置粘贴操作说明和安全操作规程。

（6）动车组列车餐吧车内使用的电器，不能超过列车规定的额定功率。餐饮公司不得擅自增大用电设备的功率而产生过载。

（7）动车组列车餐吧车配备的冰箱、微波炉等电器及各车厢的电茶炉插座、插头安装牢固，保持清洁，周围不得放置杂物。

（8）厨房设备只能采用棉布蘸水（洗涤剂）清洁，不得使用金属工具刷扫。

（9）安全使用电源，正确使用电气设备。电器元件安装牢固，接线及插座无松动，按钮开关、指示灯作用良好；不乱接电源和增加电气设备，不超过允许负载。配电室（箱）、电气控制柜锁闭，无堆放物品。不用水冲刷车内地板、连接处和车内电气设备。

（二）微波炉安全操作

动车组列车餐吧车配备的微波炉是用来为旅客加热餐食的主要电器，其工作时上下微波同时加热食品，可使食品快速均匀受热。

1. 微波炉外观结构

微波炉设有手动烹调和程序加热烹调两种模式，既能满足灵活性，又能快捷便利地用于相同加热情况的操作。同时还具有预设记忆，常用菜单一次按键即可。微波炉工作过程中可自动诊断故障并显示代码，使用一段时间后会提醒用户做维护、清理工作。

2. 微波炉安全操作

（1）微波炉烹调时不得使用金属网架及其他金属和带金、银边的器皿，仅可使用陶瓷、耐热玻璃、耐热塑料等器皿。

（2）烹调前应先放入转盘支承及玻璃转盘，再将盛好食物的器皿放在玻璃转盘上进行烹调。

（3）不得直接加热装在密封容器内的液体和其他食物，以免发生爆炸。使用保鲜纸遮盖食物烹调时，需将保鲜纸一角折上，使蒸汽可以逸出。

（4）当食物在塑料、纸或其他可燃材料制成的简易容器中加热或烹调时，应随时注意，防止起火。

（5）烹调少量食物时，要多观察，防止过热起火。不得用微波炉煎、炸食物。微波炉内无食物时，不得使微波炉工作，以免损坏设备。

（6）从微波炉内拿出食物和器皿时，应当使用锅夹或戴上隔热手套，以免高温烫伤。

（7）烹调过程中发生冒烟或起火现象时，应立即切断电源，不得立即打开炉门，避免遇空气加大火势。

（8）微波炉内禁止加热不符合微波炉烹饪要求的食品。不得加热和存放任何物品。

（9）微波炉炉门或门封损坏以及设备出现异常时，应及时向随车机械师反映情况，不得继续使用。

（10）不得堵塞微波炉进风口，必须保证通风良好；注意保护微波炉面板，防止重力碰撞；不得将微波炉空转，避免影响产品性能，引起火情。

（11）使用时，必须有专人操作并看守，关闭炉门后，再启动微波炉；操作完毕时，应先将火力调节旋钮放置于零档位，再关闭供电电源；每次工作后应清洁炉体，防止任何液体侵入机器内部，造成电气短路，损坏微波炉；使用完毕，立即拔下电插座，使微波炉处于断电状态。

3. 微波炉标准清洁方法

（1）切断微波炉电源，不得用水直接冲洗微波炉，以免发生危险。

（2）用干净的湿抹布蘸少许洗洁精仔细清理微波炉内腔油渍污垢。

（3）使用干净的干抹布拭干炉腔。

（4）用干净的湿抹布仔细擦拭微波炉外表面，如有顽固油渍污垢，蘸少许洗洁精处理，直到无油污、手印等污垢残留。

（三）电冰箱安全操作

（1）电冰箱必须由经过培训并考试合格的人员进行操作。

（2）必须严格执行交接制度。接班人员需确认各部状态良好后，方准进行正常操作。

（3）应避免频繁启动电冰箱，每两次启动冰箱时间间隔不得少于 5 min，使用中避免长时间开启冰箱门。

（4）箱内存放物品，应在内腔四周留出不少于 3 cm 的空隙。存放物品时，应轻拿轻放，轻开轻关。

（5）冰箱不得冷藏过热物品。需存放过热物品时，应先在箱外自然冷却达到室温后，方准放入箱内。

（6）蒸发器若冰层较厚，不得用敲击方法解开冰块，必须停机，待冰块完全融化后，再启动使用。

（7）应定期清除冰箱内污物，保持冰箱排水孔畅通。

（8）发生设备故障时，应首先切断电源并及时通知车辆乘务员，不得擅自拆卸冰箱配件和打开控制箱。经确认故障排除后，方准继续使用。

（四）消毒柜安全操作

（1）不得用水冲洗消毒柜。

（2）将餐具洗净后才能放入柜内消毒。放入餐具后，应将门关紧，并检查门是否关好。

（3）使用中不得触摸门体玻璃表面，以免烫伤。消毒柜工作结束，不得立即触摸内部或消毒物品，需经20分钟冷却后方可拿取消毒物品。

（4）在消毒过程中柜内有高浓度臭氧，工作中如突然断电时，不得打开柜门，避免对人体造成伤害。

（5）清洁保养时应切断电源。不得使用汽油、酒精及其他有机溶剂和去污粉。紫外线灯管或臭氧发生器严禁进水。

（6）使用中出现异常和发生故障时，需及时向随车机械师反映情况。在确认设备状态良好后，方准继续使用。

（五）电开水炉安全操作

电开水炉内分为烧水箱及储水箱两部分。合上电源，红灯亮、绿灯亮。开水炉进入自动控制状态。此时电磁阀打开，烧水箱进水，烧水箱浮子离开下水位时，红灯灭，浮子到达上水位时黄灯亮，这时电控箱内逆变器开始工作，开始加热，能听到加热的声音。烧水箱加热到沸腾，有部分开水进入储水箱，当储水箱水满时，开水炉停止加热，进入保温状态。

（1）动车组餐吧车内的电开水炉必须由经过培训考试合格的人员进行操作。

（2）必须严格执行交接制度。接班人员需确认各部状态良好后，方准进行正常操作。

（3）操作时，首先确认电开水炉供水系统各阀门状态良好，位置正确，开水炉内不缺水方准合闸供电。在使用期间，操作人员需随时监视其工作状态，离开时应将电开水炉断电。

（4）.正常情况下，应将控制开关放置在正常使用位，同时严密监视电开水炉水位。当水位过低或听到报警时，应立即切断电源。

（5）发生设备故障时，应首先切断电源并及时向随车机械师反映情况，不得擅自拆卸电开水炉配件和打开控制箱。确认故障排除后，方准继续使用。

（6）应经常保持电开水炉清洁，严禁用水冲刷炉体。不得在电开水炉上堆（存）放各种杂物。需保持电开水炉排水系统清洁、通畅。

（六）咖啡机清洁方法

（1）切断咖啡机电源，用干净的湿抹布仔细擦拭咖啡机外表面（遇有顽固油渍污垢，蘸少许洗洁精处理）。

（2）每次打完咖啡的蒸汽喷嘴必须用纸巾蘸少许热水清洁干净，以保障食品安全及防止咖啡机管道堵塞。

（3）每次用完自动奶泡器，需立刻用热水循环清洗自动奶泡器2~3次。

（4）每天至少对咖啡机储水盒进行一次彻底的清洗消毒。首先利用清水冲洗，然后用开水漂烫消毒。

四、托 盘

托盘是餐饮服务人员经常使用的服务工具。在餐饮服务过程中，无论是摆、换、撤、送餐，还是端送餐饮食物和斟倒饮品等服务操作，都需要使用托盘。正确掌握托盘的操作技能，体现服务的规范化，提高工作效率，是每位动车组列车餐吧车服务人员必须掌握的一门服务技术。

（一）托盘的种类

1. 按制作的材料分类

托盘可分为塑料托盘、金属托盘（如图2-3-15所示）和胶木托盘（如图2-3-16所示）。以胶木托盘为佳，其特点是防滑、耐用、防腐、轻便。

图2-3-15　金属托盘　　　　　　　图2-3-16　胶木托盘

2. 按规格分类

托盘可分为大、中、小三种规格托盘。

3. 按形状分类

托盘可分为长方形和圆形托盘两种。

（二）托盘的用途

托盘的质地、规格、形状不同，用途也不同。餐饮服务中常用的托盘有三种：一是大、中长方形塑胶托盘，二是中圆形塑胶托盘，三是小圆形托盘（银或不锈钢）或15 cm×10 cm的小长方形托盘。

大、中型圆形托盘一般用于摆台、托送酒水等。大、中型长方形托盘常用于传菜、托送盘碟等较重物品。小型托盘主要用于递送账单、信件和小礼品等。托送物品时，应根据物品的不同选用不同规格的托盘。

（三）托盘的操作

根据所托物品重量的不同，托盘的操作分为轻托和重托两种。无论是轻托还是重托都要经过理盘、装盘、起盘、端盘，行走、卸盘六道程序。

1. 轻 托

轻托又称胸前托、平托，主要用于托送较轻的物品（重量在 5 kg 左右）和对客服务。

（1）理盘。

理盘即清洁、整理托盘。根据所托物品，选择合适的托盘并对托盘进行清洁，将托盘里外擦拭干净，确保托盘外观整洁，无水迹和污渍，也可将干净餐巾或专用盘巾垫在盘内，盘巾四边要与盘底相适应。

（2）装盘。

根据托送物品的形状、体积和使用先后顺序合理装盘，以安全稳定，便于服务操作。装盘的原则：高物、重物在托盘里侧，低物、轻物在外侧，先使用的物品在上、在前，后使用的物品在下、在后。同时，盘内的物品要摆放整齐，重量分布得当，重心靠近身体一侧。物品之间要留有一定的间隔，一方面便于拿放物品，另一方面避免端托行走时发生碰撞而产生声响。

（3）起盘。

轻托起盘时左脚上前一步，上身前倾，用右手将托盘从桌边拉出 2/3，左手臂自然弯曲，将左手掌伸平，掌心向上，手掌托住托盘底部，在右手的帮助下，用左手用力将托盘托起至胸前，待左手掌握好重心，右手随即放开自然下垂。左臂上下自然弯曲成 90°，同时，左脚收回一步，使身体呈站立姿势。

（4）端盘。

端盘时左手五指分开，微微弯曲，以大拇指指端到手掌根部和其余四指托住托盘底部，掌心不与托盘底部接触。使手指、手掌和手腕同时受力，将托盘平稳托住，平托于身体左前方，所托物品要避开自己的口鼻部位，也不可将所托物品置于胸下。

（5）行走。

轻托行走时，要求头正、肩平、上身挺直、目视前方、步履轻快自如，上臂不要紧贴身体，手腕要轻松灵活，托盘边沿不得贴腹。托盘应随行走节奏自然摆动，但其上下摆动的幅度不可过大，否则既不美观也不礼貌。

① 常步。步距均匀，快慢适中，为平常行进的步伐，主要适用于餐厅日常服务工作。

② 疾步。步距较小，步速较快但不能跑，以免汤汁外溢或影响菜形，主要适用于托送火候菜或急需物品时行走的步伐时。

③ 碎步。步距较小，步速较快，上身保持平稳，主要适用于端送汤类菜肴或重托物品时。

④ 垫步。当需要侧身通过时，左脚侧一步，右脚跟一步，主要适用于穿行列车餐厅狭窄过道，或传送物品到餐桌前，欲将所托物品放于餐桌上时。

⑤ 巧步。在列车运行时，服务员端送行走中，突然遇有意外或障碍时适用。

（6）卸盘。

卸盘又称落盘，是将托盘落放在餐桌时的动作。轻托卸盘时右脚向前一步，右手扶住盘边，略弯腰，左手位于与桌面平齐位置，将托盘前沿一端搁在桌面上，用右手握住托盘边沿，双手同时轻轻将托盘平稳推至桌面上，待托盘边沿不露于桌面以外，松开双手，直起身体。需要注意的是，卸盘时应把托盘小心放到一个已经选择好的平面处，不可在没有放好托盘之前就急于取下物品，以免翻盘。

2. 重　托

重托又称肩上托，指对较大且重的物品的端托。重托的重量一般在 10 kg 以内。

重托的操作要领：用左手托盘。伸开手掌，掌心向上，平托住托盘底部的中心，在托起的同时转动托盘，使托盘在向左旋转过程中送至左肩外上方，左手指尖向后，托盘距肩 2 cm。手指指尖向前伸、向左伸均属端托不到位。重托一般常用于餐厅传送菜肴、盘碟等物品。目前递送重物一般用小型手推车，既安全又省力。

> 任务实施

1. 任务准备

(1) 设备准备：仿真动车组餐吧车设备，专业训练服（可着正装）。

(2) 实训资料准备：实训任务单、动车组列车服务质量规范、教材等。

(3) 情景准备：实训前各小组查阅、收集资料，选择动车组列车始发作业餐吧车设备检查和途中餐吧车设备使用时餐服长和餐饮服务人员按照作业程序进行情景，情景中包括动车组列车乘务组中的餐服长和餐饮服务人员，人数自定，情景涉及餐吧车设备检查和使用环节。

(4) 人员准备：实训分小组进行，每组6~8人，每小组做好人员分工。

2. 实施步骤

(1) 认知动车组餐吧车基本设备。

(2) 检查CRH5A型动车组餐吧车设备。

(3) 餐吧车设备安全操作。

(4) 组内互查，教师总结并评分、评价。

3. 任务单

任务训练	"和谐号"动车组餐吧车设备认知训练		
班　级		姓　名	
1. 正确检查CRH5A型动车组餐吧车设备。			
2. 正确操作微波炉。			
3. 正确操作电冰箱。			
4. 正确操作消毒柜。			
5. 正确使用托盘。			
任务总结：			

4. 效果评价

	项目	A—优	B—良	C—中	D—及格	E—不及格	综合
小组评价	设备认知（10%）						
	设备检查（10%）						
	设备操作（30%）						
	团队合作（10%）						
教师评价	设备操作（20%）						
	任务单（20%）						
	教师签名						

复习思考题

1. 动车组餐吧车编挂位置有何规定？
2. "和谐号"动车组餐吧车内有哪些设备？
3. "复兴号"餐吧车内有哪些设备？
4. 动车组餐吧车有哪些基本设备？
5. 动车组餐吧车电气设备使用有什么要求？

项目三　高速铁路动车组列车餐吧车备品货品定位放置

项目描述

动车组列车餐吧车是为广大旅客及乘务人员提供餐饮产品及餐饮服务的主要场所。在整容定位作业时要求商品、餐食按储存标准及时存放，餐食展示牌定位要标准，餐食卡片要齐全，种类要齐全。按照标准铺放台布、靠背纱、花瓶、纸巾盒、价目表。餐吧展示柜、展示台、售货车按照标准码放。本项目主要介绍动车组列车餐吧车车容整理和动车组列车餐吧车备品货品定位放置。本项目的学习，可使学生掌握高速铁路动车组列车餐饮服务人员应完成的动车组列车餐吧车整容定位作业内容。

学习目标

1. 思政目标

热爱中国共产党、热爱社会主义祖国、热爱人民、热爱集体；遵守法律、遵规守纪；具有社会责任感和参与意识。

2. 素质目标

树立"人民铁路为人民"的职业情操；具有精益求精的工匠精神，尊重劳动、热爱劳动。具有较强的集体意识和团队合作精神。

3. 能力目标

能按要求整理动车组餐吧车车容，正确定位放置动车组列车餐吧车备品货品。

4. 知识目标

掌握动车组列车餐吧车的摆台要求和方法，了解餐巾的作用及折叠方法。掌握动车组列车餐吧车备品货品定位放置要求。

任务 1　动车组列车餐吧车车容整理

动车组列车餐吧车是为广大旅客及乘务人员提供餐饮产品及餐饮服务的主要场

所。动车组列车在餐吧车整容定位作业环节应按照标准铺放台布、靠背纱、花瓶、纸巾盒，餐吧台布整洁无污渍。

请思考：动车组列车的餐吧车整容定位作业包括哪些内容？

> **相关知识**

动车组列车餐饮服务人员在开车前作业时应整容车厢，及时摆放布制品和服务备品，做到铺设平整，干净整洁。

动车组列车餐吧车的餐桌虽小，但摆台的学问却很多。首先，餐桌台布的颜色要鲜明、悦目，要从旅客接受的心理角度考虑，并要与餐车的整体环境、色调风格相统一。选择素色印花全棉台布，给人以清新、优雅的感觉。摆设餐桌器皿时，要从美学的角度摆出一个规格统一、富有韵味的艺术台面来。餐桌上的调味用具、花瓶、牙签盅等物品要做到形状、大小、花色、风格统一，使旅客一走进餐吧车就有规整统一、线条明快的美感。使用的餐具必须符合卫生要求，即光洁、干净、无破损。

一、餐巾折花

餐巾是餐桌上的普通用品。将餐巾折叠成各种花、鸟、鱼等形状，统称为餐巾花。餐巾折花是一项艺术创作，它将餐巾的实用性和艺术性融合在一起，可以烘托就餐的气氛，给旅客以美的享受。

（一）餐巾的作用

1. 卫生保洁用品

餐巾是卫生保洁用品。旅客用餐时，将餐巾放在膝上或垫在餐碟下方，可用餐巾来擦嘴或防止汤汁、酒水弄脏衣物。

2. 装饰美化餐台

餐巾可以装饰美化餐台。不同的餐巾花形，蕴含着不同的主题。形状各异的餐巾花，摆放在餐台上，既能美化餐台，又能增添庄重热烈的气氛，给人以美的享受。

3. 烘托就餐气氛

餐巾花形可以烘托就餐气氛，突出会餐目的，起到一定的无声语言的作用，会对交流思想感情产生良好的效果。如用餐巾折成喜鹊、和平鸽等花形表示欢快、和平、友好，给人以愉悦之感。

4. 具有一定的信号功能

餐巾有很多信号功能。例如，当用餐的客人中途离座时，把餐巾放在椅子上代表客人还会回来继续用餐，服务人员不会收走客人的食物及餐具；当客人用餐完毕不想吃其他食物时，可把餐巾折叠盖住餐盘，暗示已经用餐完毕。

5. 广告、宣传作用

有些餐巾纸上印有 Logo 或电话等，可起到广告、宣传的作用。

（二）餐巾的种类

1. 按质地可分为棉织品和化纤织品餐巾

棉织品餐巾吸水性较好，去污力强，浆熨后挺括，造型效果好，若折叠一次后效果则更佳。化纤织品餐巾色泽艳丽，透明感强，富有弹性，如一次造型不成，可以二次造型，但吸水性差，去污力不如棉织品。

2. 按颜色可分为白色餐巾和彩色餐巾

白色餐巾给人以清洁卫生、恬静优雅之感，可以调节人的视觉平衡，安定人的情绪。彩色餐巾可以渲染就餐气氛，如大红、粉红色餐巾给人以庄重热烈的感觉；橘黄、鹅黄色餐巾给人以高贵典雅的感觉；湖蓝色餐巾在夏天能给人以凉爽、舒适之感。

（三）餐巾折花的种类

1. 按折叠方法与放置用具的不同分类

按摆放的方式餐巾折花可分为杯花、盘花和环花。

杯花属中式花型，需要插入杯中才能完成造型，出杯后花形即散。由于折叠过程中对餐巾进行多次折、攥等，易造成折损、污染，目前杯花使用日益减少。

盘花属西式花型，花成型后不会自行散开，可放于盘中或其他盛器及桌面上。因盘花简洁大方、美观适用，所以使用日益增多并将逐渐取代杯花。

环花是将餐巾平整卷好或折叠造型，套在餐巾环类。餐巾环也称为餐巾扣，有瓷制、银制、象牙、塑料、骨制等。此外餐巾环也可用色彩鲜明、对比感强的丝带或丝穗带代替，将餐巾卷成造型，中央系成蝴蝶结状，然后配以鲜花。餐巾环花通常放在装饰盘或餐盘上，看上去传统、简洁和雅致。

餐巾折花摆放方式见图 3-1-1。

杯花　　　　　　　　盘花　　　　　　　　环花

图 3-1-1　餐巾折花摆放方式

2. 按外观造型分类

餐巾折花按外观造型分为动物类、植物类和实物类。

动物类餐巾花包括飞禽、走兽、昆虫、鱼虾等，其中以飞禽为主，如白鹤、孔雀等。动物类造型中有的取其特征,形态逼真,活泼可爱。

植物类餐巾花包括各种花草、蔬菜、水果等,其中以花草为主,如荷花、月季花、水仙等。植物类造型中有的取其花,有的取其叶、茎、果实等。

实物类餐巾花是指模仿日常生活中各种实物形态折叠而成的,如花篮、折扇、蜡烛等。餐巾折花外观造型见图3-1-2。

动物类　　　　　　　植物类　　　　　　　实物类

  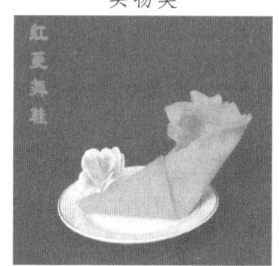

图3-1-2　餐巾折花外观造型

(四)餐巾折叠的注意事项

(1)折花前必须做好准备工作,要挑选洁净、无损、洗浆挺括的餐巾,颜色和规格要统一。要备有光滑干净的圆筷。

(2)餐巾是餐饮卫生用品,折花操作前必须讲究卫生,操作使用的工具、操作台都要擦洗干净,特别是操作者的双手更要符合卫生要求,折花前要洗净双手。折叠时不能用牙叼、咬餐巾,不能多说话。

(3)餐巾花还是供客人欣赏的艺术品,造型要美观大方、逼真、挺括、玲珑剔透,给人以美感。

(4)折花时要分清餐巾的正反面,姿势要自然,手法要轻巧灵活,用力要得当,取准折角,一次折叠成功,切忌返工,以免留下折痕,影响美观。

(五)餐巾折花的基本折叠法

餐巾折花的基本折叠法即初步折叠成形可分为正方折叠、长方折叠、长方翻角折叠、条形折叠、三角折叠、菱形折叠、锯齿折叠、尖角折叠、提取折叠、翻角折叠等十余种。每种基础造型通过局部变化,又能折成很多花形。

餐巾折花的基本技法:叠、折、卷、穿、攥、翻、拉、掰、捏。

1. 叠

折叠是最基本的餐巾折花手法,几乎所有的造型都要使用。叠就是将餐巾一折为二,二折为四,或者成三角形、长方形、菱形、梯形、锯齿形等形状(如图3-1-3所示)。

叠有折叠、分叠两种。叠时要熟悉造型,看准角度一次叠成,如有反复,就会在餐巾上留下痕迹,影响挺括。

2. 折

折是打褶时运用的一种手法,就是将餐巾叠面折成褶裥的形状,使花形层次丰富、紧凑、美观。折的要领是折出的褶裥均匀整齐(如图3-1-4所示)。

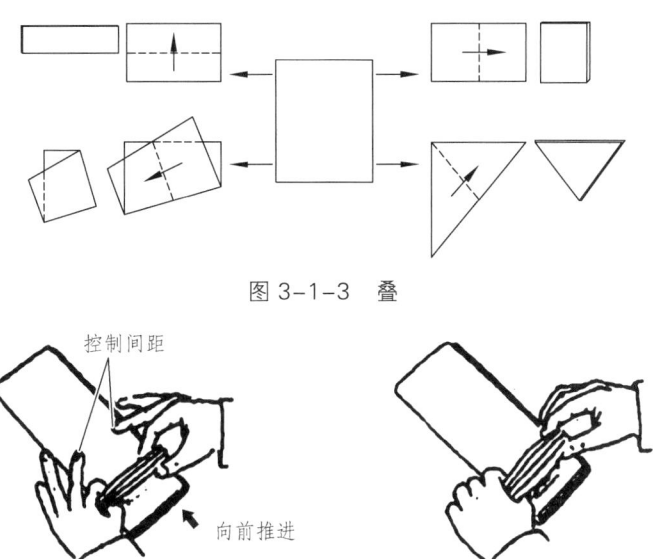

图 3-1-3 叠

图 3-1-4 折

打褶时，用双手的拇指和食指分别捏住餐巾两头的第一个褶裥，两个大拇指相对成一线，指面向外。再用两手中指按住餐巾，并控制好下一个褶裥的距离。拇指、食指的指面握紧餐巾向前推折至中指处，用食指将推折的褶裥挡住，中指腾出去控制下一个褶裥的距离，三个手指如此相互配合。

3. 卷

卷是用大拇指、食指、中指三个手指相互配合，将餐巾卷成圆筒状。卷分为直卷和螺旋卷。直卷有单头卷、双头卷、平头卷。直卷要求餐巾两头一定要卷平。螺旋卷分两种，一种是先将餐巾叠成三角形，餐巾边参差不齐；另一种是将餐巾一头固定，卷另一头，或一头多卷，另一头少卷，使卷筒一头大，一头小。不管是直卷还是螺旋卷，餐巾都要卷得紧凑、挺括，否则会因松软无力、弯曲变形而影响造型。卷的要领是卷紧、卷挺（如图 3-1-5 所示）。

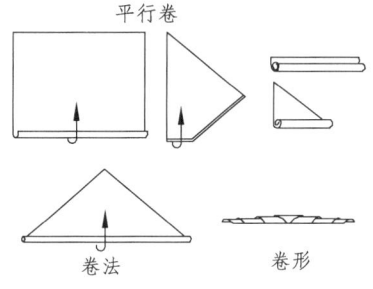

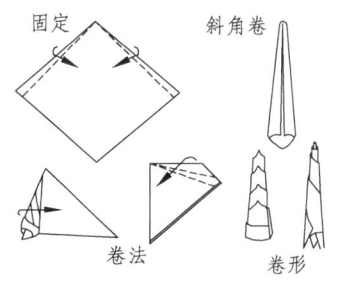

图 3-1-5 卷

4. 穿

将餐巾折好后攥在左手掌心内，用筷子一头穿进餐巾的褶缝里，然后用右手的大拇指和食指将筷子上的餐巾一点一点向后拨，直至把筷子穿出餐巾为止。穿好后先把餐巾花插入杯子内，然后再把筷子抽掉，否则容易松散。根据需要，一般穿 1~2 根筷子。穿的要领是穿好的褶裥要平直、细小、均匀（如图 3-1-6 所示）。

5. 攥

攥是指为使叠出的餐巾花不走样或脱落时的手法,一般是用左手攥住餐巾的中部或下部,再用右手操作其他部位。攥的要领是攥在手中的部分应攥紧,不能因为右手的操作而松散或散形(如图3-1-6所示)。

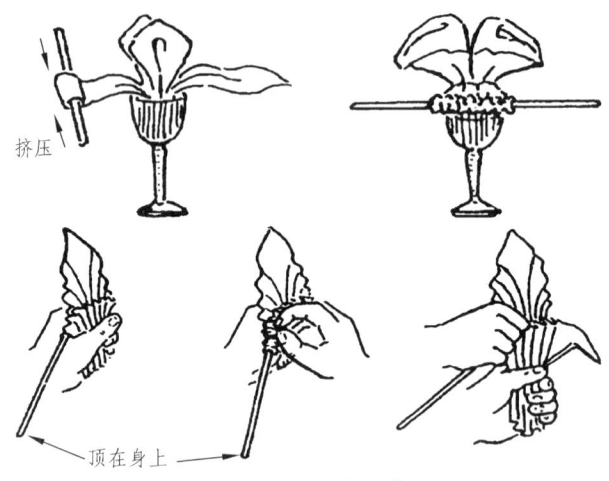

图3-1-6 穿和攥

6. 翻

翻大都是用于折花鸟造型。操作时,一手拿餐巾,一手将下垂的餐巾翻起一只角。翻成花卉和鸟的头颈、翅膀、尾等形状。翻花叶时,注意叶子要对称,且大小一致,距离相等。翻鸟的翅膀、尾巴或头颈时,一定要翻挺,不要软折。翻的要领是注意大小适宜,自然美观(如图3-1-7所示)。

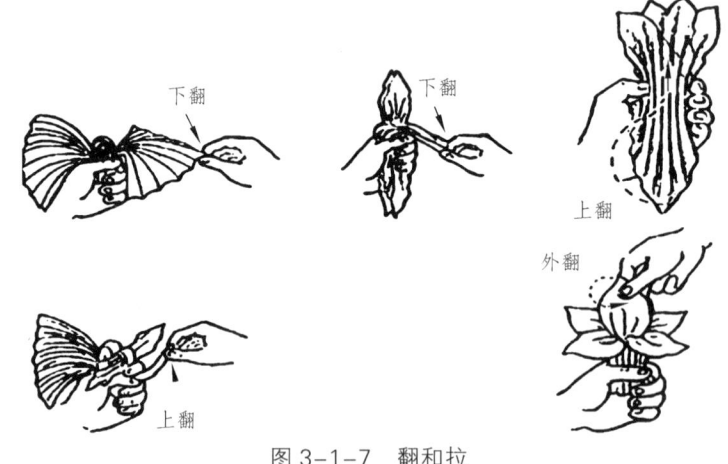

图3-1-7 翻和拉

7. 拉

拉一般在餐巾折花半成形时进行。把半成形的餐巾折花攥在左手中,用右手拉出一只角或几只角来。拉的要领是大小比例适当,造型挺括(如图3-1-7所示)。

8. 掰

将餐巾做好的褶用左手一层一层掰出层次,成花蕾状。掰时不要用力过大,以免松散。掰的要领是层次分明、间距均匀。

9. 捏

捏主要用于折鸟的头部造型。操作时先将餐巾的一角拉挺做颈部，然后用一只手的大拇指、食指、中指三个指头捏住鸟颈的顶端。食指向下，将巾角尖端向里压下，用中指与拇指将压下的巾角捏出尖嘴状，作为鸟头。捏的要领是棱角分明，头顶角、嘴尖角到位（如图3-1-8所示）。

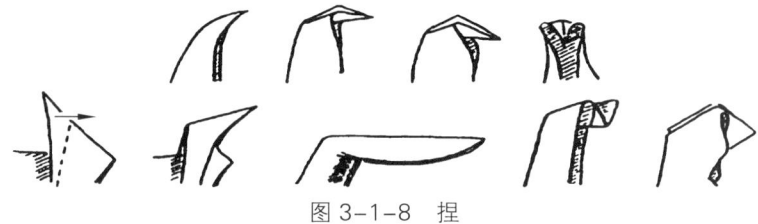

图 3-1-8 捏

（六）餐巾折花的折叠方法、制作步骤

1. 盘花折花

盘花的基本折叠方法及制作步骤见表3-1-1。

表 3-1-1 盘花的折叠方法及步骤

盘花种类	折叠方法	折叠步骤
扇面送爽	长方折叠，折5个裥	1. 反面朝上，对折； 2. 将双边向上长方折叠； 3. 均匀折5个裥； 4. 撑开成扇形，放入盘内
三明治	长方折叠	1. 反面朝上，将餐巾三等分两边向中间折叠； 2. 以餐巾的横中心线为基线，将上下两巾边按三等分向内翻折； 3. 再提起中间向背面折拢； 4. 整理，放入盘内
宝石花	长方折叠	1. 反面朝上，两巾边向中心线对折； 2. 再向背面对折形成长条形； 3. 采用推折的折叠方法，均匀推折5个裥； 4. 左手握住餐巾的下半部分，右手将餐巾两个叠层的折角部分各自分别向下翻折； 5. 撑开呈扇形，放入盘内

续表

盘花种类	折叠方法	折叠步骤
皇冠	长方折叠	1. 反面朝上，长方折叠； 2. 将右上角与左下角相对向中线翻折成平行四边形； 3. 翻转餐巾，将上边向下翻折与底边重合； 4. 将左右巾角分正反面插入夹层； 5. 撑开成形，放入盘内
扬帆远航	正方折叠	1. 反面朝上，正方折叠； 2. 四片巾角朝下，向上翻折成三角形； 3. 将三角形两边向内对折于中线，并把突出新三角形部分反折于背面； 4. 把新三角形在反面对折； 5. 从中间拉出餐巾所有可见的巾角，形成帆状； 6. 撑开成形，放入盘内
企鹅迎宾	对角折叠	1. 反面朝上，对角折叠； 2. 将两底角折至顶角形成正方形，菱形摆放； 3. 将左右两边向中心折叠，并将顶部角全部向后折； 4. 将此餐巾相向对折后立起，拉出鸟头和鸟尾； 5. 整理成形，放入盘内
	对角折叠	1.反面朝上，对角折叠； 2.将两底角折至顶角形成正方形，菱形摆放； 3.将底角向后翻折，成三角形； 4.沿中线左右对折； 5.整理成形，立于盘内

续表

盘花种类	折叠方法	折叠步骤
衣冠楚楚	对角折叠	1. 反面朝上，对角折叠； 2. 将两底角折至顶角形成正方形，菱形摆放； 3. 把折好的餐巾向背面对折，把两底角在底边的1/3处也向背面反折； 4. 将餐巾背面的巾角一端全部翻折，插入夹层； 5. 将餐巾翻转，并翻出衣领； 6. 整理并放入盘内
蝴蝶纷飞	长方折叠	1. 反面朝上，两巾边向中心线进行长方折叠； 2. 再向背面对折形成长条形； 3. 分别从长条餐巾两端向中线对折2次后呈左右各3层，使餐巾边位于最上层； 4. 将上两层相反的方向卷曲成圆锥形，并使它们交会于底边的一点； 4. 整理成形，放入盘内

2. 杯花折花

杯花的基本折叠方法及制作步骤见表3-1-2。

表3-1-2 杯花的折叠方法及步骤

杯花种类	折叠方法	折叠步骤
双荷花	正方折叠	1. 反面朝上，正方折叠，四片巾角朝下，菱形放置； 2. 两片巾教材向上翻折，两片巾角向下翻折，呈三角形，顶角朝左； 3. 以三角形的高为基准，从中间向两边均匀推； 4. 对称拉开四角巾，花蕊垂直居中向上； 5. 插入杯中，整理成形

续表

杯花种类	折叠方法	折叠步骤
冰玉水仙	正方折叠 二层后翻 二层前翻 推折	1. 反面朝上，正方折叠，四巾角朝下，菱形放置； 2. 将一巾角向上翻折，三巾角向下翻折，呈三角形，顶角朝左； 3. 以三角形的高为基准，从中间向两边均匀推； 4. 左手攥住餐巾，拉开四巾角，花蕊垂直居中向上； 5. 插入杯中，整理成形
卷蝴蝶	长方翻角折叠 卷 卷 推进	1. 反面朝上，将左右两边向中间对拢成长方形翻一面后对折，巾角朝下； 2. 翻开两巾角，从下往上卷至折叠处，提起做第一个褶裥； 3. 再翻开两巾角，继续向上均匀推； 4. 将两边向下对拢； 5. 插入杯中，整理成形
圣诞火鸡	正方折叠 一片前翻 一片后翻	1. 正面朝上，正方折叠，四片巾角朝下； 2. 逐一上翻三片巾角，每片间距 1～2 公分； 3. 三片朝左，单片朝右，菱形放置； 4. 从中间向两边均匀推； 5. 左手攥住餐巾，单片巾角朝下； 6. 单片巾角上提捏鸟头； 5. 插入杯中，整理成形

续表

杯花种类	折叠方法	折叠步骤
长尾鸟	对角折叠 一片前翻 一片后翻	1. 正面朝上，三角形折叠； 2. 翻折角插入两个内三角形； 3. 上下两片巾角下翻； 4. 从中间向两边均匀推； 5. 两片巾角朝上，一片拉下捏头，一片做尾，其余两片做翅膀； 6. 放入杯中，整理成形
月季花	正方折叠 四片	1. 反面朝上，小锯齿折叠； 2. 然后对折，巾角朝下； 3. 由下至上均匀推，巾角向上对折； 4. 左手攥住餐巾，层层掰开花瓣； 5. 插入杯中，整理成形
彩凤翼美	错位折叠	1. 反面朝上，中锯齿折叠； 2. 按锯齿状对折，巾角朝左； 3. 从中间向两边均匀推； 4. 左手攥住餐巾，巾角朝上； 5. 底脚上提做鸟头； 6. 插入杯中，整理成形
和平鸽	正方折叠	1. 反面朝上，长方折叠，巾角朝上； 2. 左上方翻下一巾角，对折呈正方形，巾角朝左； 3. 从中间向两边均匀推； 4. 左手拽住餐巾中心，三巾角朝下，顶角开口朝左； 5. 向下弯折顶角，抽出里面的巾角做尾巴； 6. 其余三巾角，外面两片上提做翅膀，中间一片上提捏鸟头； 6. 插入杯中，整理成形

续表

杯花种类	折叠方法	折叠步骤
彩蝶纷飞	长方翻角折叠	1. 反面朝上，长方两面双翻角折叠； 2. 巾角朝左，从中间向两边均匀推； 3. 左手攥住餐巾，夹层穿筷； 4. 放入杯中，整理成形； 5. 将筷子抽出
迎宾花篮	对角折叠（直卷、对折）	1. 反面朝上，三角形折叠； 2. 由下往上卷，卷至巾角7~8公分处； 3. 上层下翻后对折，再两边向上翻折，卷脚朝上； 4. 其余两片巾角上翻做篮筐； 5. 放入杯中，卷角穿插连接做篮柄，整理成形

（七）餐巾花的摆设要求

（1）整齐美观，位置适当，便于观赏，尽可能与台布、器皿的色调和谐。

（2）餐巾花一般是插入水杯/色酒杯或摆放在骨碟中，不同形的餐巾花应区别插摆在直升杯的2/3位置，由于杯具透明，杯内外应保持花型的完整，插花时可一手持杯的下部一手持花。

（3）注意餐巾花正面朝向客人。

（4）注意搭配得当，折花的品种要搭配好，主花明显突出。

二、台布的种类及规格

（一）台布的种类

1. 按质地分类

按质地分为纯棉台布、化纤台布、塑料台布等。纯棉台布吸水性能较好，是大多数餐厅经常使用的。

2. 按花形图案分类

花形图案有团花、提花、散花、工艺绣花等，提花图案的台布使用较多。

3. 按颜色分类

按颜色分为白色、黄色、红色、绿色、粉色等，多数餐厅为了整洁卫生，常使用白色台布。

4. 按形状分类

形状包括正方形和长方形。

（二）台布的规格

台布的大小应与餐桌相配，应根据餐台的大小来选择。一般正方形台布四边下垂部分的长度以 20~30 cm 为宜。经常使用的台布规格有（140×140）cm、（160×160）cm、（180×180）cm、（200×200）cm、（220×220）cm、（240×240）cm 及（260×260）cm。

（三）台布的铺设方法

台布不能接触地面，台布中间的折纹交叉点应正好在餐台的中心处。铺好的台布应正面朝上，平整无褶皱。

台布铺设的常用方法有三种：推拉式、撒网式和抖铺式。

1. 推拉式

用双手将台布打开后放置餐台上，将台布贴着餐台平行推出去再拉回来。这种铺法多用于零餐餐厅或较小的餐厅。

2. 撒网式

用双手将台布打开，平行打折，站立姿势为右脚在前、左脚在后，双手将打开的台布提拉胸前，双臂与肩平行，上身向左转体，下肢不动并在右臂与身体回转时，将台布斜着向前撒出去，把台布抛掷前方时，上身转体回位并恢复至正位站立，这时台布应平铺于餐台上。抛撒时，动作应自然潇洒。这种铺台布方法多用于宽大场地或技术比赛场合。

3. 抖铺式

用双手将台布打开，平行打折后将台布提拿于双手中，身体呈正位站立式，用双腕的力量，将台布向前一次性抖开并平铺于餐台上。这种铺台布的方法适合于较宽敞的餐厅或在周围没有宾客就座的情况。

三、动车组列车餐吧车摆台

摆台就是铺台、摆桌，是将餐具、酒具以及辅助用品按照一定的规格整齐美观地铺设在桌子上的操作过程。包括餐台排列、席位安排、餐具摆放等。摆台要求做到清洁卫生、整齐有序、各就各位、放置得当、方便就餐、配套齐全。摆台可分为中餐摆台和西餐摆台两大类。

（一）动车组列车中餐摆台

动车组列车餐吧车餐台通常为长方形餐台，规格为长 120 cm、宽 60 cm 左右，通常为四人餐台，如图 3-1-9 所示。

图 3-1-9　动车组列车餐吧车中餐摆台

动车组列车餐台台布有纯棉台布、化纤台布、塑料台布、绒质台布等。中餐餐饮用具常用的有餐碟、汤碗、汤勺、味碟、筷架、筷子、水杯、酒杯。列车餐厅中餐常备用具有调味用具、牙签、花瓶、餐巾、烟缸、托盘等。

1. 中餐便餐摆台的摆放要求

摆早餐餐具时，先放餐碟，餐碟距桌边 1 cm，餐碟的左上方放汤碗，汤碗与餐碟相距 1 cm，碗内放汤勺，勺柄朝左，餐碟的右上方放水杯（果汁杯），汤碗与水杯相距 1 cm，水杯的右侧放筷架和筷子，要求汤碗的碗心、水杯的杯心、筷架在一条直线上并且平行于桌边，筷子垂直于筷架，筷尾距桌边 1 cm。早餐餐巾叠盘花。列车上餐台为长方台，花瓶摆放靠窗一侧，调味用具、牙签杯放在花瓶两侧。摆放午、晚餐的餐具时，应在早餐餐具摆放的基础上再增加一个味碟、一个酒杯。摆放方法：味碟摆在汤碗的右侧，将水杯放在汤碗和味碟的正前方距汤碗和味碟 1 cm，餐巾可叠盘花或杯花。

午、晚餐用具的摆放，与早餐摆放相同。

2. 动车组列车中餐摆台步骤

（1）铺台布。餐饮服务人员站在餐吧车过道一侧，台面中心线居中的位置上，铺的台布正面朝上，保持台面平整，两侧下垂长度相等。

（2）放置花瓶、调味用具和牙签盅。花瓶放在靠窗一侧中心、调味用具和牙签盅分放花瓶两侧。

（3）摆放餐碟。餐碟距桌边 1 cm，相互间距相等，定位准。

（4）放置汤碗、汤勺、味碟。汤碗在餐碟的左上侧距餐碟 1 cm，汤勺放在汤碗内，勺柄朝左；味碟在餐碟的右上侧与汤碗在一条直线上，并相距 1 cm。

（5）放置筷架、筷子。筷架放在味碟右侧相距 1 cm，筷子留出 1/3 搁在筷架上，筷尾距桌边 1 cm。

（6）放置水杯。水杯放在汤碗和味碟的正上方，距汤碗、味碟 1 cm。

（7）摆放餐巾花。按照餐巾花的摆放原则，从主位开始依次摆放。

3. 中餐摆台注意事项

（1）操作顺序：摆台从主位开始，按列车运行方向依次摆放。

（2）托盘姿势：托盘姿势正确，操作时托盘要拉开、端稳，行走轻松自然。

（3）仪容仪表与卫生：动车组列车餐饮服务人员穿规定服饰，化淡妆，操作时动作轻盈，神态自然，面带微笑，卫生规范。

（4）摆台要达到的整体效果：清洁卫生，布局合理，美观大方。

（二）动车组列车餐吧车西餐摆台

动车组列车餐吧车西餐摆台与上菜流程较简单，一般只使用常用的刀、叉、匙等。

1. 动车组列车餐吧车西餐台布铺设方法及要求

（1）准备工作。铺台布之前，首先应按人数摆放餐椅，要求椅子面的前沿与桌子的边沿相切，检查台布有无残破、油渍和皱褶。其次根据餐厅装饰、布局定席位。操作时，餐饮服务人员站立于餐台长侧边，将选好的台布放于餐台上。

（2）铺设台布。铺设台布时，餐饮服务人员站立于餐台长侧边，距餐台约 30 cm，将台布横向打开，双手捏住台布一侧边，将台布送到餐台另一侧，然后将台布从餐台另一侧向身体一侧慢慢拉，台布的正面向上，台布折叠线的凸线向上置于餐台的中心位置，四周下垂部分匀称。

2. 动车组列车餐吧车西餐摆台常用餐具

常见西餐餐饮用具：展示盘、面包盘、汤勺、主菜刀、主菜叉、鱼刀、鱼叉、开胃刀、开胃叉、甜品叉、甜品勺、水果刀、水果叉、黄油刀、黄油碟、咖啡勺、咖啡垫盘、咖啡杯、水杯、红葡萄酒杯、白葡萄酒杯、饮料杯、香槟杯、啤酒杯、白兰地杯、利口杯等。西餐餐具中的刀、叉、匙品种多样，应根据餐别选用。常见西餐常备用具：花瓶、调味用具、菜单、洗手盅、酒篮、冰桶。

动车组列车餐吧车受经营面积等因素制约，一般只使用常用的刀、叉、匙等。

3. 动车组列车餐吧车西餐便餐摆台

（1）早餐摆台要求。展示盘放在席位的中间，展示盘左边放叉，右边放刀，刀刃向左，叉尖向上；餐叉左侧摆面包盘和黄油刀，黄油刀放在面包盘中轴线右侧 1/2 处，刀口朝盘心；黄油碟放在黄油刀的上方；咖啡杯放在餐刀的右侧，咖啡杯倒扣于垫碟中，用时翻转过来，咖啡杯柄和勺把朝后，将折好的餐巾花放于盘中；花瓶、调味用具放在靠窗一侧，如图 3-1-10 所示。

（2）午、晚餐摆台要求。展示盘放在席位的中间，展示盘左边放叉，右边放刀，刀刃向左，叉尖向上；餐叉左侧摆面包盘和黄油刀，黄油刀放在面包盘中轴线右侧 1/2 处，刀口朝盘心；黄油碟放在黄油刀的上方；水杯放在餐刀的上方；餐勺放于餐刀的右侧，将折好的餐巾花放于盘中；花瓶、调味用具放在靠窗一侧，如图 3-1-11 所示。

图 3-1-10　动车组列车餐吧车西餐早餐摆台　　图 3-1-11　动车组列车餐吧车西餐午、晚餐摆台

4. 动车组列车餐吧车西餐便餐摆台步骤

（1）铺台布。站在餐吧车过道一侧铺台布，台布正面朝上，中凸线居中，两侧下垂匀称。

（2）摆放展示盘。将展示盘放在餐位正中，距桌边 1 cm，手法规范，一次到位。

（3）摆放刀、叉、勺。展示盘左右两侧 1 cm 处放餐叉、餐刀，刀口朝盘内，餐刀右侧 1 cm 处放长把汤勺；刀叉手柄距桌边 1 cm。

（4）摆放面包盘、黄油刀。餐叉左侧 1 cm 处放面包盘，盘心与展示盘心在同一直线上；黄油刀放在面包盘中轴线右侧 1/2 处，黄油碟放在黄油刀的上方。

（5）摆放咖啡杯。咖啡杯放在餐刀的右侧，咖啡杯倒扣于垫碟中，用时翻转过来，咖啡杯柄和勺把朝后。

（6）折叠餐巾花。折叠餐巾花要折法正确，注意口布正反面，要求一次成型，造型逼真，口布挺括，符合最后成型标准。注意操作卫生，摆放时将餐巾花放在展示盘中央，使最佳观赏面正对旅客。

（7）摆放用具。花瓶放在靠窗一侧中心，调味用品和牙签且分放花瓶两侧。

5. 西餐摆台注意事项

（1）注意操作顺序，从主位开始，按列车运行方向依次摆放。

（2）注意托盘姿势，保持姿势正确，操作时托盘要拉开、端稳，随列车晃动，行走轻松自然。

（3）注意仪容仪表与卫生，餐饮服务人员穿规定服饰，化淡妆，操作时动作轻盈，神态自然，面带微笑，卫生规范。

（4）注重整体效果，比如台面清洁卫生，整体布局合理、美观大方。

> **任务实施**

1. 任务准备

（1）设备准备：仿真动车组餐吧车设备，餐吧车使用的布制品和服务备品，专业训练服（可着正装）。

（2）实训资料准备：实训任务单、动车组列车服务质量规范、教材等。

（3）情景准备：实训前各小组查阅、收集资料，选择动车组列车开车前及旅客用餐后应整容车厢时餐服长和餐饮服务人员按照作业程序进行情景，情景中包括动车组列车的餐服长和餐饮服务人员，人数自定，情景涉及餐吧车整容定位作业环节。

（4）人员准备：实训分小组进行，每组6~8人，每小组做好人员分工。

2. 实施步骤

（1）餐巾折花和铺设台布。

（2）餐吧车中餐摆台。

（3）餐吧车西餐摆台。

（4）组内互查，教师总结并评分、评价。

3. 任务单

任务训练		动车组列车餐吧车车容整理训练	
班　级		姓　名	
1. 餐巾折花训练。			
2. 铺设台布训练。			
3. 动车组列车餐吧车中餐摆台训练。			
4. 动车组列车餐吧车西餐摆台训练。			
任务总结：			

4. 效果评价

	项目	A—优	B—良	C—中	D—及格	E—不及格	综合
小组评价	餐巾折花（10%）						
	铺设台布（10%）						
	中西餐摆台（30%）						
	团队合作（10%）						
教师评价	车容整理（20%）						
	任务单（20%）						
	教师签名						

任务 2　动车组列车餐吧车备品货品定位放置

任务引入

动车组列车餐吧车是为广大旅客及乘务人员提供餐饮产品及餐饮服务的主要场所。为了满足广大旅客旅途用餐需要，动车组列车餐吧车配备品种多样的商品、食品及服务备品，餐车服务员应做到：保持餐吧车整洁美观，展示柜布置艺术，与就餐环境相协调，符合餐吧车出库整备质量标准，餐吧车橱、柜、箱干净无异味，分类标志清晰，商品、餐、饮品和备品等分类定位放置。

请思考：动车组列车餐吧车内商品、食品及服务备品应如何定位放置？

相关知识

动车组列车开车前餐服长要检查餐食品、商品在餐吧车储藏柜、冰箱内定位放置情况，商品、售货车等不堵通道，不占用旅客使用空间。售货车有防撞胶条和制动装置。餐吧车展示柜布置美观，与就餐环境相协调，各种用具定位摆放。售货车内外清洁、定位放置，有商品价目表。检查商品柜、冰箱、吧台、橱柜等，不得随意放置私人物品（乘务员随乘携带的餐食等定位存放）。开车前餐饮服务人员应该按要求布置展示柜，整理摆放售货车，餐吧车展示柜布置美观，与就餐环境相协调，各种食品、用具定位存放，售货车制动装置和防撞胶条性能良好，商品明码标价。

一、动车组列车餐吧车商品、食品、备品放置基本要求

动车组列车餐吧车商品、食品、备品放置应遵循的标准：安全第一，摆放符合规范要求；保持整洁美观；操作便利；食品与非食品分开存放；私人物品不得随意摆放。

"复兴号"动车组餐吧车部分商品、食品及服务备品定位放置如图 3-2-1 所示。

二、CRH380AL 型动车组列车餐吧车商品、食品、备品放置标准

（1）餐车门左边保险柜与冰箱之间的空地摆放一等座专项物品及蓝色整理箱，重的、体积大的物品放在下面，码放整齐、箱口封闭。

（2）餐车门右边第一个三角吊柜摆放洁具。

（3）微波炉上方的若干吊柜用于摆放整件或整箱常温储存的商品（如接待箱、备用防烫手套等），摆放时确保外包装完好、陈列整齐（如图 3-2-2 所示）。

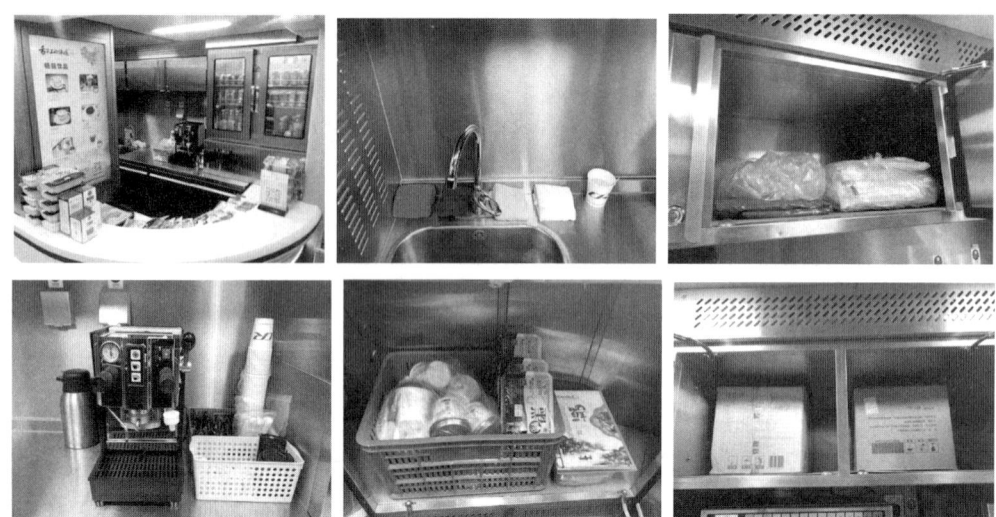

图 3-2-1 "复兴号"动车组餐吧车部分商品、食品及服务备品定位放置

图 3-2-2 微波炉上方吊柜内物品定位放置

（4）冰箱与水池中间的台面摆放托盘、水壶，保持托盘洁净，横靠壁板；水壶置于托盘上面，壶嘴朝内，壶把对外，稍倾斜。

（5）吧台、微波炉下面的储藏柜摆放整件商品。摆放过程中确保外包装完好，码放整齐（如图 3-2-3 所示）。

图 3-2-3 吧台、微波炉下面的储藏柜内物品定位放置

（6）微波炉下方的抽屉摆放餐服班组台账及相关备品，要求摆放整齐。

（7）吧台靠近过道的板壁上放挂画，挂画下面摆放价目表，吧台另一端摆放卫生许可证（如图 3-2-4 所示）。

图 3-2-4　吧台物品定位放置

（8）水池上方的储藏柜陈列干货小食品、袋装食品、盒装糕点，按照品种、包装规格、数量归类放置。袋装食品左高右低整齐排列，盒装食品码放整齐（如图 3-2-5 所示）。

（9）水池上面摆放抹布。抹布要叠好，按颜色分开摆放（如从左至右依次摆放四色抹布、洗洁精，如图 3-2-6 所示）。

图 3-2-5　水池上方的储藏柜内物品定位放置

图 3-2-6　水池上面物品定位放置

（10）冰箱、保温箱内的餐食整齐摆放，储藏温度适宜，分类摆放。

（11）咖啡机摆放在微波炉与吧台之间的操作台面上，咖啡机内槽、水槽、出水口保持清洁、无污迹，摆放平稳牢固，旁边不得放杂物。

操作台右边摆放一台咖啡机，中间摆放两个辅料筐（前方咖啡、咖啡辅料，后方手套、吸管等一次性辅料）。左边（由后至前）依次摆放：咖啡杯、CRH 纸杯、咖啡杯盖（如图 3-2-7 所示）。

图 3-2-7　咖啡机定位摆放

（12）一等座专项服务车定位在一等座车厢。专项服务车展示台的前部防倒架内摆放各品种饮料一瓶，汉字商标朝外，面向旅客；防倒架内前排左手处摆放一次性航空杯或纸杯一提，不拆包装倒放。中部紧挨防倒架摆放 2 个水壶，壶嘴向内，壶把向外，不得倾斜。专项服务车内上部用 2 个托盘隔出上、下两层。上层的托盘放置备用茶包、统计表、记录本、笔、清洁布；下层摆放特色点心盒，点心盒正面朝上竖放，排列整齐。专项服务车内下层摆放适量特色点心盒及饮料各品种 3 瓶，瓶盖向外倒放，左中右每列为同一品种，还可放置一次性航空杯或纸杯适量。

（13）乘务箱摆放在四角钥匙柜内，乘务箱要整齐平放（如图 3-2-8 所示）。

图 3-2-8　乘务箱定位摆放

三、CRH5 型动车组列车餐吧车商品、食品、备品放置标准

（1）吧台上方的网式陈列架陈列小食品，上层摆放袋装食品，中层摆放盒装食品，下层摆放杯装食品，品种齐全，按照左高右低，同一商品放一列，摆放整齐美观，汉字商标朝外；价目表摆放在陈列架下层中间位置，正面朝外。

（2）吧台左侧的玻璃展示柜里摆放饮品，要求左高右低，摆放整齐美观，汉字商标朝外。

（3）电开水炉与微波炉旁边的空台上摆放卫生许可证、托盘、水壶，卫生许可证背靠微波炉一侧板壁；托盘保持洁净，叠放整齐，水壶置于托盘上面，壶嘴对内，壶把对外，微倾斜。

（4）微波炉下方的冰箱用于冷藏饮品、食品。饮品按种类码放平稳，不得冷藏非餐吧车供应的饮品和食品。

（5）微波炉侧边立式冷藏冰箱用于储藏餐食，上层摆放旅客餐，下层摆放乘务餐，餐食包装完好，码放整齐，不得混放，严禁将私人物品和其他物品放入冰箱。

（6）餐车门旁面向吧台的立式冷藏冰箱用于储藏专项水果，储藏的水果外包装应完好。

（7）紧挨餐车门的三层储物柜，上层为动车组列车餐吧车餐饮服务人员的衣物柜，中层为乘务员的衣物柜，要求衣物折叠整齐；下层存放整件或整箱商品，商品外包装密封，码放整齐。

（8）水池上方三层铁架摆放清洁用品，抹布要叠好，按颜色分开摆放。

（9）微波炉下面的储藏柜摆放整件食品，食品外包装完好，码放牢固、整齐。

（10）微波炉下三层抽屉：上层放餐服班组台账及相关备品，摆放整齐；中层摆放餐吧车备品，如纸杯、纸巾等常用备品，分类摆放，摆放整齐；下层摆放餐吧车垃圾袋，垃圾袋叠放整齐；旁边的四层抽屉摆放餐具，餐具外包装完好，摆放整齐。

（11）小推车摆放在吧台右侧的板壁旁，小推车上的商品摆放整齐，商品汉字商标对齐朝外，小推车保持刹车状态。

（12）动车组列车餐吧车餐饮服务人员乘务拖箱摆放在操作间外、监控室对面下方储物柜中间一格，乘务箱要整齐平放。

四、动车组列车餐吧车商品展示柜陈列

动车组列车餐吧车商品展示柜陈列标准见表3-2-1。

表3-2-1　动车组列车餐吧车商品展示柜陈列标准

车型	陈列标准	饮料展示陈列标准		食品展示陈列标准	
		陈列位置	陈列品种	陈列位置	陈列品种
CRH380AL型	物品陈列做到安全整齐，表里美观，摆放稳固。始发时按照上货单品种摆放，不得缺项，汉字商标正面朝外，面向旅客。商品竖直摆放，不得倒放。途中可根据经营情况调整商品位置	立式玻璃门冰箱	从下至上，第一层摆放高瓶瓶装饮品；第二层摆放中瓶瓶装饮品；第三层摆放小瓶瓶装饮品、罐装啤酒和饮品。每层第一排摆放不同品种的商品，每一列为同一品种	水池上部食品柜	从下至上，第一层摆放袋装食品，按照品种、包装规格竖直摆放；第二层摆放盒装糕点，按照品种、包装规格归类放置
CRH5A型	物品陈列做到安全整齐，表里美观，摆放稳固。始发时按照上货单品种摆放，不得缺项，汉字商标正面朝外，面向旅客。商品竖直摆放，不得倒放。途中可根据经营情况调整商品位置	吧台玻璃展示柜	从下到上，第一层摆放高、中瓶装饮品；第二层摆放小瓶瓶装饮品、罐装啤酒和饮品。每层第一排摆放不同品种的商品，每一列为同一品种。可左低右高摆放	不锈钢陈列馆	从下至上，第一层摆放袋装食品，按照品种、包装规格竖直摆放；第二层摆放盒装糕点，按照品种、包装规格竖直摆放；第三层摆放杯装、罐装食品，第一排摆放不同品种的商品，每一列为同一品种

动车组列车餐吧车商品展示柜陈列标准如图 3-2-9 所示。

图 3-2-9　动车组列车餐吧车商品展示柜陈列标准

五、小推车商品陈列标准

小推车上物品的陈列要做到安全整齐、便利美观，摆放稳固。始发时，按照上货单品种摆放，不得缺项，汉字商标正面朝外，面向旅客，竖直摆放，不得倒放；途中，可根据经营情况调整商品摆放位置。

小推车上层摆放瓶装饮品，每个品种摆放一至两瓶，左高右低，排列整齐美观，汉字商标朝外；袋装食品每个品种摆放一至两袋，左低右高，依次叠放，正面朝外；在袋装食品两侧摆放盒装点心，左低右高，摆放整齐美观，汉字商标朝外；第二层左边摆放瓶装饮品，左高右低，每个品种摆放一至两瓶，摆放整齐，汉字商标朝外；右边摆放袋装食品和点心，摆放要求跟上层一样；第二层以下摆放其他食品，要求摆放整齐美观。价目表正面朝外（如图 3-2-10 所示）。

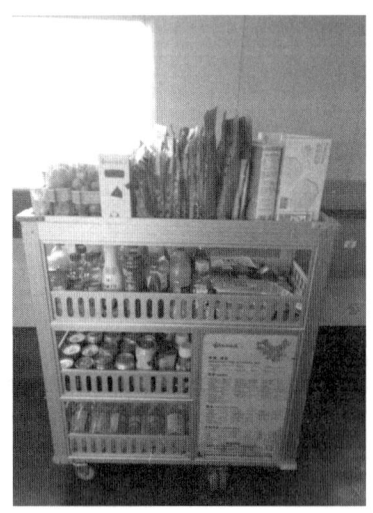

图 3-2-10　小推车商品陈列标准

> 任务实施

1. 任务准备

（1）设备准备：仿真动车组餐吧车设备，动车组列车餐吧车内商品、食品及服务备品，专业训练服（可着正装）。

（2）实训资料准备：实训任务单、动车组列车服务质量规范、教材等。

（3）情景准备：实训前各小组查阅、收集资料，选择动车组列车始发作业时餐服长和餐饮服务人员要按照作业程序进行动车组列车餐吧车内商品、食品及服务备品定位放置情景，情景中包括动车组列车乘务组中的餐服长和餐饮服务人员，人数自定，情景涉及动车组列车餐吧车内商品、食品及服务备品定位放置环节。

（4）人员准备：实训分小组进行，每组 6~8 人，每小组做好人员分工。

2. 实施步骤

（1）"复兴号"动车组列车餐吧车内商品、食品及服务备品定位放置。

（2）CRH380AL 型动车组列车餐吧车商品、食品、备品定位放置。

（3）CRH5 型动车组列车餐吧车商品、食品、备品定位放置。

（4）小推车商品陈列。

（5）组内互查，教师总结并评分、评价。

3. 任务单

任务训练	动车组列车餐吧车内商品、食品及服务备品定位放置训练	
班　级		姓　名	

1. "复兴号"动车组列车餐吧车内商品、食品及服务备品定位放置。

2. CRH380AL 型动车组列车餐吧车商品、食品、备品定位放置。

3. CRH5 型动车组列车餐吧车商品、食品、备品定位放置。

任务总结：

4. 效果评价

	项目	A—优	B—良	C—中	D—及格	E—不及格	综合
小组评价	展示柜商品定位（10%）						
	小推车商品定位（10%）						
	各位置物品定位（30%）						
	团队合作（10%）						
教师评价	定位放置（20%）						
	任务单（20%）						
	教师签名						

复习思考题

1. 简述餐巾花的摆放要求。
2. 简述动车组列车餐吧车中餐摆台的要求。
3. 简述动车组列车餐吧车西餐摆台的要求。
4. 简述动车组列车餐吧车商品展示柜陈列要求。
5. 简述动车组列车小推车商品陈列要求。

项目四　高速铁路动车组列车餐饮作业

项目描述

动车组列车餐饮作业组织是动车组乘务作业组织中不可或缺的一部分，其作业内容及流程包括：班前准备→接车作业→始发作业→途中作业→终到作业→班后作业。本项目主要介绍动车组列车餐吧车乘务作业、"复兴号"动车组列车餐饮作业及动车组列车互联网订餐交接及配送。本项目的学习，可使学生掌握高速铁路动车组列车餐饮服务人员要完成的动车组列车餐饮作业组织内容。

学习目标

1. 思政目标

热爱中国共产党、热爱社会主义祖国、热爱人民、热爱集体；遵守法律、遵规守纪；具有社会责任感和参与意识。

2. 素质目标

树立"人民铁路为人民"的职业情操；具有精益求精的工匠精神，尊重劳动、热爱劳动。具有较强的集体意识和团队合作精神。

3. 能力目标

能够按照《动车组列车服务质量规范》要求进行餐饮服务作业，能够按照动车组餐饮作业流程进行餐饮服务工作。

4. 知识目标

掌握动车组餐车的整备标准，掌握动车组餐服长的作业流程，掌握动车组餐饮服务人员的作业流程。

任务 1　动车组列车餐吧车作业

任务引入

动车组列车餐饮乘务作业是动车组列车乘务作业组织中不可或缺的一部分，其作业内容及流程包括：班前准备→接车作业→始发作业→途中作业→终到作业→班后作业。

请思考：动车组列车餐饮服务人员怎样才能做好动车组列车餐饮乘务工作？

> **相关知识**

动车组列车乘务组由列车长、乘务员、安全员、乘警、随车机械师、保洁员等组成。当列车上保洁和餐饮由社会专业公司承担时，其员工视同列车乘务组成员。列车乘务组人员应当各司其职，在为旅客服务时，接受列车长的统一领导。餐吧车的餐饮经营由餐服长负责，其全面领导餐吧车业务。

餐吧车乘务组采用轮乘制或包乘制。餐吧车乘务组由1名餐服长和2名餐饮服务人员组成。动车组重联时，按2个餐吧车乘务组安排人员；编组16辆的动车组餐吧车按1名餐服长和4名餐饮服务人员配备。对运行时间较长的动车组可适当增加餐吧车的乘务人员。

一、动车组列车餐吧车乘务交路

动车组列车乘务员运用计划是乘务员（组）的综合乘务计划，即根据给定的列车运行图中相关的乘务员乘务规程、乘务基地条件等，对乘务员（组）在什么时间、什么地点出乘，在什么时刻、担当哪次列车，在什么时间、什么地点退乘等做出具体安排，以确保列车开行计划的实现。乘务计划主要分为乘务日计划及乘务月度计划。

日计划由全体乘务交路构成，表示完成一日的运行图任务需要的乘务员数量及各乘务员担当的乘务交路。

日计划主要考虑在完成运行图任务的基础上，使用的乘务员数量越少越好，即交路数越少越好；对日计划中的每个乘务交路，它的各项指标越接近理想值越好。

月度计划是各乘务员（组）在指定月度中各日担当的乘务交路及休息计划。月度乘务计划主要考虑乘务组间劳动时间越均衡越好，各乘务组的平均劳动时间越接近给定值越好，编制的月度计划与前一个时期的月度计划差异性越小越好。

我国采用8小时工作制，全年12个月，全年日历365天，全年周休日104天，全年法定节假日11天（此计算应适时调整），因此，乘务员每月工作时间为166.7小时。当乘务组采用包乘制时，根据乘务组一次往返工时，可以得出乘务组的月值乘次数和一对列车所需的乘务组数。

某线路乘务交路见表4-1-1所示。

二、动车组列车餐吧车整备标准

1. 动车组列车餐吧车出库标准

动车组列车餐吧车橱、柜、箱干净无异味，分类标志清晰，商品、餐、饮品和备品等分类定位放置。保洁工具及售货车等备品定位放置，不影响旅客使用空间。定期进行"消、杀、灭"，蚊、蝇、蟑螂等病媒昆虫指数及鼠密度符合国家规定。

表 4-1-1 某线路交路表

线路	班组	列车长	1 六	2 日	3 一	4 二	5 三	6 四	7 五	8 六	9 日	10 一	11 二	12 三	13 四	14 五	15 六	16 日	17 一	18 二	19 三	20 四	21 五	22 六	23 日	24 一	25 二	26 三	27 四	28<他>五	29 六	30 日	31 一
G6275	1	甲		6275			6275			6275			6275			6275			6275			6275			6275			6275			6275		
	2	乙	6275		6275			6275			6275			6275			6275			6275			6275			6275			6275			6275	
	3	丙	备			6275			6275			6275			6275			6275			备	6275			6275			6275			6275		6275
G1263/1238	4	丁	1238	1263	1238	1263	备	1263	6275	1263	备	1263	1238	1263	备	1238	1263		备		6275		备	1263	1238	1263		1263	1238		备	1263	1238
	5	戊		备	1238	1238	1238		1238	1238	1238	备	备	1238	1238		备	1263	1238	1263	1238	1263	1238		备	1238	1238		备	1263	1238		备
	6	己	1263	1238	备	备		备		备	备	备	1263	备	1263	1263	1263	1238		备	1263	1238	1263	备	1263	备		1263	备	1263		备	1263
	7	庚			1263		1263	1238	1263		1263	1238		1263		1238		备	1263	1238	1263	备	1263	1238			1263	1238	1263	1238	1263	1238	1263

081

2. 动车组列车餐吧车途中标准

动车组列车餐吧车餐桌、吧台、工作台、微波炉及各橱、箱、柜内保持洁净。售货车配热水瓶，利用售货时为有需求的旅客提供补水服务。

3. 动车组列车餐吧车到站立即折返标准

动车组列车餐吧车橱、柜、箱干净无异味，分类标志清晰，商品、餐、饮品和备品等分类定位放置。保洁工具、售货车等备品定位放置，不影响旅客使用空间。

三、动车组列车餐吧车保洁作业

（一）动车组列车餐吧车出库保洁作业

1. 保洁作业内容

清洁地面、边角、空调口、天花板、微波炉、消毒柜、保温箱、冰箱、烤箱、垃圾桶、车内门缝、备品箱格、装饰板、餐台、餐桌（含桌腿）、座椅（含椅腿）、不锈钢部件、显示屏表面、壁柜、地柜、台面、扶手、水池、冰箱、展示柜，并清理隐蔽部位杂物等。

2. 保洁作业标准

动车组餐吧车的空调口、天花板、各处不锈钢壁板表面无污迹、无灰尘；微波炉、保温箱、电冰箱、烤箱内无碎渣、无油迹；服务台台面、操作台干净整洁；垃圾桶内无垃圾，桶内无异味，桶内套袋；车门缝干净、无污迹；备品柜格、装饰板表面无污迹、无灰尘；餐桌、餐椅整齐，桌（椅）缝无杂物、无碎渣；显示屏屏幕表面干净；地面清洁干净，无污物，无卫生死角；座椅靠垫干净、整洁。

（二）动车组列车餐吧车途中保洁作业

1. 清理方法

清洁服务台面、柜面，用半干毛巾擦拭；小推车易沾杂质处需用去污剂、塑料刷等将死角内杂质挑出，然后用洗涤剂抹布擦拭，再用清水冲洗，最后用干净抹布擦拭。热水炉下的水池滤网下有锈垢，需用去污剂、钢丝球擦拭；清洁备品箱格、电开水炉、微波炉等用半干毛巾擦拭，微波炉内用干净清洁剂抹布擦拭。

2. 清洁内容及标准

清洁餐吧车、连接处地板；清洁水池、电开水炉，清洁吧台、服务台表面；清洁微波炉、电冰箱、冷冻柜、冷藏柜，清洁展示柜内部、表面，整理吧台、冰柜、展示柜上的物品。

垃圾桶内装袋，桶外无垃圾，桶内无异味，在定点站及时卸下垃圾；餐吧车地面无垃圾、无污渍、无水迹；水池、电开水炉内无水垢、污渍、锈迹；吧台、服务台表面干净清洁、缝隙内无污物；微波炉、冷冻柜、冷藏柜、电冰箱内无碎渣、无残余食品、无油渍；展示柜内部无污迹、无锈迹，外部玻璃干净明亮，吧台、冰柜、展示柜上物品摆放整齐、不杂乱、无杂物；餐桌表面无杂物、无污迹，及时清理剩余食品。

吧台区域的保洁作业内容与标准见表 4-1-2。

表 4-1-2　吧台区域保洁作业内容与标准

作业项目	库内作业	折返保洁
作业内容	1. 清洁厨房空调口、天花板 2. 清洁微波炉、烤箱、服务台、吧台 3. 清洁垃圾桶 4. 清洁车内门缝 5. 备份箱格、装饰板 6. 清洁餐台、餐桌、座椅 7. 清洁厨房地板 8. 整理座椅套	清洁垃圾桶、处理垃圾
作业标准	1. 厨房的空调口和天花板表面无污迹，无灰尘 2. 微波炉内无碎渣，无食物，无油迹；服务台、吧台台面干净整洁 3. 垃圾桶内装袋，无垃圾，桶内无异味 4. 车门缝干净无污迹 5. 备份箱格、装饰板表面无污迹，无灰尘，化妆镜干净明亮 6. 餐台、餐桌、座椅、凳摆放整齐，桌（椅）缝无杂物、无碎渣。桌（椅）缝无杂物 7. 地面清洁干净，无污物、见本色，无卫生死角 8. 座椅套干净、整洁	垃圾桶内装袋：无垃圾，桶内无异味

四、动车组列车餐饮服务人员作业内容和标准

动车组列车上的餐饮服务工作在列车长统一指挥下分工协调进行。餐饮服务人员的作业内容包括：接车准备作业、始发作业、途中作业、途中停站作业、折返站作业、中途交接班作业及终到作业。

（一）接车准备作业内容和标准

动车组列车餐饮服务人员接车准备作业包括检查仪容仪表及设备、签到点名及列队接车。

1. 检查仪容仪表及设备

餐饮服务人员在点名前检查自身仪容仪表，着装规范整洁，正确佩戴职务标志，精神饱满，淡妆出乘；检查对讲机电量充足，作用良好，统一佩挂在右腰后部，耳机性能良好，挂右耳，耳机线隐蔽在制服内，手机交给列车长统一管理。

2. 签到点名

在接车准备作业阶段，乘务班组按列车员、餐服长、商务座服务员、餐饮服务人员、随车保洁员、安全员的顺序列队到派班室点名，听取派班员传达命令、指示，接受业务抽考，听取列车长布置趟工作计划及要求；进行指纹考勤录入，酒精测试完毕后统一列队从指定进站口进站。

列车长每次出乘前应编制趟计划，趟计划在乘务报告中显示，其主要内容包括本次乘务工作中的重点工作安排；对贯彻上级规章、命令、指示、通知的具体措施；上次乘务工作中的优缺点及改进措施；针对接车所发现的问题，应采取的措施。

3. 列队接车

动车组列车始发时，乘务组在 6 号车厢（重联时 9～16 号车厢依次对应 1～8 号车厢）站台停车位等候动车出库，待列车进站台停稳后，从 6 号车厢一位端依次进入车厢，按定位放好乘务包。

（二）始发作业内容和标准

动车组列车餐饮服务人员始发作业的内容包括检查设施设备、检查卫生、摆放商品、备品定位、立岗引导、互联网订餐及广播宣传。

1. 检查设施设备

餐饮服务人员登车后，首先要检查餐吧车消防器材及电气设备，检查小推车制动装置性能是否良好。

2. 检查卫生

在始发作业阶段，餐饮服务人员要检查出库责任区域的卫生情况，发现问题时，要及时解决。

3. 摆放商品

餐饮服务人员要按照服务质量规范，将冷链餐、啤酒、饮料、矿泉水、小食品整齐美观地定位摆放在冰箱、吧台和小推车上。

4. 备品定位

根据服务质量规范的要求，餐饮服务人员要将餐饮服务许可证及价目表、餐牌等备品定位摆放，并准备好发票。

5. 立岗引导

动车组列车餐饮服务人员在始发作业阶段定位立岗：餐服长在吧台内立岗，餐饮服务人员在指定的车厢，其立岗位置根据车型的不同会稍有不同。例如，短编组在 6 号车厢（重联时为 6 号和 14 号车厢）一位端（如 CRH380AL 型动车组以靠近 1 号车车头方向为 1 位端，相反方向为 2 位端）车门处，背靠反面车门立岗做好引导，发现紧急情况立即报告列车长。

动车组定位示意如图 4-1-1 所示。CRH380AL 型动车组乘务人员立岗定位如图 4-1-2

所示。CRH5型动车组乘务人员立岗定位如图4-1-3所示。

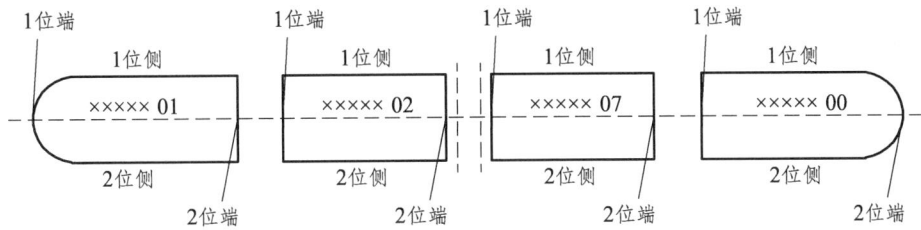

图 4-1-1　动车组定位示意图

车型	商务座	一等座	二等座	二等座	二等座	餐车	二等座	二等座	二等座	二等座	商务车
车厢号	1	2	3	4	5	6	7	8	9	10	11	12	13	14	15	16
定员	13	56	56	85	73	85	85	85	38	85	85	85	85	85	85	13
门内	1号列车员	2号专职餐服乘务人员	1号保洁员	2号保洁员	2号列车长	餐服长3、4号餐服务人员	3号列车长	5号餐服乘务人员	3号保洁员	4号保洁员	4号列车员
门下											

图 4-1-2　CRH380AL型动车组乘务人员立岗定位图

1车 一等座	2车 保洁员 二等座	3车 保洁员 二等座	4车 保洁员 二等座	5车 二等座	6车 餐车 二等座	7车 保洁员 二等座	8车 乘务员 列车长 一等座
1车 一等座	2车 保洁员 二等座	3车 保洁员 二等座	4车 保洁员 二等座	5车 二等座	6车 餐车 二等座	7车 保洁员 二等座	8车 乘务员 列车长 一等座
9车 乘务员 列车长 一等座	10车 保洁员 二等座	11车 保洁员 二等座	12车 餐服员 二等座	13车 二等座	14车 餐车 保洁员 二等座	15车 保洁员 二等座	16车 乘务员 一等座
9车 乘务员 列车长 一等座	10车 保洁员 二等座	11车 保洁员 二等座	12车 餐服员 二等座	13车 二等座	14车 餐车 保洁员 二等座	15车 保洁员 二等座	16车 乘务员 一等座

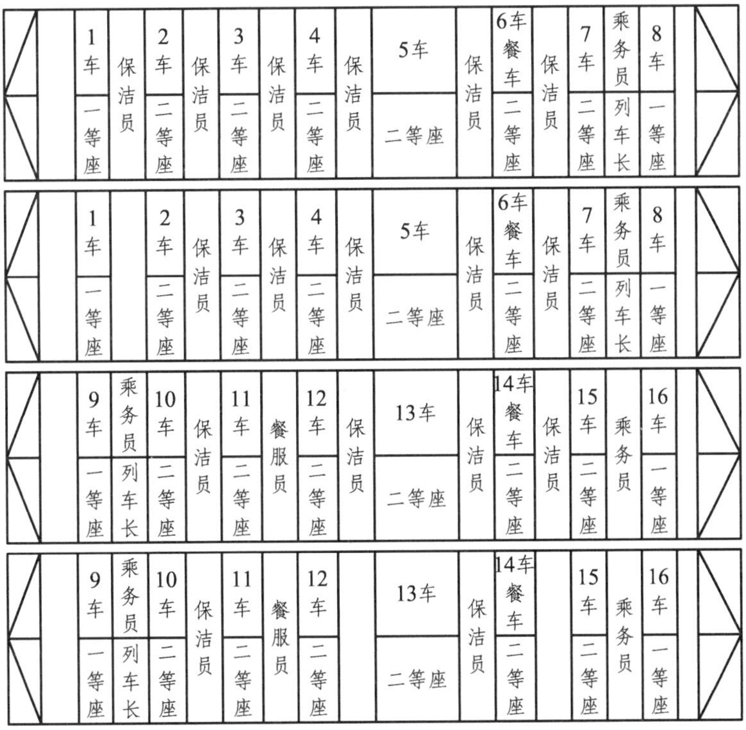

图 4-1-3　CRH5型动车组乘务人员立岗定位图

6. 互联网订餐

始发作业阶段，列车始发前 20 分钟，餐服长通过 App 查询互联网订餐和特产预订数量，餐饮服务人员准备好食品集装保温袋（接餐数量较多的须备小推车），提前到交接地点指定车门处（车门具体位置根据车型不同而有所不同。例如，短编组在 5 号车一位端车门处立岗，重联时大号车厢在 13 号车厢一位端车门处立岗；或短编组在 4 号车厢二位端车门处立岗，重联时大号车厢在 12 号车厢二位端车门处立岗）做好接餐准备。餐饮服务人员应及时与站配送人员在站台安全白线以内靠近站台中部的位置办理交接，不影响旅客乘降。

餐食交接作业完毕后，餐饮服务人员需与列车长进行作业联控，联控用语为：餐饮服务人员：××次（前组/后组）列车长，××站餐食交接完毕。列车长：××次列车长明白。

7. 广播宣传

始发站动车组列车关门发车前，餐饮服务人员按规定使用餐吧控制放大器播放关门提示。

（三）途中作业内容和标准

动车组列车餐饮服务人员途中作业内容包括下车厢销售、订餐服务、盒饭销售、配发互联网订餐、安全宣传、应急处置及立岗进站。

1. 下车厢销售

动车组列车始发 5 分钟后，餐饮服务人员方可进车厢销售食品，不得大声叫卖干扰旅客，行进中与旅客正向相遇时，应主动避让旅客。

2. 明码标价

餐吧车销售的冷、热链快餐盒饭、食品做到标识齐全，明码标价，一货一签，并印有 CRH 动车图形标志。

3. 经营规范

餐饮服务人员下车厢销售小食品时，必须携带发票，推车上放置一壶热水，销售过程中遇旅客需要热水应及时提供。销售服务动作规范，遇旅客询问或购买食品时，售货推车平移靠近旅客，踩牢刹车，双手为旅客递送食品，平稳到位，钱款收付做到唱收唱付；为旅客送热饮品、热食品时，做到稳、慢，饮料倒七成。注意周围是否有旅客经过，送到旅客身边时，提醒旅客注意端拿，避免烫伤。经营行为规范，提供发票，文明售货，不大声叫卖、不兜售，不搭售食品。

4. 订餐服务

动车组列车上为旅客提供订餐、送餐服务，提供冷热食品、饮料服务。开餐时间应满足旅客的需求。

5. 不间断供应

动车组列车的餐吧车不间断营业，餐饮服务人员均要落实无干扰服务。餐吧车加热、供应餐食时，餐饮服务人员戴口罩、手套，女性餐饮服务人员应穿围裙。

6. 盒饭销售

动车组列车销售的盒饭实行统一规范管理。餐吧车的快餐盒饭供餐前经充分加热，加热后食品中心温度不低于 70 ℃。冷藏快餐盒饭，冷藏温度 0 ℃~8 ℃，保存时间不超过 24 小时，使用食品中心温度计抽检盒饭温度，确保中心温度不高于 8 ℃。冷链盒饭加热后如实填写"动车盒饭销售情况登记本"。热藏快餐盒饭的热藏温度持续不低于 60 ℃，2 小时内中心温度应持续不低于 60 ℃，保存时间不超过 4 小时，无温控存放条件的，存放时间不超过 2 小时。加热后未售出的食品严格实行定时报废制度，报废的食品未处理前应醒目标明"报废"字样存放、餐食在保温柜分区码放（按照左上、左中、左下，右上、右中、右下的顺序），确保码放留出空隙，并遵循"先加热、先出售"的原则，保证先进先出。加热冷链餐食应严格执行少量多次、即时供应的原则，盒饭加热不得超过 1 次，不得超批量加热、防止囤积时间长而过期。

7. 配发互联网订餐

动车组列车上，应优先分送互联网订餐食品，并在接到餐食食品后 30 分钟内完成分送派发工作。餐饮服务人员负责派发途中各站的互联网订餐餐食。派送订餐时按规定的派送顺序，依据列车餐食派送单分车厢即时派发餐食。具体派送顺序为 1~4 号、9~12 号车厢由大号车厢向小号车厢派发；5~8 号、13~16 号车厢由小号车厢向大号车厢派发。派发时通过手机号核验旅客身份，派发结束后通过手持终端标记异常订单，无反馈信息订单视为正常订单。

有座订餐旅客的餐食派发信息核对：餐饮服务人员按列车餐食派送单记载的信息，直接送餐至旅客座席。

无座订餐旅客的餐食派发信息核对：餐饮服务人员按列车餐食派送单记载的电话号码联系订餐人，并送餐至指定车厢，订餐旅客凭订单手机号码后 5 位领取餐食。

8. 落实首问首诉负责制

动车组列车餐饮服务人员要落实首问首诉负责制，依据规章耐心解答旅客问询、投诉，能解决的立即解决，不能解决的询问列车长后给予旅客答复。

9. 安全宣传

途中作业时，餐饮服务人员要提醒旅客盖好杯盖，打开水时不要装得太满；带小孩的旅客照顾好小朋友，不要让小朋友在车厢内随意跑动；取放行李物品时拿稳、放好；中途转换运行方向转动座椅时，提醒旅客注意安全；防止烫伤、砸伤、摔伤等危险。

10. 应急处置

遇异常情况，及时报告列车长，启动应急预案。

11. 立岗进站

餐饮服务人员在列车进站前，提前到岗到位，餐服长在吧台立岗，做好引导及销售服务，餐饮服务人员在 6 号车厢（重联为 6 号、14 号）一位端背靠反面车门，同时面向站台方向立岗进站。

（四）途中停站作业内容和标准

动车组列车餐饮服务人员途中停站作业包括立岗引导、垃圾投放、座椅转向、广播宣传、互联网订餐及立岗出站。

1. 立岗引导

餐服长在吧台立岗，做好引导及销售服务。餐饮服务人员在 6 号车厢（重联为 6 号、14 号）一位端车门处，背靠反面车门立岗引导，脚跟与反面内侧门框平齐后，前移约 30 cm（约一脚距离），中途迎客时统一使用规范用语："您好！欢迎乘车。"途中停站、终到送客时统一使用规范用语："请慢走，注意脚下安全，欢迎下次乘车。"接到列车长指令，进行边门瞭望，确认旅客乘降完毕后，在靠近站台一侧面向站台立岗，脚尖与靠近站台内侧门框平齐，直至列车驶出站台，发现异常情况立即报告列车长。

2. 避让旅客

动车组列车在本次列车的中途各站停车时，餐饮服务人员如在车厢销售，要做好避让旅客工作，做到不堵塞通道，不影响旅客乘降。

3. 垃圾投放

在本次列车的中途垃圾投放站，餐饮服务人员要把餐吧垃圾投放至站台指定位置的垃圾投放站。

4. 座椅转向

遇动车组列车需转向运行时，餐饮服务人员按照分工进入车厢向旅客进行安全宣传，并迅速将全列座椅调转方向。

5. 广播宣传

中途停车站的列车开车铃响后，餐服长手动播放关门提示广播。

6. 互联网订餐

在可以进行互联网订餐的停车站，餐饮服务人员要负责停车站的接餐工作：餐服长通过 App 查询订餐数量，餐饮服务人员准备好食品集装保温袋（接餐数量较多的须备小推车），提前到交接地点指定车门处接餐，餐食交接作业完毕，餐饮服务人员立即联控列车长。

7. 立岗出站

餐饮服务人员接到列车长瞭望指令时，确认旅客乘降完毕后，在边门进行瞭望，遇紧急情况及时报告列车长并采取有效措施。关门后，在靠近站台一侧面向站台立岗，脚尖与靠近站台内侧门框平齐，直至列车驶出站台。

（五）折返站作业内容和标准

1. 立即折返作业内容和标准

动车组列车采用折返站立即折返时，折返站作业内容比照到站作业标准。移动售货在列车终到前 10 分钟停止销售。餐服长及时提报食品补充计划。旅客下车完毕后，餐服长、餐饮服务人员负责整理餐吧卫生，及时更换餐吧车的垃圾袋。同时，所有餐饮服务人员做好折返站始发作业准备工作，折返始发比照始发作业标准执行。

2. 折返站终到作业内容和标准

动车组列车餐饮服务人员折返站终到作业包括折返到站作业、列队退乘、入住公寓及折返站始发作业。

（1）折返到站作业。

移动售货在列车终到前 10 分钟停止销售。餐服长及时提报食品补充计划。旅客下车完毕后，餐服长、餐饮服务人员负责将剩余商品入箱封存，及时清理吧台内地面、餐柜、微波炉、冷藏箱、保温箱、售货车、展示柜、工作台面卫生，及时更换垃圾袋。

（2）列队退乘。

作业完毕后，餐服长、餐饮服务人员统一将所有乘务包拿下车，定位在 6 号车厢站台停车位安全线内依次排好，车门关闭后（或接列车长对讲机通知后），在 6 号车厢站台停车位集中，按列车长、餐服长、商务座服务员、餐饮服务人员、随车保洁员、安全员的顺序列队出站退乘。

（3）入住公寓。

餐饮服务人员在退乘后根据列车长安排入住公寓并遵守公共秩序，注意队伍整体形象，不得大声喧哗或说笑嬉戏，影响其他人员休息。起床后抓紧时间进行梳洗，整理着装仪容，检查随身备品，做好出乘前的各项准备工作。

（4）折返站始发作业。

餐饮服务人员按照规定时间在公寓门口集中点名，按照指定路线列队进站，集体登车，做好始发准备；折返始发比照始发作业标准执行。

（六）终到作业内容和标准

动车组列车餐饮服务人员终到作业包括立岗引导、货品交接、卫生保洁和列队退乘。

1. 立岗引导

动车组列车终到后，餐饮服务人员要引导旅客有序下车，并提醒旅客注意脚下安全。

2. 货品交接

旅客下车完毕后，餐服长、餐饮服务人员结账、清点剩余货品，将剩余货品入箱封存，与地面保管人员交接。

3. 卫生清洁

餐饮服务人员及时清理吧台内地面、微波炉、冷藏箱、保温箱、售货车、展示柜、工作台面卫生，及时更换垃圾袋。

4. 列队退乘

作业完毕后，餐服长、餐饮服务人员统一将所有乘务包拿下车，定位在 6 号车厢站台停车位安全线内依次排好，车门关闭（或接列车长对讲机通知）后在 6 号车厢站台停车位集中，按列车员、餐饮服务人员、随车保洁员、安全员的顺序列队出站退乘；重联时，待两个班组统一在 6 号车厢站台停车位集中后，按列车员、餐饮服务人员、随车保洁员、安全员的顺序列队出站退乘。

高速铁路动车组卧铺列车餐饮服务人员作业程序及标准见表 4-1-3。

表 4-1-3 高速铁路动车组卧铺列车餐饮服务人员作业程序及标准

作业内容		作业程序	作业标准
出乘准备	出乘会议	按照车队要求开车前 5 小时到车队参加出乘会，接受命令，确认当日担当乘务情况及任务。 （1）掌握餐服长布置趟餐服计划、重点工作，总结上趟工作内容，做好安全预想。 （2）学习业务知识及有关文件。 （3）了解当趟基本客流情况	（1）按车队规定准时出乘，遵守车队请销假制度。 （2）认真学习业务知识和学习重点，掌握当趟重点工作。 （3）执行《餐饮服务人员仪容标准》淡妆出乘，统一着装
	派班点名	（1）开车前 3 小时准时到派班进行出乘点名。 （2）列队整齐，整理着装。 （3）接受命令，接受派班传达的命令、电报和有关要求，记录本趟工作要点安排。摘抄命令及上级领导重点指示。 （4）信息确认，确认值乘交路、车底编号、停靠站台及有关注意事项，重点旅客乘车情况及有关注意事项。 （5）保持关机状态，统一上交餐服长	（1）执行《餐饮服务人员仪容标准》淡妆出乘，统一着装（化妆、制帽、头饰、胸牌、制服、工牌、皮鞋及乘务箱）。头发过水后抹发胶梳整齐，不得出现碎发。 （2）精神饱满面带微笑，着装标准，衣服整洁，不染头发，不留指甲，淡妆上岗。 （3）乘务备品齐全、证件（健康证、上岗证）携带齐全有效、盖章内容完整。设备使用状态良好。 （4）乘务用具佩戴齐全，并接受检查，电台耳机佩戴齐全。 （5）命令指示记录准确、无遗漏。乘务任务明确。掌握重点旅客乘车情况，注意对重点旅客信息做好保密工作

续表

作业内容	作业程序	作业标准
乘车抵站	（1）乘坐班车开车前2小时列队进入分拨中心备品库。 （2）列队进站，所有私人物品均放入乘务箱内，右手拉箱子。 （3）接受安检，人过安全门，包过安检机，遵守安检制度	（1）遵守班车纪律，爱护公物，保持车内卫生。 （2）列队整齐，有序进站，由餐服长带队间隔半米步伐一致，保持安静，严肃队伍纪律。 （3）禁止携带易燃易爆有毒危险品类的物品上车
库房作业	（1）协助餐服长领取单据、发票（工作餐单据、一体化管理表、乘务报告、欠款单、报废标签、招待任务单、报废单、交款清单、销售分析单、交接单）。 （2）到分拨中心备品库领取消毒用品、消毒棉球、抹布齐全，洗涤灵无过期，温度计配备齐全，做好消毒。垃圾袋、封箱条、领取《餐饮卫生许可证》《食品卫生承诺书》，发票种类齐全（有小额发票），发票票根管理规范。固定备品：桌套、圆托盘、保温壶、方纸巾盒、桌号牌、消费牌、桌花、长托盘、座位套、靠背沙发、整理箱、茶具、警示带、售货车。 （3）库房理货。按出库单领取销售货品，认真检质、检数、生产日期、有无破损、价签有无遗漏，价目是否相符。 （4）清点冷链餐，查看生产日期、保质期，确认无误后签字。 （5）根据客票所提供乘车人数，确定免费餐食数量	（1）单据填写准确，清晰、完整，签字时不得代签漏签。 （2）补充商品、备品时要充足、齐全，备用金、单据、不同额度发票准备充足。 （3）库房验货时执行《动车组列车食品安全管理办法》，杜绝漏气、胀袋、破损、过期等商品与餐食上车销售。 （4）确保餐食外观、质量、生产日期、保质期符合销售标准。破损及时更换，确认签字。 （5）旅客免费餐食按照客票数适量领取。 （6）严禁与分拨中心私自兑换等价不同的商品
站台接车	立岗接车	（1）开车前40分钟配货完毕，餐饮服务人员随同货品离开分拨中心，到达指定站台按标准立岗接车。全体佩戴制帽，统一右手拉箱，由餐服长带队配送人员一并顺序列队进站台接车。 （2）到达站台指定位置，在客运乘务员后排，以餐服长为第一位，横向一字排开。 （3）车体到站台较晚时，冷链餐食要及时上车，确保断链时间控制在20分钟以内	（1）列队整齐，有序进站，由餐服长带队间隔半米步伐一致，保持安静，严肃队伍纪律。 （2）站台列队，餐饮服务人员面向站台或线路方向，乘务箱统一放置于每人右侧，以立岗迎客的标准站姿位于白色安全线以内迎接车底进站。 （3）过平交道时注意安全，严格执行一站、二看、三通过，同时注意货品码放牢固

续表

作业内容		作业程序	作业标准
站台接车	统一管理	（1）听取列车长布置工作，沟通本次乘务主要工作及重点旅客乘车情况。 （2）列车进站时面带微笑行注目礼，列车停稳后，按照分工按时做好始发前准备	（1）听从列车长指挥，掌握趟工作重点及重点旅客的乘车情况
始发作业	人员分工	（1）车底停靠站台后一名餐饮服务人员负责按照车厢顺序先后接收2~3车、4~5车餐食、6~7车餐食，另一名餐饮服务人员负责按照车厢顺序接收10~12车、13~15车餐食。2~3车、4~5车餐食、6~7车餐食由餐饮服务人员负责保管，10~12车、13~15车餐食与相应车厢列车员交接签字，并由列车员负责保管。 （2）根据所负责的车厢将免费发放食品定位。2~3车餐食指定配送至2车10包39号下铺；4~5车餐食指定配送至4车10包39号下铺；6~7车餐食指定配送至7车10包39号下铺；9车餐食配送至餐车二位餐桌上；10~12车餐食指定配送至11车10包39号下铺；13~15车餐食指定配送至14车10包39号下铺。 （3）餐服长与一名餐饮服务人员负责接收9车餐食（餐车二位餐桌上）及上行发放用餐食（餐车后厨）。 （4）各餐饮服务人员将数据及时告知餐服长，餐服长填写餐食交接单，确认签字。 （5）各送餐组餐饮服务人员负责2~7车配送餐食的保管及送餐准备	（1）认真检查免费餐食数量、质量。 （2）严格与分拨中心、客运乘务员的交接工作，填写交接单。杜绝信誉交接。 （3）存放餐食的包房做到人离加锁。 （4）单据填写清楚，无涂改，妥善保存。 （5）交接完成后，回到2~7车，做好始发赠餐准备
	货品码放	（1）协助配送人员将货品搬运上车货品定位，个人物品定位码放。 （2）商品、餐食按存储要求及时存放，免费发放的旅客食品与销售商品区分存放	（1）商品、餐食按储存要求及时存放，餐食展示牌定位标准，餐食卡片齐全，种类齐全。 （2）执行《商品、餐食存放管理标准》，吧台、展示柜陈列美观，商品标签朝外。 （3）商品码放要离墙离地，码放高度不得超过餐吧台，售货车码放美观整齐，左右码放一致；禁止堵塞通道。 （4）餐吧车内布置整齐美观，备品无破损无污渍。 （5）免费发放的食品包装拆箱整齐按规定位置整理存放。备品箱按规定摆放

续表

作业内容		作业程序	作业标准
始发作业	卫生检查	协助餐服长做好卫生检查。项点包括：地面、操作台、吧台（餐吧台布整洁无污渍、桌号牌内容齐全、纸巾盒、花瓶摆放标准），操作间冰柜内外、烤箱、售货车内外、座椅、小桌、窗台、垃圾箱	执行《商品、餐食存放管理标准》，吧台、展示柜陈列美观，商品标签朝外；商品码放要离墙离地，码放高度不得超过吧台，售货车码放美观整齐，左右码放一致；禁止堵塞通道
	设备检查	（1）协助餐服长做好设备检查。微波炉、咖啡机、电开水炉、冰箱、保鲜柜、保温柜是否正常使用。售货车使用性能是否良好。 （2）发现问题及时通知车长及机械师及时修复。 （3）售货车使用性能是否良好、摆放标准、干净整齐并做好记录，向餐服长汇报。 （4）茶具已消毒、无不洁、破损	设备实施状态良好，严格执行《微波炉和售货车操作办法》
	整容定位	（1）商品、餐食按储存要求及时存放，餐食展示牌定位标准，餐食卡片齐全，种类齐全。 （2）按照标准铺放台布、靠背纱、花瓶、纸巾盒、价目表、悬挂《餐饮卫生许可证》《食品安全承诺书》。 （3）餐吧展示柜、展示台、售货车按照标准码放	（1）执行《商品、餐食存放管理标准》，吧台、展示柜陈列美观，商品标签朝外；商品码放要离墙离地，码放高度不得超过吧台，售货车码放美观整齐，左右码放一致；禁止堵塞通道。 （2）备品箱按规定摆放
	发放准备	（1）2~3车、4~5车、10~12车、13~15车各配送餐车一辆，送餐托盘一个，6~7车、8~9车配送餐托盘一个。餐饮服务人员分别负责将2~3车、4~5车、6~7车餐食提前拆箱码放在送餐车内做好发放准备。 （2）免费发放的食品包装拆箱整齐按规定位置整理存放	（1）存放餐食的包房做到人离加锁。 （2）送餐车定位在2车、4车、11车、14车二位风挡处，装放餐食后，必须由专人看管。 （3）送餐时使用托盘赠餐
	销售准备	（1）做好销售分工，售货车货品码放齐全美观、准备现磨咖啡、预热餐食准备好当餐销售。 （2）重点商品重点展示	（1）冷链餐食的断链时间严格控制在20分钟以内。 （2）执行《动车组列车食品安全管理办法》，杜绝漏气、胀袋、破损过期等商品与餐食上架销售。 （3）发现胀袋、漏气、破损、过期、不合格的商品餐食应及时贴报废标签，填写报废单做报废处理。 （4）加热保存餐食温度要达标

续表

作业内容		作业程序	作业标准
途中作业	立岗出站	列车开车铃响时餐服长和一名餐饮服务人员按照标准站姿，立岗出站	立岗位置：餐吧内和就餐区第六排的位置，做到面向站台，标准站姿、保持微笑直到列车驶出站台
	赠送餐食	（1）列车出站后，三名餐饮服务人员分别与乘务员配合从所负责车厢一位顺序发放2~3车、4~5车、6~7车旅客赠餐，其他车厢由客运乘务员完成。 （2）发放剩余餐食由餐饮服务人员到车厢统一收回，送回餐吧车，并填写交接单交餐服长。餐服长根据列车长提供的软卧乘车人数核对赠送数量，剩余餐食重新装回箱内，胶带封箱统一存放	（1）旅客赠餐须在开车后15分钟内发放完毕。 （2）在发放过程中，由列车员进行查验票工作。 （4）交回的赠餐车、托盘及时恢复清洁。 （5）赠餐数量认真核对，填写交接单准确无涂改
	中途停车	中途停车，按照上、下站情况，根据列车长提供上车人数，两名餐饮服务人员分别负责2~7车、9~15车，新上车旅客免费餐食的发放	征求旅客意见，轻声询问，避免影响其他旅客乘车休息
	销售供应	（1）根据旅客需求为旅客提供餐食、饮品休闲食品以及夜间茶吧销售等服务。 （2）餐食发放结束后，在22点之前由餐饮服务人员分别到车厢内进行售卖。 （3）乘务餐供应。 （4）商品、餐食严格执行先进先出原则销售。 （5）遇中途站旅客上车，应优先完成赠餐作业后再进行售卖	（1）停止售卖时脚踩刹车，严禁堵塞通道。 （2）保证餐食供应，品种丰富（15元餐、2元水不断供），禁止搭售等违规行为，尊重民族用餐习惯。 （3）票据餐款入柜存放，后厨门做到随时锁闭。 （4）规范适用服务用语，做到来有迎声走有送声。 （5）乘务员用餐避开饭点，轮流用餐，严禁挤占用餐位置
	恢复整容	（1）保持餐吧车整洁，做到一客一清，22点前做好入夜卫生的恢复，货品备品定制摆放，设施设备卫生清洁。 （2）微波炉，保温箱内干净无污渍油渍，所有柜门配有标识。微波炉把手有消毒毛巾	卫生清理时执行托盘服务，桌套整洁无污渍、随时补充纸巾、保持桌花、桌号牌等备品完好清洁
	安全卡控	（1）管理好现金票据安全，后厨门安全禁止闲杂人随意进出，关注电气设备使用安全。 （2）加强运行中设备的检查	（1）票据餐款入柜存放，后厨门做到随时锁闭。 （2）遇有长时间临时停车、停电、火灾、洪涝等特殊情况发生时，各岗位餐饮服务人员应停止流动销售，坚守岗位，不要惊慌，迅速反应、逐级汇报，听从列车长统一指挥
	单班入夜	22点后，餐服长指定一名人员负责吧台和茶吧销售。其余三人回到宿营包房内休息	休班人员次日终到前2小时回到餐车双班终到作业

续表

作业内容		作业程序	作业标准
异地终到作业	卫生整容	到站前三十分钟餐吧卫生彻底恢复，设施设备清洁无污物	后厨整洁，卫生环境达标；吧台内各种设施光亮无油渍
	核对账目	配合餐服长清单现金、商品、认真核对账目清单，做到账款相符、准确无误，并妥善保管	两个人以上核对现金，货款清楚，账实相符，不信用交接。单据齐全，填写认真，字迹清楚
	旅客提示	征求餐吧车乘坐旅客意见的同时提醒旅客带齐私人物品	（1）使用服务用语，做到来有迎声走有送声，"您好、请、谢谢、对不起、再见"。 （2）迎送用语"欢迎乘车！""欢迎您检查指导工作！""请慢走"。 （3）感谢用语"谢谢您的帮助""谢谢您配合我们的工作""谢谢您指导我们的工作"
	设备检查	检查电气设备，电源处于关闭状态，保证餐吧车安全	电气设备人离断电
	垃圾投放	对餐吧车内的垃圾桶进行清理，垃圾封口	定点投放，严禁带入库内
	异地交接	逢异地停运时，餐食、商品、备品按规定打包装箱，做好账目登记、异地存储交接工作，确认签字	交接清楚，签字确认，严禁信誉交接
	退乘住宿	逢异地停运时，集体回乘务员公寓办理入住	统一听从列车长指挥，集体到公寓办理手续，不得私自出行，注意饮食、严格执行异地公寓管理办法，确保人身安全
异地始发作业	客流掌握	始发前2小时，根据客票所提供列车客流情况，掌握每节车配送免费餐食数量	明确客流，免费餐食进行统计
	统一管理	（1）跟随餐服长按规定时间办理退宿手续，统一进站台等候列车。 （2）接受列车长布置本趟重点工作	站台列队，餐饮服务人员面向站台或线路方向，乘务箱统一放置于每人右侧，以立岗迎客的标准站姿位于白色安全线以内迎车底进站
	交接配货	（1）按货品交接清单认真验货、检数、检质、有无破损，核对签字。 （2）折返站餐饮服务人员比照始发的数量要求和标准，将餐食配送至各车厢指定位置，填写交接单确认签字	（1）按单验收。认真核对，准确无误，签字确认。 （2）发车前40分钟，按照实际使用数量将餐食配送至始发指定位置

续表

作业内容		作业程序	作业标准
异地套乘	卫生整备	（1）折返套乘时，提前将卫生全面恢复到始发状态。 （2）终到后，两名餐饮服务人员分别负责7车和9车的车厢卧具整备	（1）后厨整洁，卫生环境达标；吧台内各种设施光亮无油渍。 （2）与异地保洁配合，恢复车厢卫生，将所有包房内卧具整理后，全部放置上铺，摆放整齐，下铺铺设小单，作为套乘时卧代座使用
	核对账目	清点核对账目，协助餐服长清点现金、票据，做好核对，及时入柜加锁保存好。现金、票据，做好核对，及时入柜加锁保存好	单趟账款核对清楚
	接受指示	接受列车长对套乘作业的指示，掌握重点情况	
	途中销售	（1）负责前夜班乘务员回到宿营包房休息。 （2）套乘列车不再进行旅客餐食赠送。 （3）开车5分钟后按照作业程序进行餐吧车及车厢内售卖并做用餐登记。 （4）餐食供应：餐吧内服务员根据旅客需求为旅客提供早、中、晚餐食、饮品休闲食品等服务。 （5）工作餐供应：乘务人员在规定的时间内到餐吧认真填写《高铁动车工作餐明细表》，签字确认后领取餐食。 （6）票据餐款入柜存放，中途停车开门时，后厨门做到及时安放安全警示带	（1）休班人员于返程终到前30分钟，回到餐吧车双班作业。 （2）中途到站停止售卖，脚踩刹车。严禁堵塞通道。 （3）保证餐食供应，品种丰富（15元餐、2元水不断供）、禁止搭售等违规行为，尊重民族用餐习惯。 （4）乘务员用餐避开饭点，轮流用餐，严禁挤占用餐位。 （5）正确使用服务用语，做到来有迎声走有送声，中途通告语言规范、音调适宜。 （6）做到票据餐款入柜存放，中途停车开门时，后厨门做到及时安放安全警示带
	折返准备	异地套乘终到后，餐饮服务人员负责将餐食比照始发标准配送至各车厢指定位置，填写交接单确认签字	提前根据客票所提供乘车人数将免费餐食准备充足
返程终到作业	点货封箱	到站前40分钟，配合餐服长核对赠餐数量，结账封箱	按标准存放，账实相符
	终到卫生	对餐吧车卫生进行全面恢复	餐吧区无垃圾，垃圾袋封口，餐吧后厨内设备设施清理
	立岗进站	（1）列车到站前3分钟，标准站姿，定位立岗。 （2）整理着装，仪容仪表精神状态良好	立岗做到面向站台，标准站姿、保持微笑直到列车停稳

续表

作业内容		作业程序	作业标准
返程终到作业	垃圾投放	终到站将垃圾袋封口投放指定位置,严禁污物外泄	
	遗失检查	对餐吧区进行遗失品检查	遗失品严禁一人打开,及时交列车长处理
	交接退库	在分拨中心接车班组与交班班组做好商品交接,数量清楚,账目相符,不信用交接	(1)保证餐吧车商品、备品无遗漏。(2)接班班组必须到现场交接,杜绝信誉交接
	终到交款	及时到收款室交款	严格落实先交款后退库程序。杜绝餐服长单独携带票款票据交款
	签到退乘	在分拨中心列队,集体退乘,到车队办理退乘签到,经车队同意后方可退乘	列队退乘,统一列队按指定线路返回车队,向值班干部汇报本趟值乘工作情况(安全、路风、一体化管理、经验、重点旅客乘车情况),落实退乘签到
	退乘会议	参加班组退乘会,总结本趟工作,做好下趟出乘计划	认真总结当趟重点工作

五、动车组列车餐服长作业内容和标准

(一)旅客上车前作业

1. 出乘准备

餐服长穿着规定服装,带齐乘务备品、用品,提前两个半小时到派班室报到,接受命令,确认当日担当乘务情况,填写"乘务日志"。

(1)接受并记录派班员传达的上级命令、电报、注意事项及对本趟工作要点安排,电报文号及文件主要内容抄写完整,落实上级指示精神。编制《当趟餐服计划》,交派班员审阅。每天出乘前查询值乘车次自营餐网络订单情况,安排好送餐工作。同时,领取有关餐饮经营报表、资料、票据、备用金等。

(2)确认值乘交路、车底编号、停靠站台及有关注意事项。

(3)核对乘务清单,核实当趟考勤情况。

(4)携带有效的健康证、上岗证,并接受派班员检查。

2. 召开出乘会

餐服长召开出乘会,检查餐饮服务人员仪容、着装、应配物品及有关通信设备、备品等携带情况,布置乘务任务。

(1)餐服长组织餐服乘务组召开出乘会,布置餐服计划、重点工作,安排具体工作。学习有关文件、通知和业务知识。

（2）检查动车组餐饮服务人员的仪容、着装符合标准，要求淡妆上岗，发型整齐不散乱，头饰扎紧方位准，帽檐在眉上一指距离，帽徽正，胸卡不偏、不斜、不滑动，制服平展穿着到位，皮鞋光亮无灰尘；查看动车组餐饮服务员三证（上岗证或见习证、健康证、紧急救护证）、箱包钥匙，以及对讲机、耳机等出乘用品性能。

（3）收取手机。餐服长盯控餐饮服务人员手机关机，并收取手机。到派班室后，再将手机交列车长保管。

（4）结合重点内容对动车组餐饮服务员进行试问，对业务学习计划进行业务考核。

（5）组织好餐服乘务组成员准时到派班室列队、点名。

3. 进站、理货

开车前一个半小时，餐服长组织餐服乘务组开车前进站，并进行库房理货。

（1）列队时，所有私人物品均放入乘务箱内，右手拉箱子，小包放于大包之上。行进时步调一致，前后左右对齐。

（2）接受安检，人过安全门，包过安检机，遵守安检制度。

（3）请领单据、发票、营业执照、卫生许可证、食品安全承诺书。

（4）领取消毒用品、垃圾袋、封箱条、一次性手套等。

（5）进行库房理货，按出库打印单据检验货品。搬运商品要轻拿轻放，逐一确认有效期、生产日期、保质期，确认上货总数，认真检质、检数、检查有无破损，确认后签字（货品由配送人员送站）。

4. 立岗接车

配货完毕后，列车到达前20分钟，餐服长组织动车组餐饮服务人员按规定时间提前到达至指定站台并按标准立岗接车。

（1）全体佩戴制帽，统一右手拉箱。餐服长走在动车组餐饮服务人员的前面。动车组餐饮服务人员按照餐饮服务人员、VIP餐饮服务人员的顺序，列队进站台接车，队列整齐，步调一致，切忌交谈。

（2）站台交接。与配送人员交接货品件数，仔细清点，签字确认，派专人看守货物，防止丢失。

（3）餐服长与本次列车列车长接洽，沟通本趟乘务的主要工作。

（4）在站台列车中间车厢相应位置，听取列车长指挥，面向站台或线路方向，在客运乘务员后排以餐服长为第一位，动车组餐饮服务人员横向一字排开，乘务箱包统一放置于每人右侧，以立岗迎客的标准站姿迎接车底进站。

（5）听取列车长布置有关重点工作。

5. 列车始发前准备

列车进站时，面带微笑行注目礼。列车停稳后，组织动车组餐饮服务人员按照分工，按时做好始发前的准备工作。

（1）掌握餐吧车卫生质量情况。餐吧车卫生检查项目包括：餐吧车墙板、地面、操作台、吧台、备品柜、电冰箱内外、烤箱、保温箱、水池下排水管处、小推车内外、座椅、餐桌、窗台、垃圾箱。

如发现卫生质量不达标，应及时向列车长汇报，并对不达标的部位采取补救措施，达到窗明几净、四壁无灰尘、洗消结合的标准。

（2）确认设备状态良好。接通电源查看微波炉、咖啡机、电开水炉、电冰箱、保温柜、冷冻柜、冷藏柜、小推车、餐吧标识使用性能是否良好。发现问题及时通知机械师修复，无法修复的挂故障牌，做好安全卡控措施，确保安全。

（3）货品、商品、餐盒数量确认。清点货品、商品、餐盒数量，检查食品外包装；确认食品有效期；备品、台账资料清点清楚，签字交接；备品保持良好，发生损坏应及时更换。

（4）物品定位。整理着装，乘务包按顺序定位在储藏柜内；大衣折叠三折，放在乘务包上面；水杯定位在乘务员专用柜内。

（5）货品定位。饮料酒水，袋装食品分别定位、入柜摆放；吧台陈列商品、食品按存储要求及时存放。商品装车分类合理、品种齐全；售货车上商品、吧台和展示柜的商品摆放整齐、美观、平稳，方便旅客选取；餐吧台面上禁止摆放商品。

（6）餐吧车整容。按照标准铺放台布、套座套、靠背纱、摆放茶盘、茶具、摆放花瓶、纸巾盒、价目表、卫生许可证，按照先整体后小节的顺序，做到整洁优雅。

（7）销售准备。准备票款：准备发票、备好找给旅客的零用钱，保证旅客索票需求，严禁欠账。

准备商品：检查所售商品质量和售价标签，擦拭外包装，分类摆放整齐，禁止摆放外包装变形食品。

预热食品：使用微波炉预热餐食时，一是检查电路连接良好，二是确认加热功能和时间正确，三是微波炉工作时不得离人，失去盯控。

检查装束：检查餐饮服务人员着装干净整齐，头饰、胸卡佩戴规范；口罩、一次性手套备好，面带微笑按规定位置站立。

查看网络订餐：登录互联网订餐、特产预订 App，掌握当趟沿途各站订单情况，做好交接工作。

（二）迎客作业

1. 立岗迎客

列车开车前，组织动车组列车餐饮服务人员按标准站姿定位立岗等待出站。餐服长站在餐吧内立正姿势迎站，姿势端正，面带微笑，注视前方，关注来往旅客，做到"来有迎声，走有送声"；组织餐饮服务人员在规定位置面向站台方向车窗立岗。

2. 致欢迎词

安排负责车门立岗的餐饮服务人员，向乘车旅客致欢迎词，引导重点旅客就座，引导旅客摆好随身携带的行李物品。做到礼貌引导，妥善安排。动车组列车车厢广播播放，始发开车前15分钟播放始发欢迎词；开车后2分钟播放列车概况介绍词，内容为始发介绍、始发安全服务宣传；始发、到站前、开车后、终到，每个停站开车后及到站前播出禁烟宣传,在运行区段较长时增加播出频次,原则上不少于30分钟一次。

3. 查看车门

开车铃响,观察所值乘车厢旅客乘降情况。车门关闭后,按顺序检查车门是否正常关闭,出现故障时及时报告列车长。确认车门正常后,在最后确认车门处面向站台方向立岗,行注目礼至列车驶出站台。

4. 组织销售

开车后安排动车组列车餐吧车服务人员到车厢进行商品供应及销售服务。始发后及终到前10分钟以内、途中站到站前及开车后5分钟以内,均不得在车厢内流动售货。

做好旅客盒饭和商品销售安排,根据销售规律进行盒饭加热,保证供应。销售时,唱收唱付。加热、供应餐食时,服务人员要戴口罩、手套,女性穿围裙。

(三)途中作业

1. 销售作业

(1)始发开车后,餐服长在餐吧前台做好销售宣传,保证旅客的需求。餐吧车明显位置有商品价目表和菜单,售货车有商品价目表。销售盒饭中心温度达标。安排服务员推售货车下车厢销售,在餐吧车或进入车厢推介、销售时,向旅客提供图文并茂的价目表,供旅客自主选择。

(2)检查餐盒外包装整齐、密封良好,规范使用电气设备。

(3)餐服长及时安排餐饮服务人员推售货车下车厢销售;对餐饮服务人员、列车员通报的老、幼、病、残、孕等重点旅客及其他旅客的用餐、购物需求详细记录,及时组织餐饮服务人员送餐、送商品到座席。

(4)根据商品销售情况,途中、折返及时补充货物,保证盒饭、预包装食品高、中、低档供应齐全。

(5)遇有非正常突发情况,按照应急预案岗位分工安排,全力做好应急处置工作,做到责任明确,处置得当。

(6)发现设备故障、安全隐患等异常情况,及时向列车长报告,做到发现及时,报告准确。

2. 供餐作业

(1)根据销售规律进行盒饭加热,保证供应。按规定使用微波炉、电烤箱、保温柜、咖啡机等电气设备,使用中有人监管,用后清洁,餐吧车人离断电。盒饭加热及时,中心温度达标。

扎孔加热后的盒饭存放在保温箱内,按照先进先出的原则拿取。

(2)售饭时,坚持唱收唱付,当面点清;为旅客送餐时,坚持托盘呈上,报餐食名称;旅客用餐后,随即清理卫生;坚持"来有迎声,走有送声和微笑服务"的礼仪要求。

(3)餐后清理。按照"从上到下,从里向外"的顺序全面清扫;恢复车容卫生;

清算账目，钱款及时入柜保管。清理后台台面及地面卫生，电气设备内壁洁净无油污。

（4）VIP供餐。餐服长提前向VIP车厢乘务员了解旅客用餐需求，做好供餐准备。由专人使用售货车或托盘将赠餐送至商务座车厢，并按照商务座列车员登记的信息为旅客送餐。

（5）随车就餐乘务人员应准时到达餐吧车，签字确认后用餐（用餐时间内实行轮流用餐制，并回避旅客用餐高峰时段，以保证旅客及时用餐）。

（6）中途停站时，安排餐饮服务人员向在餐吧车用餐的旅客做到站提示（到达车站站名、到站时间、停车时间，防止旅客坐过站，并提示旅客看管好自己随身携带的行李物品）。

（7）对变质、过期食品粘贴"报废"标签，并在盒饭塑封膜上划口，放入报废食品箱（柜）内存放。统计好报废数量，做好交接。

（8）销售结束后，停用开关归零、断电；微波炉、电烤箱、咖啡机"一餐一清"，清理立式保温箱、冰箱，做到无油垢、无污迹。随时恢复餐吧车卫生，物品摆放整洁，设施设备卫生清洁，货品定位。

（9）清点经营款。确保经营款正确无误，现金、票据及时入柜加锁，做到账目清晰，款物相符。

（10）广播作业。到站前5分钟按照列车长安排，广播通告站名、到开时刻和安全提示，提醒旅客不要在中途站下车散步，以免漏乘。到站前播报沿途省市介绍。查验车票前播放查验车票通告。列车到站前播放随身物品携带提示。乘降作业完毕，车门关闭时播放车门关闭提示。开车后2分钟播放"××站开车后"内容。途中大站，开车后10分钟顺序播放动车组乘车须知、服务监督、保持车厢卫生、旅行安全。用餐时播放餐吧车饮食供应宣传，早餐8:00以前，午餐11:30-13:00，晚餐17:30-19:00，不超过20分钟1次。始发后、途中（特别是用餐时间）播放小桌板安全、防烫宣传。特殊情况需人工广播时，必须请示列车长审核，语句流畅、吐字清晰、用语标准、音量适宜。

3. 到站前作业

（1）列车进站前30分钟，使用App查看旅客互联网餐食、特产订单，在指定位置与车站配送做好清点交接。

（2）列车到站前，应清扫餐吧区卫生。餐服长安排餐饮服务人员将需要丢掉的物品及时收起装袋、扎口，准备卸下车。后台水池、垃圾桶内外清洁，无水渍。

（3）列车进站时，在车厢指定立岗位置面向站台方向行注目礼。

4. 停站时作业

（1）按照列车始发立岗定位及标准站立，做好旅客迎送工作。

（2）遇有途中补料时，与供应商仔细清点交接，签字确认。

（3）中途站投放垃圾时，组织餐饮服务人员按照指定的垃圾投放站卸下垃圾，做到垃圾袋扎口投放，严禁污物外泄，禁止在安全线以内投放，应在雨棚柱子下（无此设施时，应远离安全线和车门）投放。

（4）关门铃声响时，提醒车门处的旅客注意安全。

（5）车门关闭后，在立岗位置面向站台方向立岗。

5. 开车后作业

（1）开车后在立岗位置行注目礼，直至列车离开站台。

（2）开车后可继续进行销售工作。

（3）接到车站配送的旅客互联网预订的餐食、特产后，安排餐饮服务人员核对数量，对无异常的要查看旅客预订信息，核对旅客车票或手机号码，开车后30分钟内送餐到位。对异常订单的要拍照取证，使用App进行标记处理，同时做好旅客解释工作。

（4）VIP供餐。餐服长安排餐饮服务人员准备VIP旅客所需餐食、备品，使用售货车或托盘将赠餐送至商务座车厢，并按照商务座列车员登记的信息为旅客送餐。

（四）折返作业

1. 到站前作业

（1）终到前40分钟，清点剩余冷链食品和商品，过期变质食品按规定报废存妥。核对账目，清点现金、票据，做好单程核算，及时将现金入柜加锁。终到前10分钟组织整理展示柜、售货车商品。

（2）将剩余商品打包封箱，加锁保管，摆放在指定位置，做好账目查记、异地存储交接工作。

（3）清理餐吧车环境卫生，整理餐吧车车容，清理微波炉、咖啡机、热水瓶等设备设施和服务备品。做到车厢整洁，车容环境达标，备品复位。

（4）检查设备设施状态：接通电源查看微波炉、电茶炉、冰箱、保温柜，检查售货车和餐吧标识，清楚设备设施状态。发现问题及时向列车长汇报，无法修复的挂故障牌，做好安全卡控措施，确保安全。餐吧微波炉、电烤箱、咖啡机等厨房电器人离断电。

2. 站台作业

列车进站前，在指定车厢位置站岗。迎送旅客，做到举止规范，主动热情。

3. 其他作业

（1）到站后巡视车厢，检查旅客有无遗漏物品，发现问题及时报告列车长。做到精神饱满，仪容整洁，巡视仔细。

（2）旅客上下完毕后，再次检查餐吧车环境卫生，洗手池无污物、水迹，物见本色，地面、台面、柜面清洁无杂物，及时收取垃圾，废弃物入袋扎口存放，并在指定位置投放，禁止在安全线以内投放，应在风雨棚柱子下（无此设施时，应远离安全线和车门）投放。垃圾袋损坏时要及时套袋，防止外漏。微波炉、电烤箱、咖啡机等厨房电器人离断电。

（3）按始发站迎客作业程序和标准执行折返站迎客作业。同时，接受指示，到站听取列车长指示，接收返程VIP旅客信息。

（4）异地补货，确认货单，按货品清单认真验货、检数、检质、检查有无破损，核对签字。

（5）外段退乘，下公寓时在列车长的带领下列队到公寓，存放票据和经营款，遵守纪律，外出严格执行请销假制度。

（6）折返出乘前，参加出乘会，听取列车长的工作安排。

(五) 列车终到前作业

1. 打扫卫生

列车终到前，在规定时间内将餐吧车卫生擦抹、清扫一遍，确保设施设备清洁、无污，做到前台桌面、窗台无灰尘，后台台面、地面无水迹、死角。期间注意询问旅客将需要抛弃的物品及时收起、扎口，准备卸下车。

2. 清点货品

与动车组餐饮服务人员一起核对、清点、整理剩余餐食、商品、报废食品。

3. 填写票据

填写乘务报表、销售报表、缴款单、备品交接本等各类票据，清点营业款。做好当趟销售结算工作，正确填写各类台账、票据，确保报表填写规范、账款相符，不得信用交接。

4. 装箱整理

（1）餐食、备品按规定打包装箱、封箱，做好退库准备。确保商品商标齐全，终到站前 20 分钟对商品进行装箱整理（不允许提前下架），检查储藏柜、售货车，确保商品无遗漏。

遇有旅客需要购买商品时，及时提供服务，满足旅客需求。

（2）剩余商品打包摆放平整，大不压小、重不压轻，袋装、真空包装、盒装食品放在上部，严防打包造成商品破损，将打好包的商品、备品放置在规定位置。账目登记正确，做好交接准备。

5. 检查设备

检查电气设备，电源处于关闭状态，保证餐吧车电器安全。

6. 征求意见

列车到达终到站前，征求旅客意见的同时，提醒旅客带齐私人物品，致告别语。

(六) 列车终到作业

1. 立岗迎站

列车到站前 5 分钟，安排餐饮服务人员负责本车厢报站。在餐吧区吧台一端，以标准站姿，定位立岗，面向旅客站立，通报站名，报时准确，声音洪亮。提醒旅客携带好自己的物品，以免遗落。

2. 协助重点

组织餐饮服务人员帮助餐吧区的重点旅客或行动不便旅客提前向车门移动。

3. 巡视检查

旅客下车后,组织餐饮服务人员检查有无旅客遗失物品。

4. 卸下垃圾

组织餐饮服务人员按照指定的垃圾投放站卸下垃圾。做到垃圾袋扎口投放,严禁污物外泄,禁止在安全线以内投放,应在风雨棚柱子下(无此设施时,应远离安全线和车门)投放。

5. 终到交接

终到下车的班组要与分拨中心做好货品、备品交接。要有交接、有签字,货品清点清楚,装卸彻底,防止遗留。需要中途交接的班组要保证重点事项、设施设备、备品商品等交接清楚、无漏项。折返时间在 30 分钟内的必须与接班人员对岗交接。

(七)退乘作业

1. 统一下车

交接完毕领取乘务包后统一从规定车门下车列队。按照顺序下车,按规定行走路线和始发接车标准随乘务班组列队出站。

2. 乘车返段

与乘务班组一同乘坐班车返段前往派班室。

3. 解缴票款

餐服长到达交款室,将整理好的销售报表、缴款单等各类票据及营业额一同上缴,不得代缴代签。

4. 点名退乘

餐服长组织餐饮服务人员列队至高铁派班室点名、退乘;返还手机;按规定路线行走,着装整齐;向派班室汇报工作时要准确、有重点。

高速铁路动车组卧铺列车餐服长作业程序及标准见表 4-1-4。

表 4-1-4　高速铁路动车组卧铺列车餐服长作业程序及标准

作业内容		作业程序	作业标准
出乘准备	出乘会议	(1)开车前 5 小时到车队参加出乘会,听取车队传达文电命令、重要指示,了解当前重点工作,确认当日担当乘务任务及有关作业纪律,做好相关记录。 (2)召开小组会布置趟餐营计划、重点工作,总结上趟工作内容,做好预想。组织学习有关文件及业务知识,检查餐饮服务人员对业务知识的掌握情况。 (3)根据客票所提供售票数量掌握当趟基本客流情况	(1)按车队规定准时出乘,遵守车队请销假制度。 (2)全体人员认真学习业务知识和学习重点,掌握当趟重点工作

续表

作业内容		作业程序	作业标准
出乘准备	派班点名	（1）开车前3小时准时到派班进行出乘点名。 （2）列队整齐，检查着装。 （3）接受命令。接受派班传达的命令、电报和有关要求，记录本趟工作要点安排。摘抄命令及上级领导重点指示。及时准确无误传到每位餐饮服务人员。 （4）信息确认。确认值乘交路、车底编号、停靠站台及有关注意事项，重点旅客乘车情况及有关注意事项。 （5）核对考勤。核对乘务员名单，将餐饮服务人员手机统一存放	（1）执行《餐饮服务人员仪容标准》淡妆出乘，统一着装（化妆、制帽、头饰、胸牌、制服、工牌、皮鞋及乘务箱）。头发过水后抹发胶梳整齐，不得出现碎发。 （2）精神饱满，乘务备品、证件（健康证、上岗证）携带齐全、设备使用状态良好。 （3）命令指示记录准确、无遗漏。乘务任务明确。掌握重点旅客乘车情况，注意对重点旅客信息做好保密工作
	乘车抵站	（1）乘坐班车开车前2小时列队进入分拨中心备品库。 （2）列队进站，所有私人物品均放入乘务箱内，右手拉箱子。 （3）接受安检，人过安全门，包过安检机，遵守安检制度	（1）遵守班车纪律，爱护公物，保持车内卫生。 （2）列队整齐，有序进站，由餐服长带队间隔半米步伐一致，保持安静，严肃队伍纪律。 （3）禁止携带易燃易爆有毒危险品类的物品上车
	库房作业	（1）领取单据、发票（请领工作餐单据，VIP赠品填写单、一体化管理表、乘务报告、欠款单、报废标签、招待任务单、报废单、交款清单、销售分析单、交接单）。 （2）领取备品、消耗品。分拨中心备品室领取消耗品：消毒用品、垃圾袋、封箱条、领取"餐饮卫生许可证""食品卫生承诺书"。备品：桌套、圆托盘、保温壶、方纸巾盒、桌号牌、消费牌、桌花、长托盘、座位套、靠背沙发、整理箱、茶具、警示带、售货车。 （3）库房理货。按出库单领取销售货品，认真检质、检数，检查生产日期、有无破损、价签有无遗漏、价目是否相符。 （4）根据客票所提供乘车人数，确定免费餐食数量	（1）单据填写准确、清晰、完整，签字时不得代签漏签。 （2）补充商品、备品时要充足、齐全，备用金、单据、不同额度发票准备充足。 （3）库房验货时执行《动车组列车食品安全管理办法》，杜绝漏气、胀袋、破损、过期等商品与餐食上车销售。 （4）确保餐食外观、质量、生产日期、保质期符合销售标准。破损及时更换，确认签字。 （5）旅客免费餐食按照客票数适量领取

续表

作业内容		作业程序	作业标准
站台接车	立岗接车	（1）开车前40分钟配货完毕，餐饮服务人员随同货品离开分拨中心，到达指定站台按标准立岗接车。全体佩戴制帽，统一右手拉箱，由餐服长带队随配送人员一并按顺序列队进站台接车。 （2）到达站台指定位置，在客运乘务员后排，以餐服长为第一位，横向一字排开。 （3）车体到站台较晚时，冷链餐食要及时上车，确保断链时间控制在20分钟以内	（1）列队整齐，有序进站，由餐服长带队间隔半米步伐一致，保持安静，严肃队伍纪律。 （2）站台列队，餐饮服务人员面向站台或线路方向，乘务箱统一放置于每人右侧，以立岗迎客的标准站姿位于白色安全线以内迎接车底进站。 （3）过平交道时注意安全，严格执行一站、二看、三通过同时注意货品码放牢固
	统一管理	（1）与本次车长接洽，听取列车长布置工作，沟通本次乘务主要工作及重点旅客乘车情况。 （2）列车进站时面带微笑行注目礼，列车停稳后，组织餐吧人员按照分工按时做好始发前准备	听从列车长指挥，掌握趟工作重点及重点旅客的乘车情况
始发作业	人员分工	（1）车底停靠站台后一名餐饮服务人员负责按照车厢顺序先后接收2~3车、4~5车餐食、6~7车餐食、另一名餐饮服务人员负责按照车厢顺序接收10~12车、13~15车餐食，检质检量后与分拨中心交接签字。2~3车、4~5车餐食、6~7车餐食由餐饮服务人员负责保管，10~12车、13~15车餐食与相应车厢列车员交接签字，并由列车员负责保管。 （2）根据所负责的车厢将免费发放食品定位。2~3车餐食指定配送至2车10包39号下铺；4~5车餐食指定配送至4车10包39号下铺；6~7车餐食指定配送至7车10包39号下铺；9车餐食配送至餐车二位餐桌上；10~12车餐食指定配送至11车10包39号下铺；13~15车餐食指定配送至14车10包39号下铺。 （3）餐服长与一名餐饮服务人员负责接收9车餐食（餐车二位餐桌上）及上行发放用餐食（餐车后厨）。 （4）各餐饮服务人员将数据及时告知餐服长，餐服长填写餐食交接单，确认签字	（1）认真检查免费餐食数量、质量。 （2）严格与分拨中心、客运乘务员的交接工作，填写交接单。杜绝信誉交接。 （3）存放餐食的包房做到人离加锁。 （4）单据填写清楚，无涂改，妥善保存

续表

作业内容		作业程序	作业标准
始发作业	货品码放	（1）协助配送人员将货品搬运上车货品定位，个人物品定位码放。 （2）商品、餐食按存储要求及时存放，免费发放的旅客食品与销售商品区分存放。 （3）餐吧车后厨上货门安装安全警示带。列车停稳货品上车完成后，及时安装安全警示带，餐服长进行盯控，防止非工作人员上下	（1）商品、餐食按储存要求及时存放，餐食展示牌定位标准，餐食卡片齐全，种类齐全。 （2）吧台、展示柜陈列美观，商品标签朝外。 （3）商品码放要离墙离地，码放高度不得超过餐吧台，售货车码放美观整齐，左右码放一致；禁止堵塞安全通道。 （4）餐吧车内布置整齐美观，备品无破损无污渍。 （5）免费发放的食品包装拆箱整齐按规定位置整理存放
	卫生检查	（1）全面检查餐吧车卫生。卫生项点：地面、操作台、吧台、操作间冰柜内外、烤箱、微波炉、咖啡机、售货车内外、座椅、餐桌、窗台、垃圾箱	（1）卫生环境达标，后厨整洁，吧台内各种设施光亮无油渍。 （2）发现卫生不达标的情况及时告知列车长并先行采取补救措施
	设备检查	（1）检查接通电源微波炉、咖啡机、电茶炉、冰箱、保鲜柜、保温柜，是否能正常使用，售货车使用性能是否良好。 （2）发现问题及时通知车长及机械师及时修复。 （3）售货车使用性能是否良好，是否摆放标准、干净整齐并做好记录，向餐服长汇报，标识齐全。 （4）茶点车干净整洁，茶具已消毒、无不洁、破损	设备实施状态良好
	整容定位	（1）商品、餐食按储存要求及时存放，餐食展示牌定位标准，餐食卡片齐全，种类齐全。 （2）按照标准铺放台布、靠背纱、花瓶、纸巾盒、价目表，悬挂"餐饮卫生许可证""食品安全承诺书"。 （3）餐吧展示柜、展示台、售货车按照标准码放	（1）吧台、展示柜陈列美观，商品标签朝外；商品码放要离墙离地，码放高度不得超过吧台，售货车码放美观整齐，左右码放一致；禁止堵塞安全通道。 （2）备品箱按规定摆放

续表

作业内容		作业程序	作业标准
始发作业	销售准备	（1）做好销售分工，售货车货品码放齐全美观、准备现磨咖啡、预热餐食准备好当餐销售。 （2）重点商品重点展示	（1）冷链餐食的断链时间严格控制在20分钟以内。 （2）执行《动车组列车食品安全管理办法》，杜绝漏气、胀袋、破损过期等商品与餐食上架销售。 （3）发现胀袋、漏气、破损、过期、不合格的商品餐食应及时贴报废标签，填写报废单做报废处理。 （4）严格按要求操作，加热保存餐食温度要达标
途中作业	立岗出站	（1）列车开车铃响时餐吧餐服长和一名餐饮服务人员按照标准站姿，立岗出站。 （2）负责接收2~8车的餐饮服务人员在2车二位风挡处立岗，负责接收10~15车的餐饮服务人员在4车二位风挡处立岗	（1）餐吧立岗位置：餐吧内和就餐区第六排的位置，做到面向站台，标准站姿、保持微笑直到列车驶出站台。 （2）立岗出站后，餐饮服务人员负责6~7车餐食发放
	赠送餐食	（1）列车出站后，三名餐饮服务人员分别与乘务员配合从所负责车厢一位顺序发放2~3车、4~5车、6~7车旅客赠餐，其他车厢由客运乘务员完成。 （2）发放剩余餐食由餐饮服务人员到车厢统一收回，送回餐车，并填写交接单交餐服长。餐服长根据列车长提供的软卧乘车人数核对赠送数量，剩余餐食重新装回箱内，胶带封箱统一存放。 （3）由餐服长填写各车厢发放数量表，由列车长、餐服长双方签字确认，一式两份由餐服长保管（一份分拨中心，一份车队）	（1）旅客赠餐须在开车后15分钟内发放完毕。 （2）交回的赠餐车、托盘及时恢复清洁。 （3）认真核对赠餐数量，填写交接单
	中途停车	餐服长按照列车长提供的软卧上车人数，组织两名餐饮服务人员分别负责2~7车、9~15车，新上车旅客免费餐食的发放	征求旅客意见，轻声询问，避免影响其他旅客乘车休息
	销售供应	（1）根据旅客需求为旅客提供餐食、饮品休闲食品以及夜间茶吧销售等服务。 （2）餐食发放结束后，在22点之前由餐饮服务人员分别到车厢内进行售卖。 （3）乘务餐供应。 （4）商品、餐食严格执行先进先出原则销售。 （5）遇中途站旅客上车，应优先完成赠餐作业后再进行售卖	（1）停止售卖时脚踩刹车。严禁堵塞通道。 （2）保证餐食供应，品种丰富（15元餐、2元水不断供）、禁止搭售等违规行为，尊重民族用餐习惯。 （3）票据餐款入柜存放，后厨门做到随时锁闭。 （4）规范适用服务用语，做到来有迎声走有送声。 （5）乘务员用餐避开饭点、轮流用餐，严禁挤占用餐位置。 （6）销售过程中严禁大声喧哗、杜绝生冷硬顶。及时找零、提供发票

续表

作业内容		作业程序	作业标准
途中作业	恢复整容	保持餐吧车整洁,做到一客一清,22点前做好入夜卫生的恢复,货品备品定制摆放,设施设备卫生清洁	卫生清理时执行托盘服务,桌套整洁无污渍,随时补充纸巾,保持桌花、桌号牌等备品完好清洁
	安全卡控	(1)管理好现金票据安全,后厨门安全禁止闲杂人随意进出,关注电气设备使用安全。 (2)加强运行中设备的检查	(1)票据餐款入柜存放,后厨门做到随时锁闭。 (2)遇有长时间临时停车、停电、火灾、洪涝等特殊情况发生时,各岗位餐饮服务人员应停止流动销售,坚守岗位,不要惊慌,迅速反应、逐级汇报,听从列车长统一指挥
	单班入夜	22点后,指定一名餐饮服务人员负责吧台和茶吧销售。其余三人回到宿营包房内休息	休班人员次日终到前2小时回到餐吧车双班终到作业
异地终到作业	卫生整容	到站前三十分钟餐吧卫生彻底恢复,设施设备清洁无污物	后厨整洁,卫生环境达标;吧台内各种设施光亮无油渍
	核对账目	清单现金、商品、认真核对账目清单,做到账款相符、准确无误,并妥善保管	两个人以上核对现金,货款清楚,账实相符,不信用交接。单据齐全,填写认真,字迹清楚
	旅客提示	征求餐吧车乘坐旅客意见的同时提醒旅客带齐私人物品	(1)使用服务用语,做到来有迎声走有送声,"您好、请、谢谢、对不起、再见"。 (2)迎送用语"欢迎乘车!""欢迎您检查指导工作!""请慢走"。 (3)感谢用语"谢谢您的帮助""谢谢您配合我们的工作""谢谢您指导我们的工作"
	设备检查	检查电气设备,电源处于关闭状态,保证餐吧安全	电气设备人离断电
	垃圾投放	对餐吧车内的垃圾桶进行清理,垃圾封口	定点投放,严禁带入库内
	异地交接	逢异地停运时,餐食、商品、备品按规定打包装箱,做好账目登记、异地存储交接工作,确认签字	交接清楚,签字确认,严禁信誉交接
	退乘住宿	逢异地停运时,集体回乘务员公寓办理入住	统一听从列车长指挥,集体到公寓办理手续,不得私自外出,注意饮食、严格执行异地公寓管理办法,确保人身安全
异地始发作业	客流掌握	始发前2小时,根据客票所提供列车客流情况,掌握每节车配送免费餐食数量	明确客流,对免费餐食进行统计
	统一管理	(1)跟随列车长按规定时间办理退宿手续,统一进站台等候列车。 (2)接受列车长布置本趟重点工作	站台列队,餐饮服务人员面向站台或线路方向,乘务箱统一放置于每人右侧,以立岗迎客的标准站姿位于白色安全线以内迎接车底进站

续表

作业内容		作业程序	作业标准
异地始发作业	交接配货	（1）按货品交接清单认真验货、检数、检质、有无破损，核对签字。 （2）折返站组织餐饮服务人员比照始发的数量要求和标准，将餐食配送至各车厢指定位置，填写交接单确认签字	（1）按单验收。认真核对，准确无误，签字确认。 （2）发车前40分钟，按照实际使用数量将餐食配送至始发指定位置
异地套乘	卫生整备	（1）异地终到套乘时，提前将卫生全面恢复到始发状态。 （2）终到后，两名餐饮服务人员分别负责7车和9车的车厢卧具整备	（1）后厨整洁，卫生环境达标；吧台内各种设施光亮无油渍。 （2）与异地保洁配合，恢复车厢卫生，将所有包房内卧具整理后，全部放置上铺，摆放整齐，下铺铺设小单，作为套乘时卧代座使用
	核对账目	清点现金、票据，做好核对，及时入柜加锁保存好	单趟账款核对清楚
	接受指示	接受列车长对套乘作业的指示，掌握重点情况	
	途中销售	（1）负责前夜班乘务员回到宿营包房休息。 （2）套乘列车不再进行旅客餐食赠送。 （3）开车5分钟后按照作业程序进行餐车及车厢内售卖并做用餐登记。 （4）餐食供应，餐吧内服务员根据旅客需求为客提供早、中、晚餐食、饮品休闲食品等服务。 （5）工作餐供应，乘务员在规定的时间内到餐吧认真填写"高铁动车工作餐明细表"，签字确认后领取餐食。 （6）票据餐款入柜存放，中途停车开门时，后厨门做到及时安放安全警示带	（1）休班人员于返程终到前30分钟，回到餐车双班作业。 （2）中途到站停止售卖，脚踩刹车。严禁堵塞通道。 （3）保证餐食供应，品种丰富（15元餐、2元水不断供）、禁止搭售等违规行为，尊重民族用餐习惯。 （4）乘务员用餐避开饭点，轮流用餐，严禁挤占餐位。 （5）正确使用服务用语，做到来有迎声走有送声，中途通告语言规范、音调适宜。 （6）中途到站时停止售卖，脚踩刹车。严禁堵塞通道。 （7）做到票据餐款入柜存放，中途停车开门时，后厨门做到及时安放安全警示带
	折返准备	异地套乘终到后，餐饮服务人员负责将餐食比照始发标准配送至各车厢指定位置，填写交接单确认签字	提前根据客票所提供乘车人数将免费餐食准备充足

续表

作业内容		作业程序	作业标准
终到作业	台账填写	填写乘务报告，找车长签收一体化管理表并写本趟车的班组日志及总结	单据齐全，认真填写，字迹清楚
	点货封箱	到站前40分钟，与列车长核对赠餐数量，结账封箱	按标准存放，账实相符
	终到卫生	对餐吧卫生进行全面恢复	餐吧区无垃圾，垃圾袋封口，餐吧后厨内设备设施清理
	立岗进站	（1）列车到站前3分钟，标准站姿，定位立岗。 （2）检查餐饮服务人员仪容仪表精神状态良好	餐吧立岗做到面向站台，标准站姿，保持微笑直到列车停稳
	垃圾投放	终到站将垃圾袋封口投放指定位置，严禁污物外泄	
	遗失检查	对餐吧区进行遗失品检查	遗失品严禁一人打开，及时交列车长处理
	交接退库	在分拨中心接车班组与交班班组做好商品交接，数量清楚，账目相符，不信用交接	（1）保证餐车商品、备品无遗漏。 （2）接班班组必须到现场交接，杜绝信誉交接
	终到交款	及时到收款室交款	严格落实先交款后退库程序。杜绝餐服长单独携带票款票据交款
	签到退乘	在分拨中心列队，集体退乘，返回公司，到公司车队办理退乘签到，经车队同意后方可退乘	列队退乘，统一列队按指定线路返回车队，向值班干部汇报本趟值乘工作情况（安全、路风、一体化管理、经验、重点旅客乘车情况），落实退乘签到
	退乘会议	组织召开班组退乘会，总结本趟工作，做好下趟出乘计划	认真总结当趟重点工作

动车组列车餐饮乘务作业场景如图4-1-4所示。

图 4-1-4　动车组列车餐饮乘务作业场景

> **任务实施**

1. 任务准备

（1）设备准备：仿真动车组餐吧车设备，餐吧车供应的各种货品、食品、饮品，专业训练服（可着正装）。

（2）实训资料准备：实训任务单、动车组列车服务质量规范、教材等。

（3）情景准备：实训前各小组查阅、收集资料，选择动车组列车餐饮乘务作业时餐服长和餐饮服务人员按照作业程序进行餐饮服务情景，情景中包括动车组列车乘务组中的餐服长、餐饮服务人员和就餐旅客，人数自定，情景涉及动车组列车餐饮服务环节。

（4）人员准备：实训分小组进行，每组6~8人，每小组做好人员分工。

2. 实施步骤

（1）检查动车组列车餐吧车整备情况。

（2）检查动车组列车餐吧车卫生情况。

（3）动车组列车餐饮乘务作业。

（4）组内互查，教师总结并评分、评价。

3. 任务单

任务训练	动车组列车餐饮乘务作业训练		
班　级		姓　名	
1. 正确检查动车组列车餐吧车整备情况。			
2. 正确检查动车组列车餐吧车卫生情况。			
3. 动车组列车餐服长乘务作业。			
4. 动车组列车餐饮服务人员乘务作业。			
任务总结：			

4. 效果评价

	项目	A—优	B—良	C—中	D—及格	E—不及格	综合
小组评价	整备卫生标准(10%)						
	餐服长作业（20%）						
	餐饮服务人员作业（20%）						
	团队合作（10%）						
教师评价	餐饮乘务作业(20%)						
	任务单（20%）						
	教师签名						

任务 2 "复兴号"动车组列车餐饮作业

任务引入

"复兴号"动车组列车餐饮服务要落实"让旅客体验更美好"的服务理念,努力提高"复兴号"服务品质。商务赠餐使用专用封套、腰封,严禁用常温餐代替商务赠餐。餐吧价目表全部使用电子价目表,"复兴号"配餐根据旅客饮食风俗习惯和用餐需求,配备不同价位多种套餐,包含地方特产、地方传统美食;提供点餐送餐服务,携带价目表深入车厢登记旅客用餐需求,送餐到座。

请思考:怎样才能做好"复兴号"动车组列车餐饮乘务工作?

相关知识

一、"复兴号"动车组列车餐饮服务人员准入标准

"复兴号"动车组列车客运乘务人员要定期开展素质教育,强化铁路职业道德、社会职业操守、高铁责任荣誉、"复兴号"使命担当等专题教育。打造出一支"积极进取、技能精湛、勤勉敬业"的高素质干部职工管理服务团队。

"复兴号"长编动车组列车客运乘务组原则上由 1 名列车长、5 名乘务员、3 名餐饮服务人员、5 名乘服员组成;短编动车组列车客运乘务组原则上由 1 名列车长、3 名乘务员、2 名餐饮服务人员和 3 名乘服员组成。单程运行时间 8 小时以上动车组,长编按照 1 名列车长、1 名列车值班员、6 名乘务员、4 名餐饮服务人员、5 名乘服员组成;短编按照 1 名列车长、1 名列车值班员、3 名乘务员、3 名餐饮服务人员、4 名乘服员组成。

"复兴号"动车组列车餐饮服务人员准入标准为具备大专及以上文化程度,经客运专业培训或岗位培训并考试合格,能够熟练使用餐服、应急设备设施,经过礼仪培训,具备良好的沟通能力和服务技巧。体态匀称、五官端正,协调性好,视力、听力及辨色力正常,无职业禁忌症,身体健康,持有健康证,能胜任本岗位工作。

二、"复兴号"动车组列车餐饮乘务作业标准

乘务作业标准是指乘务班组备乘作业、整备作业、在途作业、折返作业、终到作业全过程中的工作内容、流程、标准。

(一)清点备货

备乘作业工作内容包括报到点名、趟计划制定、召开出乘会、请领票据、领取备品、清点备货。

餐饮服务人员不晚于开车前一个半小时到达分拨中心，清点商品、食品、饮品。检查网络订单、售货车、货物码放状态。

商品明码标价、一货一签、外包装无破损，有"QS"标志（食品生产许可证标志）。售卖食品、饮品有生产单位、生产日期、保质期，无过期变质商品，无口香糖、方便面等严重影响列车环境卫生的食品。供应商品品种目录、价格等报集团公司客运部备案。

检查售货车制动性能良好，防撞条完好；配送小推车货物装车不超高，常态制动装置性能良好，商品、货物、备品箱等码放大不压小、方不压圆、重不压轻，售货车罩车衣，配送车配罩网或捆绑带，捆绑牢固。

（二）整备作业

整备作业工作内容包括站台备乘、备品定位、始发检查等作业。

乘务班组、餐服、乘务、乘（辅）警、地面配送人员按时到达站台，着装整齐，证件齐全，定位列队备乘；走行、站立、队列符合行为规范；车辆摆放安全，防护到位。

1. 到达时间

乘务班组始发前统一乘车或固定路线走行进站，不晚于开车前 40 分钟到达站台，与餐服、乘服人员、高铁乘务单位乘务员站台集中。

2. 备乘位置

列车长组织乘务员、餐饮服务人员、乘服员列队接车，备乘位置长编动车组在 9 车，短编在 5 车，重联动车组在 5、13 车，商务座乘务员与配送人员列队在值乘车厢车门位置接车。

3. 检查资质

随车餐服、乘服人员必须符合上岗资质。集中备乘期间，列车长检查班组仪容着装，检查餐饮服务人员、乘服员铁路岗位培训合格证书，健康证携带情况，确认人员资质符合要求，证件有效。对不符合资质要求的向列服和保洁公司及时通报调换。

4. 传达重点

餐服、乘服、乘（辅）警集中期间，列车长重点传达趟重点工作及上级预警提示、本趟安全预想。针对应急备品使用等内容要试问，对重点人员加强现场实操培训。

5. 车辆摆放

售货车、配送车辆顺线路方向摆放，车辆处于制动状态，小车码放备品捆绑牢固，专人防护，车辆移动或装车时一人一车操作。

6. 餐营备品定位

商务座服务小推车内整齐码放一次性小毛巾、饮品及小食品，保温瓶外皮光亮、清洁，打满开水后平稳放于小推车；多余赠品、饮品、一次性消耗品、托盘入商务车厢备品柜；长途动车组备品柜放不下的多余饮品、赠品整齐放置在备品箱内，备品箱、整箱饮品、赠品，长编动车组整齐码放在商务车厢最后一排座椅后方空间，高度不超过三层备品箱，不挤占走行通道，大不压小、方不压圆、重不压轻，用苫布苫盖；短编动车组放置在 1、8 车座椅最后一排后，码放高度不影响旅客调整靠背角度。

一次性纸杯放入车厢电开水炉杯托内，数量不少于 10 个。

食品卫生许可证、营业执照摆放在餐吧内操作台明显处，餐食按存储要求及时入冷柜、恒温柜。柜台、展示柜商品按照从大到小，内高外低码放，备品箱空箱套在一起放在餐吧车槽内，多余备品箱可放在餐吧与客室隔断空挡处，码放整齐不超过三层，用布苫盖。售货车上商品摆放美观稳妥，种类齐全，非作业期间售货车放入餐吧后台或餐吧车风挡非开门侧，不占用旅客走行通道。

7. 餐吧设备设施检查

餐吧服务设备设施齐全、卫生达标，设备状态良好。餐饮服务人员检查餐车侧门、餐桌、吧台、冰箱、展示柜、备品柜、垃圾箱、水池下水道卫生质量，做到不锈钢面、柜内无油渍、污渍、灰尘，下水道通畅；通电检查微波炉、电烤箱、恒温箱、电子价目表等服务设备设施，发现卫生质量不达标或设备故障，及时向列车长汇报，并对卫生不达标的部位采取补救措施。

8. 验收保洁出库质量

餐饮服务人员负责检查微波炉、烤箱、恒温箱、展示柜、备品柜、服务台、吧台、餐吧车垃圾桶等卫生质量。

（三）在途作业

在途作业包括乘降组织、发车作业、站车交接、核验车票、巡视作业、途中保洁作业、广播作业等内容。

1. 始发乘降组织

餐吧整备完毕后，餐服长在餐吧内立岗，餐饮服务人员在餐吧车风挡处面向旅客车内立岗。

立岗期间迎接旅客上车，站姿符合行为规范，手势引导，重点帮扶，致"您好，欢迎乘车"欢迎词。遇有重点旅客、常旅客交接，主动站台提前迎候，帮扶老幼，推送轮椅，帮助登乘车厢，引导至乘车席位，帮助放置行李。

特殊情况如遇站台距离车门缝隙大、车门与站台存在高度差、站台地面不平等现象，根据站台实际情况，按照列车长安排在车门口立岗，立岗期间密切盯控旅客乘降安全。

2. 选择播放广播

供餐时段播放"供餐广播"，每半小时 1 次。

3. 乘务人员用餐安排

乘务人员用餐符合在途实际，避免在旅客面前用餐，岗位互补到位。作业间隙值守位置固定，列车长在乘务室值岗，乘务员在值乘车厢乘务边凳值守，遵守纪律，行为举止符合规范。列车长根据本趟列车停站及作业情况，合理安排乘务员、餐饮服务人员、乘服员在乘务室或餐吧后台轮流用餐。乘务人员用餐统一由餐饮服务人员操作微波炉，严禁非餐车工作人员使用餐吧设备。餐吧后台用餐时，使用门帘遮挡，饭热好后统一由餐吧工作人员叫用餐职工到后台用餐，严禁非餐吧人员随意进入餐吧。

（四）终到作业

终到作业包括保洁作业、备品整理、乘降组织、终到巡视、终到联控关门等作业内容。

1. 终到保洁作业

餐服长盯控餐饮服务人员更换餐吧垃圾袋，垃圾装袋封口，无渗漏，放置在非开启侧车门处。组织餐饮服务人员恢复墙板、地面、操作台、电冰箱、保温箱、微波炉卫生。餐吧电器断电，擦拭干净无油渍。

2. 终到整理备品

餐服长组织餐饮服务人员清点剩余商品，做到数量准确，账实相符，商标齐全，对所有商品进行装箱整理。遇有旅客需要购买商品时，及时提供服务，满足旅客需求。

3. 终到巡视作业

餐饮服务人员按照始发检查要求对列车客服设施、安全设施、餐吧设施、应急备品存放位置及数量，对旅客遗失品等全面巡检。

（五）退乘作业

终到客运作业结束后，终到票款结算准确，餐服备品、货物清点清楚，单据填写准确，交接有确认，有签字。

列车长根据实际组织乘务员、餐饮服务人员、乘服员认真召开退乘会，讲评总结当趟工作，总结好的经验，指出不足和改进措施。

退乘时备品携带齐全，列队走行规定线路出站或入住公寓，票款、备品、货物安全交接到位，退乘信息上传数据准确及时。由乘（辅）警护送缴款，交接手续齐全。

派班室退乘的乘务人员，列车长在地面客运管理信息系统登记退乘信息，上传数据、"乘务工作日志"，将失信旅客信息录入征信系统，将保洁监督信息录入保洁管理系统；异地退乘，在客运管理信息系统终端登记退乘信息，电话向段应急指挥中心或派班室汇报当趟乘务工作完毕。

三、商务座餐饮服务标准

有需求、有服务，无需求、不打扰，创造轻松、自然、温馨的服务氛围。商务服务做到主动迎送、引导到位、微笑自然、细心观察、神态真诚、语言轻柔、音量适中、举止优雅、需求必应，使旅客体验更加温馨、舒适美好。

1. 始发服务

始发服务主要为调整设备、迎接旅客。始发前，将商务舱感应门（非立岗端）打成手动状态，打开商务舱广播设备，音量适中。始发立岗期间，站姿规范、面带微笑。对旅客逐个示意问好，手势指引旅客乘坐位置方向，服务术语为"您好，欢迎乘车"。

2. 开车服务

开车服务主要为到站核报、用餐征询、提供赠品饮品和服务用品，做到提高服务效率，减少对旅客干扰。

问询餐饮需求。服务术语为"我们的供餐时间是……我们准备的餐食品种有……"。提送餐单，询问旅客用餐品种，"请问您选用哪种餐品？您的用餐时间是？"同时，按需向旅客提供赠品、饮品，饮品倒至杯中三分之二处，双手递送放入杯槽，服务术语为"请问您需要哪种饮品，我们有……"。

服务完毕，退出商务车厢，将商务舱感应门（非立岗端）恢复成自动状态，将商务舱广播音量调至静音。将用餐时间、种类、数量报餐服长。

3. 途中服务

途中主要服务内容为适需服务、重点帮扶、饮品补充、席位复用服务。旅客呼唤铃响时，及时复位，并按旅客需求提供服务，服务术语为"您好，请问您有什么需要"。每小时对值乘车厢进行巡视，按需补充饮品，观察旅客需求，主动提供服务。中途停车提示旅客不要远离车门，注意开车时间。席位复用后及时清理卫生，更换头枕片，为新上车旅客提供相应服务。

4. 到站服务

主要服务内容为到站提示，帮扶重点，到站送别。到站前 5 分钟口头轻声逐个提示下车旅客做好下车准备，服务术语为"您好，某某站就要到了，请您检查随身携带行李物品，手机不要遗忘，做好下车准备"。帮扶重点旅客到达车门附近，旅客下车时主动向旅客道别，指引出站方向。服务术语为"请您注意脚下安全，欢迎再次乘车"。旅客下车后，及时巡视车厢，检查旅客遗失物品。

5. 赠餐服务

早餐赠餐不少于 2 种，包括豆浆或牛奶、面包或蛋糕、一次性餐具、餐巾纸。正餐赠餐包括盒饭、速溶汤、一次性餐具、餐巾纸。盒饭以冷链为主，口味清淡为主，少油腻，非油炸，无壳、无皮、无骨，花色品种多样，菜肴品种适时更换。赠餐数量不足时以冷链餐代替。

赠餐时间为早餐 8:00 前，正餐 11:30—13:00、17:30—19:00。

赠餐服务主要为加热、配餐、送餐、废弃物收取。餐服长按照商务座旅客用餐登记信息，提前加热，做好供餐准备。按照旅客用餐时间，由餐饮服务人员使用小推车或托盘将赠餐送至商务座车厢。商务座乘务员协助餐饮服务人员使用托盘将赠餐、赠汤、餐具按照一客一托盘标准准备到位，准确送至旅客席位。服务术语为"您好，请您用餐"。乘务员观察旅客用餐情况，旅客用餐完毕，及时使用托盘收取餐后废弃物。

6. 赠送饮品服务

赠送的饮品包括矿泉水、苏打水、咖啡、果汁、碳酸饮料，热茶不少于三种（红、绿和半发酵茶等），结合季节适当调配品种；饮料宜无糖，不宜选用功能性饮料。茶杯宜选用质量较好的透明硬制塑料水杯。

7. 赠送休闲食品服务

赠送的休闲食品包括干果类和点心类，不少于 6 种，无壳、无皮、无核、无骨，不易掉渣，口味中性（原则上以原味为主），不油腻，不宜油炸食品，按季节调配品种。

四、一等座餐饮服务标准

一等座餐饮服务主要为发放赠品、饮品。开车后使用小推车按需逐个向旅客提供赠品、饮品。服务术语同商务座服务。一等座饮品包括矿泉水、果汁、碳酸饮料 3 种。赠送干果类、点心类等不少于 3 种。

1. 始发服务

始发服务主要为迎接旅客，引导座位，摆放行李。始发立岗期间，站姿规范、面带微笑，向旅客示意问好，指引旅客乘坐位置方向，服务术语为"您好，欢迎乘车"。

2. 开车服务

开车服务主要为提供赠品饮品，做到提高效率，减少对旅客干扰。开车后使用小推车进入车厢为每一名旅客服务。按需向旅客提供赠品、饮品，饮品倒至杯中三分之二处，双手递送放入杯槽，服务术语为"请问您需要哪种饮品，我们有……"。

3. 途中服务

途中主要为适需服务、重点帮扶、席位复用服务。每半小时对值乘车厢进行巡视。观察旅客需求，主动提供服务。中途停车提示旅客不要远离车门，注意开车时间。席位复用后及时清理卫生，为新上车旅客提供相应服务。

4. 到站服务

到站主要服务内容为帮扶重点，到站送别。帮扶重点旅客到达车门附近，旅客下车时主动向旅客道别，指引出站方向。服务术语为"请您注意脚下安全，欢迎再次乘车"。旅客下车后，及时巡视车厢，检查旅客遗失物品。

5. 赠品饮品服务

一等座赠送饮品 3 种，包括矿泉水、果汁、碳酸饮料。赠送干果类、点心类等不少于 3 种。

五、"复兴号"动车组列车经营服务标准

售卖行为规范，主动热情，服务周到，用语规范，音调适宜，严禁高声叫卖、演示售卖商品，收款轻声唱收唱付。

1. 商务、一等车厢售卖服务

列车始发开车后售货车不得进入商务、一等车厢,待商务、一等乘务员赠品发放完毕后方可进入,售货期间主动避让旅客,推车平稳轻缓,按需提供售卖服务,有需求轻声服务,无需求不打扰。

2. 餐吧经营服务

餐吧车不间断营业,餐服长在吧台内提供适需服务。售卖餐食时,佩戴口罩、手套和围裙,收取现金或使用 PDA 收款,现金使用专用款箱存取。

3. 送餐服务

列车提供订、送餐服务。餐服长可以按照用餐需求请示列车长后播放用餐广播,餐饮服务人员深入车厢提前对需要用餐旅客进行预订登记并向餐服长汇报,提前按需加热餐食。餐饮服务人员使用航空车或托盘送餐,推车下车厢售卖时,佩戴口罩、手套和围裙,准备发票和零钱,按需提供发票、找零,行进中主动避让旅客,停留时车辆处于制动状态。

4. 互联网订餐交接与配送

(1) 到站前准备。

列车长须掌握本次列车经停的互联网订餐站,到达订餐站前 30 分钟刷新网络订餐移动终端 App,掌握本次列车前方站订餐情况,遇有无座订餐人核对旅客所在车厢位置。

(2) 站车交接。

安排 1~2 人在规定列车门口与车站配送人员办理交接,核对集装袋数量后在交接本上签字;将集装袋分 1~4、5~8、9~12、13~16 车厢装入列车的集装器具中。站车交接全过程需通过视频记录仪录制现场情况。

(3) 站车交接位置。

短编列车在 5 号车厢、长编列车在 9 号车厢、重联列车分别在 5 号、13 号车厢。餐食配送袋、集装袋(箱)应有醒目的商家或餐食品牌标识。

(4) 列车餐食交接单及派送单。

由车站打印,按 1~4、5~8、9~12、13~16 车厢分别打印。列车餐食派送单表头需标注日期、车次、配送车站、配送员,内容需标注车厢号、席位号、供应商家、份数、预订旅客名字(仅显示姓氏)、联系方式。车站配送人员应事先准备好交接本(车站配送人员按各自分工 1~4、5~8、9~12、13~16 车厢,注明各商家的集装袋数量)。

(5) 车内配送。

列车配送人员依据列车餐食派送单分车厢依次派发餐食,应在 30 分钟内将餐食发放完毕,派发时需通过车票或手机号核验旅客身份,派发结束后通过手持终端反馈信息,并标记异常订单。无座订餐人(旅客)在票面标记的车厢号凭订单手机号码后 5 位领取餐食。

列车在站台上核对各商家集装袋(箱)的数量以及集装袋(箱)是否包装完好、封条无损后,将集装袋(箱)分 1~4、5~8、9~12、13~16 车厢装入列车的集装器具中,并分别与各自的车站交接配送人员在交接本上签字。

列车配送人员依据列车餐食派送单分车厢依次派发餐食,应在 30 分钟内将餐食发放完毕,派发时需通过车票或手机号核验旅客身份,派发结束后通过手持终端标记异常订单,无反馈信息订单视为正常订单。

无座订餐人(旅客)应在票面标记的车厢号,等候列车派发人员送餐或联系餐车服务人员,凭订单手机号码后 5 位领取餐食。

订餐人索要发票,预订时做相应选择并录入开票信息,发票由商家随餐开具。

六、土特产预订服务

及时查看网络特产订单,确认订单信息准确无遗漏,列车长指派专人在站台固定位置办理交接,核对数量以及包装、封条是否完好无损,核对无误后,与车站交接配送人员签字交接。交接特产超过 25 kg 的,由车站配送人员协助乘务人员搬运特产至车门内。

列车配送人员依据派送单及时派发特产,通过车票或手机号核验旅客身份,派发结束后通过手持终端标记异常订单,无反馈信息订单视为正常订单。无座预订人(旅客)在票面标记的车厢号,凭订单手机号码后 5 位领取特产。

"复兴号"智能动车组餐饮服务人员作业程序及标准见表 4-2-1。

表 4-2-1 "复兴号"智能动车组餐饮服务人员作业程序及标准

作业内容		作业程序	标准
准备作业	准备工作	餐饮服务人员按照车队要求按规定时间出乘前一天到车队开出乘会,接受乘务任务。 餐饮服务人员到车队参加出乘会,由餐服长布置趟餐服计划、重点工作,总结上趟工作内容。做好安全预想,学习有关文件及业务知识	1. 餐饮服务人员到车队参加出乘会,由餐服长布置趟餐服计划、重点工作,总结上趟工作内容。做好安全预想,学习有关文件及业务知识。按时参加出乘会,认真学习业务知识,掌握近期学习重点。 2. 淡妆出乘,统一着装
准备作业	准备工作	餐饮服务人员按照规定时间到派班点名、签到、领取 PDA。接受命令,确认当日担当乘务情况。 1. 列队点名,餐饮服务人员准时到派班参加。 2. 整理妆容,餐服着装(制帽、头饰、胸牌、制服、皮鞋、乘务箱、电台)。携带健康证、上岗证、确保证件齐全有效,乘务用具佩戴齐全,并接受检查。 3. 接受命令,接受车队传达的命令、电报和有关要求,记录本趟工作要点安排。摘抄命令及上级领导重点指示。 4. 信息确认,领取 PDA,确认值乘交路、电池是否良好。重点旅客乘车情况及有关注意事项	1. 按车队规定准时参加派班点名,遵守车队请销假制度。 2. 乘务人员淡妆出乘,头发过水后抹发胶梳整齐,不得出现碎发。精神饱满,按规定着装,佩戴工牌,乘务备品、证件携带齐全,备品使用状态良好。 3. 命令指示记录准确、无遗漏。 4. 乘务任务明确。掌握重点旅客乘车情况,注意对重点旅客信息做好保密工作

续表

作业内容		作业程序	标　准
准备作业	准备工作	开车前2小时列队进入分拨中心，领取单据、领取备品、库房理货，认真交接。 1. 列队进站。所有私人物品均放入乘务箱内，右手拉箱子。 2. 接受安检。人过安全门，包过安检机，遵守安检制度。 3. 领取单据。到财务收款室请领单据、发票。 4. 领取备品。到分拨中心领取所需备品，确认"餐饮卫生许可证""食品卫生承诺书"是否完好。 5. 库房理货，按出库打印单据检验货品，认真检质、检数，有无破损，生产日期是否准确，由一名餐饮服务人员负责到冷库清点冷链餐，查看生产日期、保质期，确认无误后签字	1. 列队整齐，有序进站，由餐服长带队间隔半米步伐一致，保持安静，严肃队伍纪律。 2. 禁止携带违禁品上车。 3. 清点商品、备品时确认账目是否相符。 4. 库房验货，认真检查漏气、胀袋、破损过期等商品，有破损及时更换，杜绝问题餐食与商品上车销售。 5. 确保餐食外观、质量、生产日期、保质期符合销售标准
		开车前1小时配货完毕，餐饮服务人员随同货品离开分拨中心，到达到指定站台按标准立岗接车。 1. 站台接车。统一右手拉箱，由餐服长带队随配送人员一并顺序列队进站台接车。 2. 到达站台指定位置，听取列车长布置工作，在客运乘务员后排，以餐服长为第一位，横向一字排开。 3. 开车前由一名餐饮服务人员随冷链一起上站台	1. 列队整齐，有序进站，由餐服长带队间隔半米步伐一致，保持安静，严肃队伍纪律。 2. 听从列车长指挥，掌握趟工作重点及重点旅客的乘车情况。 3. 站台列队，餐饮服务人员面向站台或线路方向，乘务统一放置于每人右侧，以立岗迎客的标准站姿于白色安全线以内迎接车底进站。 4. 车体到站台较晚时，冷链餐食要及时上车，确保断链时间控制在20分钟以内
乘务作业	始发作业	列车进站时面带微笑待列车停稳后，餐服长组织乘务人员按照分工按做好始发前准备。 1. 餐车卫生。检查项点包括：餐车墙板、地面、操作台、吧台、操作间冰柜内外、微波炉、售货车、航空车内外、垃圾箱，发现卫生不达标的情况及时清理、做好记录。 2. 设备检查。检查接通电源查看微波炉、电茶炉、冰箱、保温柜、售货车使用性能是否良好。发现问题及时通知车长及机械师修复做好记录。 3. 货定位。商品、餐食按储存要求及时存放。 4. 餐吧整容。按照标准码放价目表及备品，悬挂"餐饮卫生许可证""食品安全承诺书"。 5. 销售准备。准备好当餐销售餐食、饮品并预热餐食，准备大小面额发票及零钱，码放售货车	1. 吧台、展示柜陈列美观，商品标签朝外；商品码放要离墙离地，码放高度不得超过吧台，售货车码放美观整齐，左右码放一致；禁止堵塞安全通道。 2. 后厨整洁，卫生环境达标；吧台内各种设施光亮无油渍，餐车内布置整齐美观，备品无破损无污渍。 3. 检查设备实施状态，严格执行微波炉和售货车操作办法。 4. 执行《动车组列车食品安全管理办法》，杜绝漏气、胀袋、破损过期等商品与餐食。 5. 发现胀袋、漏气、破损、过期、不合格的商品餐食应及时贴报废标签，做报废处理

续表

作业内容		作业程序	标　准
乘务作业	中途作业	1. 列车开车铃响时餐饮服务人员按照标准站姿，立岗出站。 2. 列车始发5分钟后，一名餐饮服务人员下车厢售货。 3. 餐食供应，餐吧内服务员根据旅客需求为客提供早、中、晚餐食、饮品休闲食品等服务。 4. 根据车长提供的VIP旅客用餐需求做好餐食配送工作。 5. 恢复整容，随时恢复餐车卫生，做到一客一清，货品备品定制摆放，设施设备卫生清洁。 6. 车内服务，掌握重点旅客用餐情况，及时汇报餐服长。 7. 折返站开车：餐饮服务人员立岗，出站后组织销售	1. 餐车立岗在餐车中部位置，做到面向站台，标准站姿、保持微笑直到列车驶出站台。 2. 停止售卖时脚踩刹车。严禁堵塞通道。 3. 保证餐食供应，品种丰富，禁止搭售等违规行为，尊重民族用餐习惯，严格执行一货一扫的规定。 4. 在售卖过程中严格按照PDA扫码规定执行一货一扫。 5. 做到票据餐款及时上交餐服长入柜存放，后厨门随时锁闭。 6. 严格使用服务用语，做到来有迎声走有送声。 7. 注意垃圾定点投放，做到封口不遗洒
乘务作业	折返作业	1. 卫生整容，到站前餐吧卫生彻底恢复，设施设备清洁无污物。 2. 投放垃圾。 3. 列车开车铃响时餐车长在吧台内按照标准站姿，面向站台立岗出站	1. 后厨整洁，卫生环境达标；吧台内各种设施光亮无油渍。 2. 垃圾定点投放，垃圾袋封口，放置在站台安全线以外。 3. 餐吧立岗在餐吧车中部位置，做到面向站台，标准站姿、保持微笑直到列车驶出站台
终到作业	终到作业	1. 卫生恢复。到站前30分钟听从餐服长组织餐饮服务人员进行卫生彻底恢复，设施设备清洁无污渍。 2. 清点货品，协助餐服长清点货品，与客运乘务人员核对VIP所需次日备品，确保账款相符。 3. 核对账目，协助餐服长清点现金、商品、认真核对账目清单，做到账款相符、准确无误，并妥善保管。 4. 做好退库，餐食、备品按规定打包装箱、封箱，做好退库准备。 5. 设备检查。检查电气设备，电源处于关闭状态，保证餐吧安全。 6. 列车终到，征求旅客意见的同时提醒旅客带齐私人物品	1. 桌面保持干净，后厨地面及设施设备干净。注意细节，去除死角，及时恢复卫生标准。 2. 货款清楚，不信用交接。 3. 单据齐全，认真填写，字迹清楚。 4. 两个人以上核对现金，做到账款相符。 5. 电气设备人离断电

续表

作业内容		作业程序	标　准
终到作业	终到作业	1. 列车到站前3分钟,标准站姿,定位立岗。 2. 终到站将垃圾袋封口投放指定位置,严禁污物外泄。 3. 在分拨中心接车班组与交班班组做好商品交接,数量清楚,账目相符,不信用交接。 4. 在分拨中心列队,集体退乘,返回公司,到公司派班办理退乘,交回PDA,经车队同意后方可退乘。 5. 参加班组退乘会,总结本趟工作,做好下趟出乘计划	1. 餐吧立岗,做到面向站台,标准站姿、保持微笑直到列车驶出站台。 2. 接班班组必须到现场交接。 3. 列队退乘,落实退乘工作

"复兴号"智能动车组餐服长作业程序及标准见表4-2-2。

表4-2-2　"复兴号"智能动车组餐服长作业程序及标准

作业内容		作业程序	标　准
准备作业	准备工作	餐服长按照车队要求按规定时间出乘前一天到车队开出乘会,接受乘务任务。 1. 餐服长到车队领取命令,了解当前重点工作。组织班组召开出乘会,布置趟餐营计划、重点工作,总结上趟工作内容,组织学习有关文件及业务知识。 2. 检查餐饮服务人员对业务知识的掌握情况	1. 按时参加出乘会,认真学习业务知识,掌握近期学习重点。 2. 淡妆出乘,统一着装。 3. 掌握本趟乘务工作出勤情况
		餐服长按照规定时间到派班点名、签到、领取PDA。接受命令,确认当日担当乘务情况。 1. 列队点名。组织好餐饮服务人员准时到派班点名。 2. 检查妆容。餐服长检查乘务员着装(制帽、头饰、胸牌、制服、皮鞋、乘务箱、电台及摄像头),并且检查餐饮服务人员的健康证、上岗证,确保证件齐全有效,乘务用具佩戴齐全。 3. 接受命令。接受派班传达的命令、电报和有关要求,并及时准确无误地传达给每位餐饮服务人员。 4. 信息确认。领取PDA,确认值乘交路、电池是否良好。重点旅客乘车情况及有关注意事项。 5. 核对考勤,核对乘务名单,核实当趟考勤情况,并统一收取餐饮服务人员的手机	1. 列队整齐,有序进站,由餐服长带队间隔半米步伐一致,保持安静,严肃队伍纪律。 2. 禁止携带违禁品类的物品上车。 3. 清点商品、备品时确认账目是否相符,备用金、单据、不同额度发票准备充足。 4. 库房验货,认真检查,杜绝漏气、胀袋、破损过期等商品与餐食上车销售。 5. 确保餐食外观、质量、生产日期、保质期符合销售标准

续表

作业内容		作业程序	标　准
准备作业	准备工作	开车前 2 小时列队进入分拨中心，领取单据、领取备品、库房理货，认真交接。 1. 列队进站。所有私人物品均放入乘务箱内，右手拉箱子。 2. 接受安检。人过安全门，包过安检机，遵守安检制度。 3. 领取单据。到分拨中心请领单据。 4. 领取备品。到分拨中心领取所需备品，确认"餐饮卫生许可证""食品卫生承诺书"是否完好。 5. 库房理货，按出库打印单据检验餐食，认真检质、检数，生产日期是否准确、有无破损，有破损及时更换，确认签字	1. 列队整齐，有序进站，由餐服长带队间隔半米步伐一致，保持安静，严肃队伍纪律。 2. 禁止携带违禁品上车。 3. 清点商品、备品时确认账目是否相符。 4. 库房验货，认真检查漏气、胀袋、破损过期等商品，有破损及时更换，杜绝问题餐食与商品上车销售。 5. 确保餐食外观、质量、生产日期、保质期符合销售标准
		开车前 1 小时配货完毕，餐服长组织餐饮服务人员随同货品离开分拨中心，到达到指定站台按标准站姿立岗接车。 1. 站台接车。统一右手拉箱，由餐服长带队一并顺序列队进站台接车。 2. 到达站台指定位置，听取列车长布置工作，在客运乘务员后排，以餐服长为第一位，横向一字排开。 3. 与本次车长接洽，沟通本趟主要乘务工作及重点旅客乘车情况	1. 列队整齐，有序进站，由餐服长带队间隔半米步伐一致，保持安静，严肃队伍纪律。 2. 听从列车长指挥，掌握趟工作重点及重点旅客的乘车情况。 3. 站台列队，餐饮服务人员面向站台或线路方向，乘务箱统一放置于每人右侧，以立岗迎客的标准站姿位于白色安全线以内迎接车底进站。 4. 注意冷链餐食的断链时间严格控制在 20 钟内
乘务作业	始发作业	列车进站时面带微笑待列车停稳后，餐服长组织乘务人员按照分工按时做好始发前准备。 1. 餐车卫生。检查项点包括：餐吧车墙板、地面、操作台、吧台、操作间冰柜内外、微波炉、售货车、航空车内外、堂内窗台、垃圾箱，发现卫生不达标的情况及时清理、做好记录。 2. 设备检查。检查接通电源查看微波炉、电茶炉、冰箱、保温柜、售货车使用性能是否良好。发现问题及时通知车长及机械师修复做好记录。 3. 货品定位。商品、餐食按储存要求及时存放。 4. 餐吧整容。按照标准码放价目表及备品，悬挂"餐饮卫生许可证""食品安全承诺书"。 5. 销售准备。做好分工，准备好当餐销售餐食、饮品并预热餐食，准备大小面额发票及零钱，码放售货车。 6. 收取餐饮服务人员手机，统一上交给车长	1. 吧台、展示柜陈列美观，商品标签朝外；商品码放要离墙离地，码放高度不得超过吧台，售货车码放美观整齐，左右码放一致；禁止堵塞安全通道。 2. 后厨整洁，卫生环境达标；吧台内各种设施光亮无油渍，餐吧车内布置整齐美观，备品无破损无污渍。 3. 检查设备实施状态，严格执行微波炉和售货车操作办法。 4. 执行《动车组列车食品安全管理办法》，杜绝漏气、胀袋、破损过期等商品与餐食。 5. 发现胀袋、漏气、破损、过期、不合格的商品餐食应及时贴报废标签，做报废处理

续表

作业内容		作业程序	标 准
乘务作业	中途作业	1. 列车开车铃响时餐车长在吧台内按照标准站姿，面向站台立岗出站。 2. 列车始发 5 分钟内，餐服长进行分工，并再次检查核对下车箱售卖的售货车票据、价目表、备用金、PDA 是否携带齐全。	1. 餐吧内立岗做到面向站台，标准站姿、保持微笑直到列车驶出站台。 2. 在售卖时严格按照 PDA 扫码规定执行一货一扫。
乘务作业	中途作业	3. 使用 PDA 查询是否有 12306 订单。 4. 餐食供应，餐吧内餐服长根据旅客需求组织餐饮服务人员为旅客提供早、中、晚餐食、饮品及休闲食品等服务。 5. VIP 餐食供应。按照客运统计的数量、品种及用餐时间，提前为 VIP 旅客准备餐食，由餐饮服务人员按规定配送。 6. 恢复整容，餐服长应随时关注餐车卫生，做到一客一清，货品备品定制摆放，保持设施设备卫生的清洁。 7. 安全卡空，餐服长应管理好现金票据安全、后厨房门安全禁止闲杂人等随意进出，关注电气设备使用安全。 8. 任务明确，值乘中餐服长随时掌握客流及销售情况，按阶段情况分配销售任务。 9. 车内服务，掌握重点旅客用餐情况，做到重点安排重点服务	3. 保证餐食供应，禁止搭售等违规行为，尊重民族用餐习惯。 4. 加热及配送餐食时按规定佩戴口罩、手套。 5. 做到票据餐款入柜存放，后厨门做到随时锁闭。 6. 严格使用服务用语，做到来有迎声走有送声。 7. 遇有长时间临时停车、停电、火灾、洪涝等特殊情况发生时，各岗位餐饮服务人员应停止流动销售，坚守岗位，不要惊慌，迅速反应、逐级汇报，听从列车长统一指挥。 8. 注意垃圾定点投放，做到封口不遗洒
乘务作业	折返作业	1. 卫生整容，到站前餐吧卫生彻底恢复，设施设备清洁无污物。 2. 投放垃圾。 3. 列车开车铃响时餐车长在吧台内按照标准站姿，面向站台立岗出站。 4. 折返出站后组织销售工作	1. 后厨整洁，卫生环境达标；餐车内各种设施光亮无油渍。 2. 垃圾定点投放，垃圾袋封口，放置在站台安全线以外。 3. 餐吧内立岗做到面向站台，标准站姿、保持微笑直到列车驶出站台
终到作业	终到作业	1. 卫生恢复。到站前 30 分钟餐服长组织餐饮服务人员对车内卫生彻底恢复，设施设备清洁无污渍。 2. 清点货品。餐服长清点货品，确保账款相符，杜绝空转及信用交接。 3. 核对账目。餐服长清点现金、商品，认真核对账目清单，做到账款相符、准确无误，并妥善保管。 4. 做好退库，餐食、商品、备品做好清理，分离后按规定装箱、封箱，核对件数做好退库准备。 5. 使用 PDA 做好次日值乘的商品、备品及 VIP 备品的补充。 6. 设备检查，检查电气设备，电源处于关闭状态	1. 桌面保持干净，后厨地面及设施设备干净。 2. 货款清楚，两个人以上核对现金，做到账款相符，当面与接班餐服长交接，杜绝信用交接。 3. 单据齐全，认真填写，字迹清楚。 4. 做到商品备品分离，保持备品箱洁净无污渍，遇备品箱有破损及时更换。 5. 电气设备人离断电，双人复检

续表

作业内容		作业程序	标　准
终到作业	终到作业	1. 列车到站前3分钟，餐车长在吧台内，标准站姿，定位立岗。 2. 终到站检查餐吧卫生并检查餐饮服务人员仪容仪表。 3. 餐服长及时到收款室交款。 4. 到达分拨中心与接班班组做好商品交接，数量清楚，账目相符，完成退库。 5. 在分拨中心列队，到派班办理退乘、PDA归还，经车队同意后方可退乘。 6. 参加班组退乘会，总结本趟工作，做好下趟出乘计划	1. 餐吧立岗做到面向站台，标准站姿、保持微笑直到列车停稳。 2. 保证餐车商品及备品无遗漏，值乘人员精神面貌良好。 3. 接班班组必须到场，杜绝信用交接。 4. 列队退乘，统一列队按指定线路返回车队；向值班干部汇报本趟值乘工作情况（安全、路风、经营、重点旅客乘车情况），落实退乘工作

任务实施

1. 任务准备

（1）设备准备：仿真"复兴号"动车组餐吧车设备，"复兴号"动车组列车餐吧车供应的各种货品、食品、饮品、专业训练服（可着正装）。

（2）实训资料准备：实训任务单、动车组列车服务质量规范、教材等。

（3）情景准备：实训前各小组查阅、收集资料，选择"复兴号"动车组列车餐饮乘务作业时餐服长和餐饮服务人员按照作业程序进行餐饮服务情景，情景中包括动车组列车乘务组中的餐服长、餐饮服务人员和就餐旅客，人数自定，情景涉及"复兴号"动车组列车餐饮服务环节。

（4）人员准备：实训分小组进行，每组6~8人，每小组做好人员分工。

2. 实施步骤

（1）"复兴号"动车组餐饮服务人员备乘作业。

（2）"复兴号"动车组餐饮服务人员整备作业。

（3）"复兴号"动车组餐饮服务人员在途作业。

（4）组内互查，教师总结并评分、评价。

3. 任务单

任务训练	"复兴号"动车组列车餐饮乘务作业训练		
班　级		姓　名	
1. 正确清点备货。			
2. "复兴号"商务座餐饮服务。			
3. "复兴号"一等座餐饮服务。			
4. "复兴号"智能动车组餐饮服务人员乘务作业。			
任务总结：			

4. 效果评价

	项目	A—优	B—良	C—中	D—及格	E—不及格	综合
小组评价	清点备货（10%）						
	商务座餐饮服务（20%）						
	一等座餐饮服务（20%）						
	团队合作（10%）						
教师评价	乘务作业（20%）						
	任务单（20%）						
	教师签名						

任务 3　动车组列车互联网订餐交接及配送

任务引入

为了丰富动车组列车餐饮品种结构，提高广大旅客满意度，铁路部门推出了动车组列车互联网订餐业务。坚持开放合作、许可经营的原则，落实铁路"互联网+"行动计划，将路内外符合条件的餐饮产品集中展示在同一互联网平台，明码标价，供旅客选订，最大限度满足旅客乘车途中的就餐需求。

请思考：如何正确完成动车组列车互联网订餐业务？

相关知识

动车组列车互联网订餐是指乘坐编挂餐吧车的动车组列车出行的旅客，通过互联网平台在高速铁路客运车站预订快餐食品，由站车配送单位将快餐食品配送并派发至订餐旅客指定的车厢和席位的供餐过程。

乘坐编挂餐吧车的动车组列车出行的旅客，通过互联网平台（含 12306 网站、手机 App、微信号）在省会及部分计划单列市所在地主要高速铁路客运车站预订符合铁路运营食品经营许可条件的餐食产品，由符合铁路食品配送资质的站车配送单位按时将餐食配送至订餐旅客指定的车厢和席位，订餐人支付餐费及配送费，完成订餐。餐费由餐食商家收取，配送费由配送单位收取，其中，站内配送费每单不超过 8 元，站外配送费由车站配送单位与站外社会餐饮企业协议确定。

一、商家签约及授权

（1）网络公司在 12306 网站为申请互联网订餐业务的商家提供"铁路 12306 网餐饮预订商家入驻申请表"，填写完毕后，按商家所在地隶属的铁路局发送至专用邮箱（信息中心提供）。网络公司对符合条件的商家进行审查并实名登记。网络订餐签约商家准入审批表见表 4-3-1。

表 4-3-1　网络订餐签约商家准入审批表

商家名称：		负责人：		联系方式：
地址：		食品经营许可证编号：		面积：
餐食品类（中/西）：		加工能力：人份/30 分钟		全国连锁店数：
配送用密闭包装（有/无）：		是否中央厨房供货：		量化等级：

续表

车站 （客运段） 审核意见	意见： 签字： （盖章） 年　月　日	
铁路卫生 监督所 审核意见	意见： 签字： （盖章） 年　月　日	
局社保处 审核意见	意见： 签字： （盖章） 年　月　日	
局客运处 审核意见	意见： 签字： （盖章） 年　月　日	
备注		

（2）铁路局依据《铁路网络订餐食品安全管理暂行办法》审核各商家的申请，对符合条件的商家实地进行审查，审查其食品经营许可证、登记商家的名称、法定代表人、地址及联系方式。

（3）铁路局食品安全监督管理办公室为商家办理食品网络经营许可增项业务。对不符合条件的商家，要向商家说明原因。

（4）铁路局根据自身实际，组织经营互联网订餐业务的经营单位与通过审核并取得食品网络经营许可资格的商家，按照互联网订餐业务规则的基本要求，围绕餐食预订、站车配送、经营模式（折扣、返点）、资金结算、客户服务等业务进行商务谈判，签订协议，并按照本规则相关要求明确权利义务关系。

（5）铁路局将已取得食品网络经营许可资格的商家名单报网络公司，由网络公司与商家签订"铁路12306网餐饮预订合作协议"，给商家授权平台账户和初始密码，建立健全商家档案。

（6）商家维护各项基本信息、个性化参数，上传系统要求的资质文件图片，确保网上公示的店名和地址应当与实际店名和地址一致，公示的门面、大堂、厨房等图片应当与实体店一致。

（7）网络公司对商家录入的基本信息进行完整性和一致性审核。

（8）平台运营第一年，网络公司暂免收商家保证金，运营第二年，根据商家及平台经营状况确定保证金额度。

二、餐食产品

（1）铁路局应按《铁路网络订餐食品安全管理暂行办法》的规定，审核商家上线餐食产品。

（2）商户录入铁路局审核后的餐食产品信息，保证公示的菜品信息、主辅料等应当与实际菜品和所用主辅料一致，公示的图片应当与实际菜品基本一致。

三、网上订餐

（1）各列车餐食配送站间运行时间不小于30分钟。如果两个相邻餐食配送站运行时间小于30分钟，按照就餐时段和运行时间优先级提供配餐站。

（2）客票与用餐独立，订餐需提供有效车票信息。12306网订票成功之后提示订票人订餐，如果确认订餐后跳转订餐页面，使用支付宝或微信支付餐款。12306网也可单独订餐，需输入订餐所需车票信息和联系人信息。无座旅客订餐时填写乘坐车次、车厢号和用餐人手机号。

（3）在12306网订餐，配餐站图定开车前60分钟内系统不接受旅客下单和取消。在保证站内配送时间不少于30分钟的前提下，餐食预订和取消的截止时间由商家根据接单时间和加工时间自行确定，两个时间要保证一致。

（4）对于订餐人已支付的订单，在商家营业时间内，商家需要在10分钟内根据自身生产能力和原材料存库情况予以确认或拒单，没有在规定时间内确认的，系统自动拒单。

（5）网上退票、改签、变更到站后提醒退餐，跳转到退餐页面自行办理退餐，商家设定自动退餐时间、停止退餐时间。网上可以单独退餐。车站窗口为旅客办理退票、改签、变更到站时，客票系统进行信息提示，窗口工作人员提醒旅客到网上自行办理退餐。

四、互联网订餐交接及配送

（1）车站配送人员与商家的交接地点由各铁路局自定，可采取车站配送人员到商家收取的方式,也可采取商家将餐食派人送至车站集中配送点的方式。如采取车站配送人员到商家收取的方式,商家应在配餐站开车前 30 分钟完成餐食制作;如采取商家派人送的方式,商家要确保开车前 15 分钟将预订餐食送至集中配送点。

(2)商家实时接收订单信息,餐食制作完成后应把餐食小票装订在每份餐食配送袋外并做好封口。使用一次性集装袋(箱)把餐食按具体车次的 1~4、5~8、9~12、13~16 车厢分装,与车站配送人员确认数量后做好集装袋(箱)封口。

餐食小票需标注:日期、车次、车厢号、席位号、订单编号、预订旅客名字(仅显示姓氏)、联系方式、供应商家及联系电话、餐食品种、打单时间、保质期、金额等信息。餐食小票如图 4-3-1 所示。

餐食配送袋、集装袋(箱)应有醒目的商家或餐食品牌标识。

(3)车站配送人员实时查询订单信息,开车前 30 分钟,按车次打印收餐单,与商家确认餐食无误后做好集装袋(箱)封口。

收餐单需标注:日期、供应商家、车次、分车厢号(1~4、5~8、9~12、13~16 车厢)的餐食份数。

交接时仅核对每个集装袋(箱)内的餐食份数。如需车站配送人员到商家取餐食时,系统可按各商家的配餐量及配送人员数量,智能分配各配送人员的工作量。

(4)车站配送人员将各商家完成集装袋(箱)封口的餐食分别按 1~4、5~8、9~12、13~16 车厢放入相应的保温器具中。车站配送集装袋(箱)如图 4-3-2 所示。

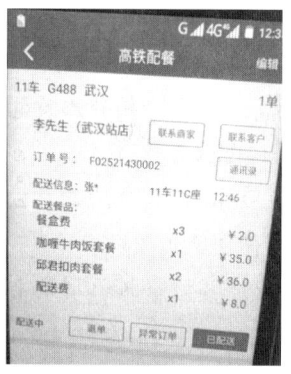

图 4-3-1 餐食小票

图 4-3-2 车站配送集装袋(箱)

(5)车站配送人员收餐完毕后,在列车到站前,打印列车餐食交接单及派送单(按 1~4、5~8、9~12、13~16 车厢分别打印)一套,在规定的列车门口与列车配送人员交接(短编列车在 5 号车厢、长编列车在 9 号车厢、重联列车分别在 5 号、13 号车厢)。

列车餐食派送单表头需标注,如日期、车次、配送车站、配送员;内容需标注,如车厢号、席位号、供应商家、份数、预订旅客名字(仅显示姓氏)、联系方式。

车站配送人员应事先准备好交接本(车站配送人员按各自分工分 1~4、5~8、9~12、13~16 车厢,注明各商家的集装袋数量),站车交接完毕后,车站配送人员需将与商家收单、与列车交接情况通过系统反馈。

(6)列车在站台上时,应核对各商家集装袋(箱)的数量以及集装袋(箱)是否包装完好、封条无损后，将集装袋（箱）分 1～4、5～8、9～12、13～16 车厢装入列车的集装器具中，并分别与各自的车站交接配送人员在交接本上签字。

（7）列车配送人员依据列车餐食派送单分车厢依次派发餐食，应在 30 分钟内将餐食发放完毕，派发时需通过车票或手机号核验旅客身份，派发结束后通过手持终端标记异常订单，无反馈信息订单视为正常订单。

（8）无座订餐人（旅客）应在票面标记的车厢号，等候列车派发人员送餐或联系餐车服务人员，凭订单手机号码后 5 位领取餐食。

（9）订餐人索要发票，预订时做相应选择并录入开票信息，发票由商家随餐开具。

五、客户服务

由各铁路局客户服务中心受理餐食预订方面的旅客咨询、投诉及分析。协调餐食商家、站车配送单位处理订餐人投诉。

（一）人员配备

（1）客户服务中心配备座席人员，包括话务席和专家席，实行 7×24 小时工作制。话务席负责接听客户电话、解答客户咨询。专家席负责处理疑难问题、客户投诉。

（2）铁路局互联网订餐业务经营单位配备餐食预订管理人员，为客服中心提供业务支持，配合处理客户投诉。

（3）铁科院、信息中心配备餐食预订系统与客服系统运维人员，为客服中心提供系统支持，负责处理系统故障，保障系统正常运行。

（4）网络公司成立餐食预订业务运营团队，建立健全互联网订餐客服知识库，提供客服支持，协调处理相关问题。

（二）自动语音平台（IVR）配置

餐食预订客服坐席电话接入使用 IVR 现有的"7"号键，客服中心按键语音提示为"餐食预订请按7"。铁路局自行组织自动语音平台（IVR）配置工作。

（三）异常处理

1. 当日列车停运、取消本站办客（含迂回）、晚点时

（1）当日列车停运、取消本站办客（含迂回）在配送站图定发车时刻 110 分钟前，由车站配送单位及时告知商家，按撤单处理。110 分钟内，由车站配送单位告知商家，未取的餐食品订单由商家处理并承担损失，已取到的餐食订单由车站配送单位处理，车站配送单位承担损失。

（2）列车在配餐站晚点超过 30 分钟时，车站配送单位根据有关文电、调度命令通过系统撤单并通知订餐人。

2. 预售期内调整时

预售期内（图定开车前 24 小时以上）列车停运、取消本站办客、配餐车站图定发

车时刻调整 30 分钟以上时，车站配送单位根据有关文电、调度命令通过系统撤单并通知订餐人。

3. 订餐人（旅客）未收到预订餐食

（1）商家漏加工：订餐人直接联系商家，由商家赔付；如果商家及时发现，由商家联系订餐人赔付。

（2）订餐人原因：不予退款。

（3）餐食在配送过程中灭失：由列车配送员使用 App 向订餐人进行退款操作，需标明退款原因。当次全部餐食未送达列车，由车站配送单位负责赔付；如车站配送单位能举证已送达列车，由列车配送单位负责赔付。如部分餐食未送达且无法判定责任的，车站配送单位和列车配送单位按 1∶1 比例分担订餐费用，后期由清分结算系统从快递费用中扣减赔付的商家餐食费用。

4. 订餐人（旅客）收到预订餐食，但与订单不符

（1）商家原因：订餐人收到餐食时包装完好，封条无损，商家赔付。

（2）配送原因：车站和列车进行交接时，大包装破损且有质量问题的，由车站负责；大包装完好的，小包装破损或餐食损坏，车站和列车按配送费比例分担订餐费用，由列车配送员使用 App 拍照，上传确认后，系统自动退款至订餐人支付账户。后期由清分结算系统从快递费用中扣减赔付的商家餐食费用。

（3）餐食质量问题：餐食变质、异物以及加工品质问题由商家赔付，由列车配送员使用 App 拍照，上传确认后，由商家联系订餐人赔付。

5. 商家停业

系统自动退款至订餐人支付账户，并通知订餐人订单被取消。

六、资金结算

（1）网络公司承担互联网订餐的资金结算工作，制定结算规则，细化操作流程。

（2）网络公司每日对经营收入数据进行统计，各餐食费用归入各商家，配送费按配送站和配送车次相应的配送单位分劈。

① 配送完成后，于 T+3 日，将正常完成订单相应资金转入各商家，配送费按月与站车配送单位进行结算。

② 对上月整体收入进行清分结算，实现轧账处理。

③ 按商家及站车配送单位需求，生成各种账目表报。

（3）平台运营第一年，网络公司暂向商家免收店面费，运营第二年后，根据商家经营状况比照社会同类平台适当收取店面费。

七、动车组列车互联网订餐车站及配餐信息（送到座位）

部分动车组列车互联网订餐车站及配餐信息（送到座位）可参看动车组互联网订

餐系统信息。

八、动车组列车互联网订餐服务作业流程

旅客乘坐动车组列车，可以提前在铁路 12306 官网或者手机 App 上进行点餐。在 12306 官网订票成功后，将收到是否订餐提示，需要订餐时，根据页面提示办理，可使用银行卡、微信和支付宝支付。通过电话、车站窗口、代售点、自动售票机等其他方式购票的旅客，也可通过 12306 官网、手机 App 或微信公众号订餐，只需提供车票信息和联系人信息。

（一）动车组列车旅客互联网订餐

1. 点击"餐饮·特产"

根据乘车日期、车次、始发站等信息（以 G488 为例），搜索途经配餐站（如图 4-3-3 所示）。

2. 选择点餐的车站

搜索途经配餐站的餐食情况，选择点餐的车站（如图 4-3-4 所示，以武汉站为例）。

图 4-3-3　配餐站

图 4-3-4　选择点餐的车站

3. 点　餐

选餐后，需要填写详细个人信息，包括旅客姓名、车厢号、席位号、手机号和发票信息等（如图 4-3-5 所示）。

4. 确认订单

提交订单进入付款环节，生成的订单可在"我的订餐"里查询，并能跟踪配送状态（如图 4-3-6 所示）。

图 4-3-5　点餐　　　　　　　　图 4-3-6　确认订单

如果旅客行程发生变更或修改，系统会提醒旅客进行退餐。旅客点击订单中的"退单"按钮，系统会提示退款到账日期为"1~7 个工作日"。

（二）动车组列车互联网订餐接单作业

1. 下载乘务版 App

乘务组需扫描二维码（如图 4-3-7 所示），下载成功后注册，值乘签到时领取当日值乘 App 账号/密码。

图 4-3-7　下载乘务版 App

2. 查看订单

餐服长需在列车始发、中途（启动订餐的所有车站）或终到折返站前，查看手机 App 或手持终端机登录系统看订单情况（高铁餐饮—登录—列车配送员—日期—车次—确认），餐饮服务人员需按订单信息备货（预热餐食、制作饮品等）并置盘，如站点加餐且数量较多，餐饮服务人员需提前拿车上空箱子用于交接，全部准备完毕后按流程配送。

3. 互联网订餐交接

（1）列车始发或中途（动车组列车互联网订餐车站）、终到折返站，餐饮服务人员在列车到站前 2 分钟在指定车门口（短编列车在 5 号车厢邻靠 4 号车厢位置、长编列车在 9 号车厢邻靠 8 号车厢位置、重联车分别在 5 号车厢邻靠 4 号车厢位置、13 号车厢邻靠 12 号车厢位置）等候。

（2）到站后餐饮服务人员在站台上按车厢核对各商家集装袋的数量以及集装袋是否包装完好、封条无损；交接时间紧张时，仅按车厢号核对是否包装完好、封条无损及数量。

（3）确认无误后，在站台交接本签字（站台交接本由站台运送员保管），乘务员需拿好单据（交到调度室）。

（4）餐饮服务人员在站台与运送员交接时如有包装破损，汤汁、油汁溢出等情况，需在站台与运送交接本上注明异常情况。

站台运送员与送餐人员交接餐食如图 4-3-8 所示。

图 4-3-8　餐食交接

（三）动车组列车互联网订餐送餐作业

（1）餐饮服务人员拿到餐食后，需将整理好的餐食按照顺序分类摆放在操作台。餐服长根据收单信息情况，将商品按车厢分类整理，根据情况选择使用托盘、推车或直接利用集装袋，交给指定组员（订单数量少时 1 人派送，订单数量多 2 人派送）开车后开始配送，30 分钟以内配送完毕。

（2）餐食配送根据小集装袋外粘贴打印小票，含预定旅客姓氏、座位号、供应商家、份数、联系方式，餐食送到旅客座位后，第一时间确认旅客是否通过 12306 网络订餐平台预订餐食；旅客身份信息核对无误后，当面与旅客进行订餐确认。

服务用语："先生（女士），您好！请问您是通过 12306 订票系统订购的餐食对吗？我需要核对一下信息，麻烦出示下您的车票（核对姓名、日期、座位号）。"核对无误后将餐食给到旅客，并提示："这是您在×××站订购的餐食，小心烫，请慢用。"（手持电子票旅客及无座旅客查看车票同时需核对手机号码后 5 位）

（3）派发餐食时，由中部餐车向列车两端派发，即 1~4 号、9~12 号车厢由大号车厢向小号车厢派发，5~8 号、13~16 号车厢由小号车厢向大号车厢派发。

（4）配送期间，需注意拿稳餐食，以免出现烫伤旅客、菜汤洒漏溢出等情况。

（四）异常事件处理

（1）如核对信息错误、收餐人不在订餐所示座位等联系不到收餐人，餐饮服务人员需将餐食拿回餐车，由餐服长致电旅客，如旅客不在本次列车需在手机 App 或手持终端机标注异常订单，反馈 12306 网络订餐平台。

（2）餐服长在查询订单时如发现加餐数量较多或因停站时间短导致单人无法完成交接，可安排两名乘务员使用车上的空箱子将货物盛装上车，已确保列车正点发出。

（3）收餐人拒收。

① 商家原因：订餐人（旅客）收到预订餐食，但与订单不符（订餐人收到餐食时包装完好，封条无损，商家赔付）。

② 餐食质量问题：餐食变质、异物以及加工品质问题导致拒收，餐饮服务人员需使用手机拍照取证，系统反馈 12306 平台，由商家联系订餐人赔付。

> 任务实施

1. 任务准备

（1）设备准备：仿真动车组列车餐吧车设备，动车组列车互联网订餐供应的各种食品、饮品、特产及相关票据，专业训练服（可着正装）。

（2）实训资料准备：实训任务单、动车组列车服务质量规范、教材等。

（3）情景准备：实训前各小组查阅、收集资料，选择动车组列车互联网订餐服务作业时餐服长和餐饮服务人员按照作业程序进行餐饮服务情景，情景中包括动车组列车乘务组人员和互联网订餐旅客，人数自定，情景涉及动车组列车互联网订餐交接与配送服务环节。

（4）人员准备：实训分小组进行，每组6~8人，每小组做好人员分工。

2. 实施步骤

（1）查询互联网订餐和特产预订情况。

（2）站车餐食交接作业。

（3）配发互联网订餐。

（4）组内互查，教师总结并评分、评价。

3. 任务单

任务训练	动车组列车互联网订餐交接及配送训练		
班　级		姓　名	
1. 提前到指定车门处接收互联网订餐。			
2. 为有座订餐旅客配发互联网订餐。			
3. 为无座订餐旅客配发互联网订餐。			
4. 正确处理异常互联网订餐订单。			
任务总结：			

4. 效果评价

	项目	A—优	B—良	C—中	D—及格	E—不及格	综合
小组评价	查询订餐（10%）						
	餐食交接（10%）						
	配发订餐（30%）						
	团队合作（10%）						
教师评价	交接及配送（20%）						
	任务单（20%）						
	教师签名						

复习思考题

1. 叙述高速铁路动车组列车餐饮作业组织过程及要求。
2. 简述动车组列车餐饮服务人员的作业流程及标准。
3. 简述动车组列车餐服长的作业流程及标准。
4. 简述动车组卧铺列车餐饮服务人员的作业流程及标准。
5. 简述动车组列车互联网订餐交接及配送作业流程及标准。

项目五　高速铁路动车组列车餐饮服务

项目描述

高速铁路动车组餐吧车餐饮供应的基本任务是保证广大旅客在旅途中的饮食需要，根据人体日常所需热能平衡膳食、营养配餐。高速铁路餐吧车服务人员了解各类食品、饮品营养知识，可以更好地为旅客提供优质服务。本项目主要介绍动车组列车餐饮供应服务、动车组列车餐饮销售服务、动车组列车重点旅客餐饮服务和动车组列车餐饮投诉处理。本项目的学习，可使学生掌握高速铁路动车组列车餐饮服务人员按规定完成的动车组列车餐饮服务工作内容。

学习目标

1. 思政目标

热爱中国共产党、热爱社会主义祖国、热爱人民、热爱集体；遵守法律，遵规守纪；具有社会责任感和参与意识。

2. 素质目标

树立"人民铁路为人民"的职业情操；具有精益求精的工匠精神，尊重劳动、热爱劳动；具有较强的集体意识和团队合作精神。

3. 能力目标

能按要求为旅客提供动车组列车餐饮服务；能制定动车组列车餐饮营销计划和方案，正确运用销售服务语言及技巧；能为重点旅客提供餐饮服务；能正确处理动车组列车餐饮投诉。

4. 知识目标

掌握动车组列车餐饮供应服务要求和方法；掌握动车组列车餐饮销售服务要求；掌握动车组列车重点旅客餐饮需求，掌握动车组列车餐饮投诉的处理方法及要求；坚持"全面服务好，重点照顾到"的服务原则。

任务1　动车组列车餐饮供应服务

任务引入

动车组列车餐饮供应应制定科学合理、营养健康、绿色环保的餐饮品种体系，针对不同区域、不同季节、不同时段、不同层次旅客的需求，提供规范标准的餐饮产品。

请思考：如何做好动车组列车餐饮供应工作？

> **相关知识**

动车组列车供应的各种餐饮食品应营养搭配合理，各种营养素含量符合国家有关标准。餐饮商品品类丰富、口味多样、方便快捷，应根据顾客的要求及时调整。餐饮商品的各项主辅料搭配要定量化，设置科学合理的上下限标准，并在外包装中标明。食品原料绿色化，不提供以野生保护动植物为原料的食品。餐具环保化，顾客必须使用可降解、可回收的餐具。禁止出售损害顾客人身安全、影响列车环境卫生的食品。餐饮商品应质价相符、物有所值，满足旅客旅行中的基本餐饮需求。并充分考虑铁路票价和旅客的消费水平，提供高、中、低档不同的供应方案。对于顾客必需的餐食品种，要坚持保本微利原则；对于非必需的餐饮品种，可根据市场情况提供差异化服务，且乘务餐不得高于成本价。

一、动车组列车餐饮供应要求

（1）列车上销售的食品和商品，必须由餐饮公司统一采购。餐饮公司销售人员应将上车食品、商品的出库单交列车长以备检查。

（2）列车餐饮服务由与中国铁路各局集团有限公司（简称铁路局）签订餐饮服务合同的专业餐饮公司承担。为列车提供餐饮服务的企业必须通过 ISO 9000 或 haccp 质量认证。列车上销售的食品、饮品应当为全国名优产品。

（3）铁路局应当监督餐饮企业严格遵守国家卫生法律法规的规定，建立健全加工食品的场地、加工程序、设备、保管、运输、列车供餐服务质量、商品价格等各环节的管理和考核制度。

（4）动车组供应的食品、饮品应当品种丰富，价格合理。餐饮企业应当经常征求旅客对餐饮服务的意见和建议，并根据旅客的意见不断调整所供应商品的数量和品质，不断改善服务质量。

（5）加热后未售出的食品应严格实行定时报废制度。在列车上，报废的食品在未处理前应在醒目的位置上标明"报废"字样。

二、动车组列车餐饮供应产品种类

为了不断提高动车组列车餐饮服务质量，打造餐饮服务品牌，动车组列车在餐饮供应和服务方面进行了市场化改革，引进先进成熟的经营理念、管理经验和服务方式，实现规模化经营、规范化管理和标准化服务，提高了动车组列车的餐饮品质。

动车组列车提供丰富多样的餐售产品，包括列车快餐、列车食品、列车饮品和列车其他餐售服务产品。

1. 列车快餐供应

列车快餐指列车销售的盒饭和面米制品。动车组列车快餐针对不同区域、不同季节、不同时段旅客的不同需求，提供品种多样列车快餐产品。以冷链盒饭为主，预包装常温链盒饭为应急。

面米制品，指以小麦粉、大米、杂粮等谷物为主要原料，或同时配以肉、禽、蛋、水产品、蔬菜、果料、糖、油、调味品等单一或多种配料为馅料，经熟制加工成型，按工艺经速冻而成的饺子、馄饨、包子、粽子、汤圆、三明治等食品。动车组列车快餐供应如图 5-1-1 所示。

图 5-1-1　动车组列车快餐供应

2. 列车食品

列车食品指在列车销售的各种休闲小食品、面包糕点、佐餐小菜、酱卤制品、罐头食品等预包装食品。

3. 列车饮品

列车饮品指在列车销售的矿泉水、啤酒、果汁及乳制品、茶饮料、咖啡饮料等预包装饮品。

4. 列车其他餐售服务产品

列车其他餐售服务产品指列车快餐、列车食品和列车饮品以外的餐售产品和服务。包括但不限于茶吧、水吧以及水果、鲜榨果汁、现磨咖啡等。

三、动车组列车餐饮供应模式

目前，动车组列车餐饮供应模式主要是售卖成品餐食、互联网订餐、电话订餐、手机 App 订餐、座位扫码点餐等几种。成品餐食的来源主要有自营和外采订制，由地面供餐直接上到列车，再由列车餐饮服务人员在列车内销售。

互联网订餐是国铁集团为了提高铁路餐饮服务质量，充分引入市场竞争，于 2017 年 7 月 17 日起，在各省会及计划单列市所在地的主要高铁客运站，推出动车组列车互联网订餐服务，并且所乘列车餐车餐食及沿途供餐站的知名品牌餐食均可预订。

无论哪种服务模式，都能够实现送餐到位，大大方便了旅客用餐需求。

四、动车组列车餐食供应

目前，动车组列车全面实行冷链供应，其链条主要有：生产加工→包装冷却→冷藏运输至配餐中心→配送至各列车→列车冷藏保存→微波炉加热售卖。

餐饮品、商品有检验、签收制度，采购、包装、贮存、加工、运输、销售应符合食品卫生安全要求。

冷链运输过来的餐食及互联网订餐的餐食分别配送到各个列车。动车组列车餐商食品配货及退货流程如图 5-1-2 所示。

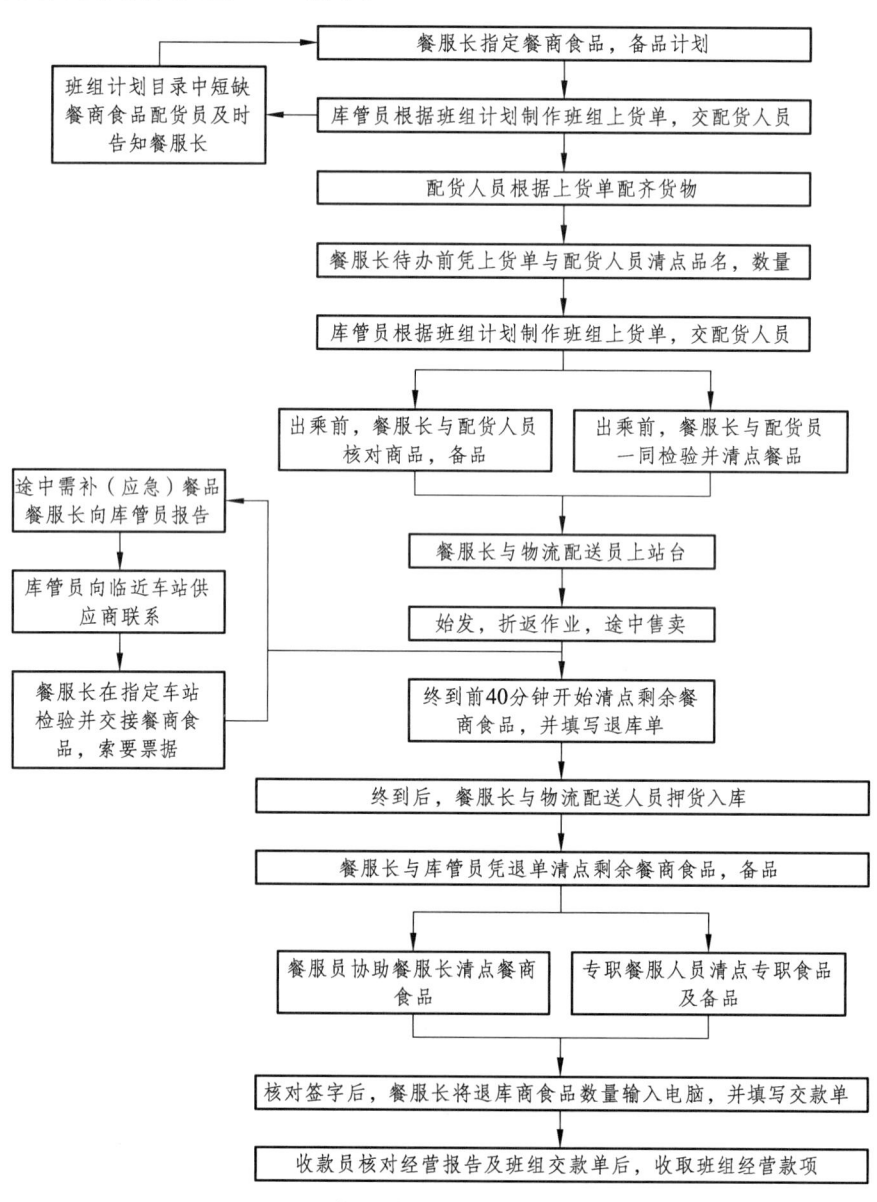

图 5-1-2 动车组列车餐商食品配货及退货流程

（一）动车组列车餐食制作

1. 工作人员消毒

工作人员进入生产车间前按要求戴上头罩、口罩，穿上鞋套，身着已消毒的白大褂，之后进入"风淋房"，左右一共 18 个出风口同时向外喷风，把身上的灰尘、毛发吹掉，进行物理性清洁（如图 5-1-3 所示）。

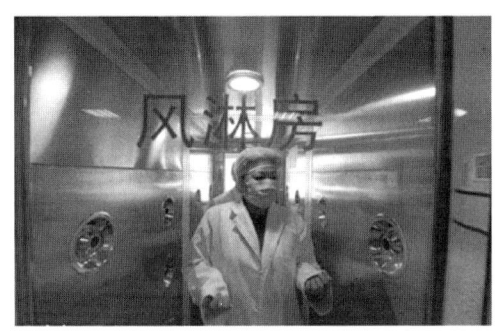

图 5-1-3　风淋房清洁

直接接触饭菜的车间工人，需要经过更严格的消毒程序，双手消毒，在风淋房内完成 360 度净化，还要将手脚放在消毒池内再次消毒才能走进生产车间。

2. 原材料检测

生产基地分为蔬菜处理区、肉食处理区、米饭生产和包装区域、熟制区和配料区等，每一个区域都有严格的更衣系统，所有区域的工作人员必须遵守规则，每隔一段时间进行消毒，并且不能进入除自身工作区域以外的其他区域，在"理化实验室"，对蔬菜等原材料进行检测，分析农药残留、新鲜度等，如果不合格就从源头淘汰。

3. 餐食制作

"蔬菜前处理"分两道工序，先去壳去泥去皮，再切丁切丝切片，肉食洗净、切块。食物处理完成之后会被放入各个处理区备有的过渡库，以防止交叉污染，所有的食材检验都是标准化的，蔬菜要经过化验—盐水泡洗—择菜几个步骤，确保没有农药残留，生产出来的餐食都要进行"留样"，保留时间是 72 小时再加上 48 个小时。

熟制车间的工作是"炖、煮、炒、蒸、烤、油炸"，用蒸汽等加热食物，有专业厨师品鉴。为了保证口味，菜品的原料、调料等都按照标准定量投放。

在米饭制作车间，全自动设备自动洗米，自动投米、投水，自动炊饭。

4. 餐食降温封装

菜和米饭都出锅后，要立刻装进饭盘车，送进真空易冷机打冷降温，制作冷链餐的重要环节是降温。气调工艺是通过把餐盒内的空气抽出充入纯净食品级 99.99% 的氮气，然后封膜，这样具有抑菌和保险作用。气调冷链餐要经过两次降温，第一次降温将熟制食物从 80 ℃、90 ℃ 在两个小时以内降到微生物不活跃的 10 ℃ 以下；第二次再降到 0 ℃~4 ℃ 左右，以便于运输等。

5. 餐盒检测

餐食制作完成后,要经过三个检测环节。首先是金属检测,看看有没有清洁球的铁丝等;之后是重量检测,确保餐食标准;最后是 X 光异物检测,看看有没有陶瓷球等非金属异物。每一盒餐食从传送带经过检测仪,不合格的会从传送带上打落下来(如图 5-1-4 所示)。

图 5-1-4 餐盒检测

检测完的餐食会在其包装上打上独有的"数字身份码",标注出厂日期和批号,出厂日期精确到分钟,在让旅客吃得放心的同时,也便于该盒饭的质量追溯。一般的冷链餐保质期为 72 小时,通过冷链和气调包装的生产工艺延长保质期。

(二)动车组列车气调冷链盒饭配送、分拨、储存作业

工作人员将盒饭放进保温箱,并由冷链箱车送到车站冷库。冷库管理员用中心温度计或红外线测温计抽检食品的温度,对餐食进行清点和监控(如图 5-1-5 所示)。他们会提前一个小时把餐食送到站台(如图 5-1-6 所示)。

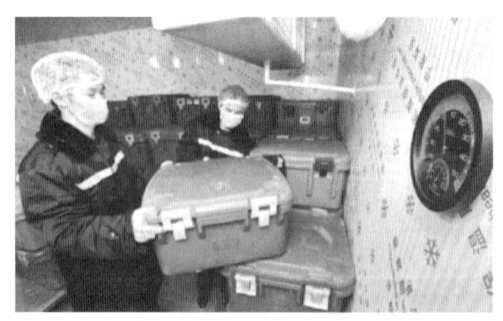 

图 5-1-5 动车组餐食冷藏　　　图 5-1-6 动车组餐食配送

1. 物流车队作业

物流车队负责安排人员从生产基地装车及运输至车站分拨中心,并负责将空保温箱、冰板送回基地。

2. 车站分拨中心作业

(1)接货。车站分拨中心验收人员应抽查送达的冷链产品生产日期(当天生产)、储存温度(盒饭表面温度低于 10 ℃)、产品状态(是否有破损)后,办理入库手续。

若不符合要求，应及时向分拨中心经理汇报。

（2）储存。储存冷库温度应达到 0 ℃ ~ 5 ℃，冷库责任人每天上下午各记录一次库温。

（3）出库配送。严格遵循"先进先出"的原则进行配送；出库前应抽查保温箱内盒饭表面温度，冰板有缺失或部分融化时应及时补充或更换，确保盒饭表面温度控制在 10 ℃ 以下；从分拨中心冷库配送至指定列车上的时间应控制在 15 分钟之内，配送过程不得让产品在站台上逗留；与交接人员做好交接手续。

（4）保温箱和冰板回收。接收指定车次运回的保温箱和冰板，并做好交接手续。

（5）退回餐处理。做好退回餐的交接手续，无退回说明的餐食不予接收。问题餐交经营管理部待进一步处置，过期餐做好记录后在分拨中心做报废处理。

3. 餐食到达车站后作业

（1）接货。验收人员应抽查送达的冷链产品生产日期、储存温度（盒饭表面温度低于 10 ℃）、产品状态（是否有破损）后，做交接手续。

（2）到站入库。到达车站后应将盒饭迅速送至站内冷库或冰箱中，冷库或冰箱要求清洁有消毒措施，温度控制在 0 ℃ ~ 10 ℃。

（3）分拨作业。应按照分拨销售计划，严格遵循"先进先出"的原则分拨上车。

（4）退回餐处理。退回餐应做好退回说明后，及时运回分拨中心。

（三）动车组列车餐吧车途中冷链盒饭供应作业

动车组列车餐饮服务人员把刚刚送抵的餐食按不同价位放入动车组餐吧车的冷藏柜（如图 5-1-7 所示），供旅客选择。动车组列车餐吧车途中冷链盒饭供应包括储存、加热、售卖、报废、客服等作业过程。

图 5-1-7　动车组列车餐食放入餐吧车冷藏柜

1. 配送餐食上车接货交接验收

（1）冷链盒饭由专人配送上车，由担当该车次的餐服班组接收，交接时应检查核对产品名称、数量、保质期（生产日期）、包装的完整性，抽查盒饭温度，确保产品表面温度在 0 ℃ ~ 8 ℃ 之间且在该车次运行时段内销售的产品保质期不过期。

（2）上车后的冷链盒饭应放入 0 ℃ ~ 8 ℃ 车载冰箱内保存，禁止在常温条件下储存和展示。

（3）加热前感官检查。检查盒饭是否有破损和表面异物等异常现象，逐盒查验产品是否在保质期内、产品名称与实物是否相符。

2. 盒饭加热作业要求

禁止将未加热的盒饭直接放入 70 ℃ 保温柜中缓慢升温。

（1）微波加热盒饭参数确认。应根据微波炉性能（功率大小）、盒饭的品种规格、盒饭冷藏温度，调整盒饭的加热时间；每日每品种每批加热时，餐饮服务人员负责对首次加热以盒饭加热每格饭菜的中心温度均达到 75 ℃ 及为标准（以检测主菜中心温度为依据）的时间进行确认，以此加热时间为参数，对后续盒饭进行加热。

（2）盒饭微波加热时禁止菜肴超过双层重叠加热，双层重叠加热时要求盒饭交叉码放（即上层米饭对应下层菜肴，以便均匀受热），加热前要求对每盒每格封膜扎孔，以达到最佳加热效果并防止餐盒因加热膨胀变形。

（3）微波加热盒饭效果验证。餐饮服务人员应对微波加热盒饭效果进行验证。在首盒加热盒饭参数确定后，对后续加热盒饭中心温度是否达到 75 ℃ 进行测量验证，确保加热后的盒饭中心温度达标。

（4）微波加热盒饭效果抽查。各单位管理人员及添乘人员负责对盒饭加热中心温度进行抽检，检查盒饭加热后中心温度是否达到 75 ℃ 标准。

3. 中心温度计清洁操作

（1）中心温度计在每天使用前应进行清洗消毒。

（2）先使用清水将探针上的食物残渣清洗干净，再用消毒酒精（即乙醇）棉球进行擦拭，最后用清水冲洗干净直到无酒精残留；或使用清水将探针上的食物残渣清洗干净后直接浸泡在 80 ℃ 以上的清水中 30 秒。

（3）中心温度计应定时清洁，避免食物残渣在探针上残存时间过长导致微生物滋生。

4. 加热中感官检查

餐饮服务人员在盒饭加热时，应检查盒饭的气味是否异常，对有异味的盒饭停止出售，并对该品种再次加热鉴定有异味时，该批次品种暂停销售并立即报告主管部门。

5. 加热后保温作业

加热后的盒饭应确保盒饭的中心温度保持 60 ℃ 及以上，未及时售出的盒饭应放入保温柜（70 ℃ 及以上）保温存放，应将保温柜进行分区存放（按照左上、左中、左下、右上、右中、右下的顺序），并确保先进先出。对于含绿色蔬菜类盒饭应尽量缩短保温时间，防止绿色蔬菜长时间在高温下变色和产生异味。

6. 售　卖

（1）售卖盒饭的顺序应遵循"先加热、先售卖"的原则，加热后未及时售出的盒饭立即放入保温柜存放。

（2）车厢内流动售卖车销售盒饭时，应控制断链（环境温度低于 60 ℃）时间，对推车售卖剩余的盒饭，及时返回 70 ℃ 保温箱中保温存放。

（3）在保温柜内保存的盒饭不得超过3小时。

（4）在售卖过程中，餐饮服务人员应该提醒旅客注意盒饭温度较高，避免烫伤。

7. 盒饭报废处理

（1）盒饭报废处理种类。盒饭报废处理包括加热后超过3小时未能售出和超过保质期的盒饭；在感官检查中发现的不合格有食品安全风险盒饭；在动车组车底终到后，考虑到储运环节多、温度波动及保质期临近到期等因素，剩余盒饭不允许转车销售；乘客进行质量投诉经餐服长确认需要报废处理的盒饭。

（2）报废处理要求。及时对报废盒饭加贴报废签进行标示，存放于报废专用箱内，防止被混用；对问题餐按《问题餐处理流程》要求进行信息登记，对产品报废进行记录分析；对报废餐妥善包装保存，并带回公司进行分析研判。

五、扫码点餐服务

扫码点餐服务是有些铁路局集团公司在本铁路局集团公司担当的列车上提供的一种便捷服务，即在座位扶手处粘贴点餐二维码，有餐饮需要的旅客可以便捷地在座位上进行点餐，还可以选购列车提供的其他方便食品等。

（1）扫描座椅上的二维码，如图5-1-8所示，扫码后点击【允许】进入到首页，即可看到正在售卖的商品和剩余库存。

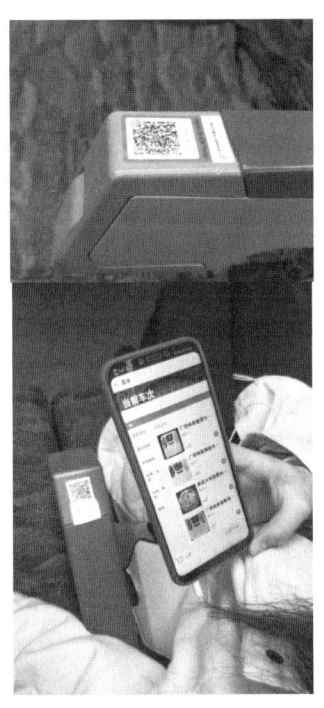
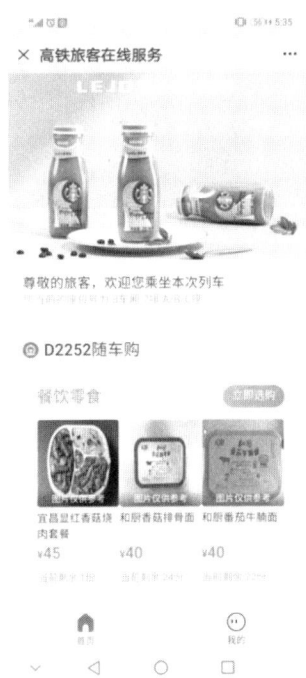

图5-1-8　扫描座椅上的二维码

（2）选择好商品后，提交订单，然后显示选择下车站，可以选择送餐到座位上或者餐吧自取，最后填写手机号并立即支付。下单成功后会显示下单完成。如图5-1-9所示。

图 5-1-9 扫描二维码成功后显示下单完成

（3）识别二维码后会显示点餐成功，点击查看详情可查看配送情况（如图 5-1-10 所示）。

图 5-1-10 点餐成功

> 任务实施

1. 任务准备

（1）设备准备：仿真动车组餐吧车设备，动车组列车供应的餐饮食品，专业训练服（可着正装）。

（2）实训资料准备：实训任务单、动车组列车服务质量规范、教材等。

（3）情景准备：实训前各小组查阅、收集资料，选择动车组列车始发作业与途中作业时餐服长和餐饮服务人员餐饮供应作业情景，情景中包括动车组列车乘务组中的餐服长、餐饮服务人员及订餐旅客，人数自定，情景涉及动车组列车餐吧车餐饮供应环节。

（4）人员准备：实训分小组进行，每组6~8人，每小组做好人员分工。

2. 实施步骤

（1）餐食上车接货交接验收。

（2）冷链盒饭加热。

（3）冷链盒饭报废处理。

（4）组内互查，教师总结并评分、评价。

3. 任务单

任务训练	动车组列车餐吧车餐饮供应服务训练		
班　级		姓　名	
1. 动车组列车餐食上车检查。			
2. 加热冷链盒饭及保温。			
3. 中心温度计清洁。			
4. 冷链盒饭报废处理。			
任务总结：			

4. 效果评价

	项 目	A—优	B—良	C—中	D—及格	E—不及格	综合
小组评价	餐食上车检查（20%）						
	加热冷链盒饭（30%）						
	冷链盒饭报废处理（10%）						
	团队合作（10%）						
教师评价	餐饮供应（20%）						
	任务单（20%）						
	教师签名						

任务 2　动车组列车餐饮销售服务

任务引入

　　动车组列车餐饮销售是餐服工作的主要环节，餐服乘务人员在销售服务时应具备高度的责任心、耐心，以及对旅客的宽容心，在与旅客沟通时要主动热情，用语文明礼貌，尽量使用选择性、建议性的语言，不强买强卖。
　　请思考：动车组列车餐饮服务人员如何做好餐饮销售服务工作？

相关知识

　　动车组列车餐饮销售工作要做到销售服务规范，销售方式新颖，销售工具先进，销售价格透明，服务态度友好，就餐环境宜人。餐吧车经营要确保环境整洁，秩序良好。餐饮宣传品摆放位置合适，不得随意粘贴。餐吧车备品符合国家环保要求，未经同意，不得在动车组列车上发布任何广告。

一、动车组列车餐饮经营规范

　　（1）餐饮经营符合有关审批、安全规定，证照齐全有效。食品经营单位的食品安全管理制度健全。
　　（2）餐车销售的饮食品符合国家有关规定。销售的商品质价相符，明码标价，一货一签，价签有"CRH"标志，提供发票。餐车明显位置、售货车、服务指南内有商品价目表和菜单，无只收费不服务行为。
　　（3）供应品种多样，有高、中、低不同价位的旅行饮食品。尊重外籍旅客和少数民族的饮食习惯。盒饭以冷链为主，热链为辅，常温链仅做应急备用，有清真餐食。
　　（4）餐饮品、商品有检验、签收制度，采购、包装、贮存、加工、运输、销售符合食品卫生安全要求。
　　（5）不出售无生产单位、生产日期、保质期和过期、变质，以及口香糖、方便面等严重影响列车环境卫生的食品。超过保质期限的食品单独存放、回收销毁。
　　（6）一次性餐饮茶具符合国家卫生及环保要求。

二、动车组列车餐饮营销

　　动车组列车餐饮营销，不仅是指单纯的餐饮推销、广告、宣传、公关等，它同时还包含有餐饮经营者为使旅客满意并为实现餐饮经营目标而展开的一系列有计划、有组织的广泛的餐饮产品以及服务活动。它不仅仅是一些零碎的餐饮推销活动，更是一个完整的过程。餐饮营销是在一个不断发展着的营销环境中进行的，为适应营销环境的变化，抓住时机，营销人员应该制定相应的营销计划。

应确定动车组列车餐饮企业的经营方向，比如进行市场调查后确定经营方向；然后深入进行市场细分，确定营销目标；随即研究决定产品服务、销售渠道、价格、市场营销策略以及具体实施计划、财务预算，并通过一段时期的实施，再根据信息反馈的情况，及时调整经营方向和营销策略，最后达到旅客（passenger）、价格（price）、实绩（performance）、产品（product）、包装（package）、促销（promotion）等诸多因素的最佳组合。

（一）成功的餐饮营销必备条件

1. 服务态度

优质的服务包括让旅客受到尊重、关爱，让其有宾至如归的感觉，让其在接受服务中感到物有所值等。在服务过程中，餐饮服务人员要"真情服务，用心做事"，做到人不动眼睛先动，注意每个角落的变化，确保服务质量到位。

2. 营销意识

动车组列车餐饮营销人员始终应有强烈的营销意识，为达到推销铁路产品的目的，应掌握旅客的需求动机，了解旅客的消费能力、层次、身份、特殊需求以及个性化需求，并协同铁路相关服务部门，尽可能地满足旅客的需求。接待中，必须正确了解旅客需求细节，如客流、用餐目的、用餐饮食偏好等。

3. 人员选拔

餐吧车餐服长必须选拔资深员工担任。餐吧车服务是一项长期而艰巨的工作。首先要熟悉动车组列车环境、旅客成分组成、操作程序，掌握目标旅客定位，对熟客、常客、内宾、外宾用餐需求等非常了解；要具备宣传、组织能力，同时要具备较强的公关营销能力，能注意信息反馈，能与列车各部门间沟通，处事及时、迅速、敏捷，操作规范、正确、高效、诚实守信。

4. 收集信息

近年来，随着信息时代、网络时代的到来，信息也成为一种生产力，它对企业的发展起着至关重要的作用。有了广泛的信息，通过信息就可以了解旅客的心理需求，取得合理化建议，与相关部门一起实施营销行动，并在服务上、产品上不断改进和完善。通过收集信息可拉近与旅客之间的距离，提高旅客满意度。

5. 注重个性化服务

让旅客感受到尊重、关爱，有宾至如归的获得感，使其在服务中感到物有所值。餐饮营销人员应该具备引导消费的能力，要主动和旅客沟通，掌握各种类型旅客的消费习惯。如：旅客爱吃的菜、服务要求、宴请目的、上菜的要求、消费标准等。在服务过程中,服务员要"真情服务,用心做事",做到"四声"(来有应声,问有答声,上菜、上饭有唱收、唱付声,走有送声)"五勤"(眼勤、耳勤、嘴勤、手勤、腿勤),确保服务质量的到位和补位。

6. 做好市场调研

经常做市场调研,了解应季食品、商品的上市情况;掌握不同季节食品、商品价格浮动情况;根据不同区域旅客饮食习惯需求,合理调整供应计划;根据季节变化,调整供应品种;能够正确组织动车组列车餐饮服务人员研究餐饮品种变化、制作方法以及技术更新。不断研究、更新菜品种的烹调制做方法,保证菜肴质量标准。

(二)动车组列车餐饮营销策略

动车组列车餐饮服务作为餐饮业的一个独特分支,在营销方式上也有其特有的方式。我国动车组列车餐吧车常见的营销策略主要有以下几种。

1. 产品策略

产品策略指企业与产品有关的计划与决策。产品是企业提供给目标市场的货物和服务的组合。注重产品开发的功能,要求产品有独特的卖点,把产品的功能诉求放在第一位,将产品的功能及消费体验作为首要目标。

动车组列车餐饮产品包括冷链产品(大批量提前制作、冷链储藏、运输,加热后售卖的食品)、热链产品(旅客临时下单、短时间内配送的食品)、常温链产品(常温保存的快餐、方便面、矿泉水、饮料、花生、瓜子、八宝粥、水果等)。

2. 价格策略

价格策略即根据差异化的市场定位进而制定不同的价格策略,重视企业品牌塑造,追求企业品牌的含金量。

动车组列车餐饮产品由于其仓储、运输等成本较之普通产品高,因而其价格也相应上浮。同时,动车组餐饮产品作为铁路运输产品的组成部分,在依托我国铁路运输产品具有竞争性产品属性的同时又带有国计民生公共服务产品属性,在确保一定利润的基础上,不能谋取不合理的高额利润。

3. 渠道策略

渠道策略即企业并不直接面对消费者,而是注重经销商的培育和销售网络的建立,企业与消费者的联系是通过分销商来进行的。该策略主要通过合理地建立销售网络、选择分销商进而实现企业营销目标,如对渠道覆盖面、中间商选择、商品流转环节、销售网点设置以及储存运输方式等因素的组合与运用。

动车组列车餐饮产品与普通产品相比,其分销渠道较单一,主要在列车餐吧车及小推车上售卖。

4. 餐饮广告营销策略

广告营销策略是传统营销活动中最常见、最普遍的一种方式，餐饮企业营销者一般通过媒介在特定的时间、空间里，向潜在消费者进行企业产品和形象的推广及宣传，这是餐饮企业最常用的营销方式。

动车组列车餐吧车广告营销包括菜肴照片、电子菜单、菜肴和饮品宣传单及列车广播等。

动车组餐饮广告招牌必须讲究位置、高度、字体、照明和可视性，并应设立在餐吧车显著位置。列车广播营销最大的优点是宣传时间长，目标旅客明确。

5. 餐吧车外观营销策略

外观是非常重要的营销媒介，餐吧车外观必须有特色，使顾客易于进行相关的识别和判断。餐吧车外观营销决策包括餐吧车的风格、餐位布置、外观色调、装饰品及清洁卫生等。

6. 食品展示策略

食品展示是最有效、最直接的营销方法。这种方法通过在餐吧车门口或内部陈列柜陈列新鲜的食品、成熟的菜肴、点心、水果及饮品，以增加产品的视觉效应，让顾客更加了解餐吧车的餐饮特色和质量，并对动车组餐饮产生信任感。动车组列车食品展示如图 5-2-1 所示。

图 5-2-1　动车组列车食品展示

7. 菜单营销策略

菜单营销是通过菜单外观设计、菜名设计等形式直接向消费者进行餐饮推销，通过科学、合理或有特色的菜单设计（不同风格的菜单设计和制作，能够在无形之中增加消费者的好感），可实现企业的营销目的，促进消费者的购买行为。

8. 人员推销策略

人员推销主要是通过专门人员进行推广宣传活动。我国动车组餐饮产品的促销主要体现在动车组餐饮服务人员的推销上,通过人员促销手段,来说服、引导旅客进行餐饮消费。

动车组列车餐饮服务人员须具备良好的语言表达能力和敏锐的观察能力,要深入了解旅客的消费心理,具有较强的自我控制能力和灵活的应变能力,具备良好的敬业精神和职业道德,勤奋学习,熟练掌握餐饮专业知识和推销技巧。

9. 营销活动策略

餐吧车可以常举办餐饮营销活动,如节日营销活动和美食节等。成功的餐饮营销活动应当具备新闻性、吸引性、话题性、视觉性和旅客参与性,突出餐吧车装饰和菜肴特色,简化活动程序,呈现现代生活气息,引起旅客的兴趣。

10. 网络营销策略

随着科技和网络的发展,网络购物已深入人们生活的方方面面。网上营销利用信息技术,重组营销渠道。

网上营销与传统媒体营销相比,可发挥营销人员的创意,超越时空限制。其信息传播速度快,容量大,具备文字、声音和影像等多媒体功能。目前,动车组列车餐饮网上营销服务包括互联网订餐服务和微信公众号等。

三、不同年龄旅客的餐饮服务

(一)少年儿童群体餐饮服务

少年儿童消费者群体是由 0~14 岁的消费者组成的。这部分消费者在人口总数中所占比例较大。他们一般由父母养育和监护,自我意识尚未完全成熟,道德观念有待完善,缺乏自我控制力,没有独立的经济能力,具有特定的心理和行为。这部分消费者又可根据年龄特征分为儿童消费者群体(0~11 岁)和少年消费者群体(11~14 岁)。

1. 少年消费者群体的消费心理特征

少年消费者群体是指 11~14 岁的消费者。少年期是依赖与独立、成熟与幼稚、自觉与被动交织在一起的时期。要掌握他们在消费心理方面具有的特征:① 与幼儿比,独立性强。② 购买行为的倾向性开始确立,购买行为趋于稳定。③ 消费观念开始受社会群体的影响。

2. 儿童消费者群体的消费心理特征

(1)消费需求逐渐由本能的生理性的消费发展为有自我意识的社会性消费。儿童在婴幼儿时期,消费需要主要表现为生理性的,且纯粹由他人帮助完成。随着年龄的增长,儿童的消费需求逐渐由本能发展为有自我意识加入的社会性需要。

(2)从模仿型消费逐渐发展为带有个性特点的消费。儿童的模仿性很强,消费行为也是如此。但随着年龄的增长,这种模仿性的消费逐渐被带有个性的消费所替代。

他们有了对所接触商品的评价意识,也开始强调与众不同,要有比其他的小朋友更好的玩具。

(3)消费心理从感性逐渐发展为理性消费。儿童的消费心理多处于感情支配阶段,消费情绪极不稳定。以至于见什么要什么,父母不给买就大哭大闹,且多喜新厌旧。但随着年龄的增长,儿童接触社会环境的机会增多,有了集体生活的锻炼,意志得到了增强,消费情绪逐渐趋于稳定,消费心理也趋于理性。

3. 少年儿童的膳食特点

(1)供给优质蛋白质,应多供给动物性食物或豆类蛋白。

(2)供给含钙、铁高的食物,如海带、紫菜、虾皮、骨汤、肝脏、动物血、瘦肉、海产品等。

(3)适量食用新鲜菜果,以补充维生素和其他无机盐的需要;烹调要做到色美味香,以提高进食兴趣;主副食要合理搭配,力求营养平衡;食物要质地细软,易于消化。

为儿童就餐服务要热情主动,口气和蔼可亲。注意尽量不要上多骨刺的或块大长条的菜肴。

(二)青年群体餐饮服务

青年是指由少年向中年过渡时期的人群。处于这一时期的消费者,形成了青年消费者群体。不同国家和地区由于自然条件、风俗习惯、经济发展水平不同,人的成熟早晚各异,青年的年龄范围也不尽一致。根据我国情况,青年消费者群体的年龄阶段在 15~35 岁之间。

1. 青年消费者群体的特点

青年消费者群体的购买行为具有扩散性,对其他各类消费者都会产生深刻的影响。他们的购买意愿大多为家庭所尊重,年轻的父母以独特的消费观念和消费方式影响下一代的消费行为,对他们的长辈也会产生极大的影响。

2. 青年消费者群体的消费心理

① 追求时尚,表现个性。② 突出个性,表现自我。③ 崇尚品牌与名牌。④ 注重情感,冲动性强。

青年群体餐饮服务要求餐饮服务人员提供迅速及时的服务,要求饭菜丰富多样,比较重视新品种的选择。餐饮服务人员要提供熟练的服务程序,推荐味道突出、香脆爽口的菜肴,并在就餐过程中注意服务的效率。

(三)中年群体餐饮服务

中年消费者群体一般是指 35 岁至退休年龄阶段的群体。中年消费者群体具有人数众多、负担重的特点,大多处于购买决策者的位置。他们理智性强,冲动性小,注重传统,创新性小。

(四)老年群体餐饮服务

老年消费者一般指年龄在 60 岁以上的群体。根据老年人要求降低热能供应的膳食特点,适当供给富含优质蛋白质的食物。优质蛋白质应占蛋白质总量的 50%,如大豆类、乳类、瘦肉、蛋类等,同时也避免了胆固醇和饱和脂肪酸的过多摄入。增加无机盐和各种维生素的供应,特别是选择含钙,含维生素 A、D、B、E、B2、C 丰富的食物,让他们多吃些杂粮、蔬菜、水果等。减少脂肪的摄入量,尽量用植物油。定时定量进餐,克服偏食、暴食等不良习惯。烹调方法要适合老年人,比如易咀嚼,易消化,口味宜清淡,减少食盐用量。

餐饮服务人员需要耐心听取并尽量满足老年旅客的要求,热情细致地为他们服务,并在点菜上菜的过程中多用语言交流。餐饮服务人员应主动介绍一些容易消化、松软多汁的菜肴。老人就餐时间稍长,餐饮服务人员要注意各环节的服务程序。

四、动车组列车餐饮销售服务

出乘前餐服长根据当日销售目标,为组内成员制定车次销售目标,并根据成员销售强项,定出主要销售项目。根据近期重点销售产品及组内销售能力,制定当前重点销售产品。

(一)餐吧车销售服务

餐饮服务员在餐车吧台销售时可以使用餐牌或者吧台价目表,并向旅客介绍餐食或推荐餐食,可以推荐一些低价位的小食或饮品,丰富旅客用餐,但不得强制性搭配,并且需要保持良好的服务态度。销售时需结合实际情况灵活运用销售技巧,拉动旅客消费欲,提升旅客的消费水平。

(1)旅客进入餐吧车后,主动打招呼,使用点餐本为旅客介绍供应品种。
(2)提供热饮时,提醒旅客小心烫伤。
(3)有条件的情况下,优先为有需要的旅客安排就餐席位。
(4)落实首问首诉责任制,及时处理旅客咨询、求助、投诉。
(5)旅客用餐完毕,及时处理餐后物品。
(6)列车停站后及时整理桌布、处理餐后物品。
动车组餐吧车销售服务流程如图 5-2-2 所示。

(二)使用托盘销售服务

置盘时米饭类顺序摆放:左边摆放餐食,右边摆放套筷,上方摆放汤或酱油;饮料类顺序摆放:纵向摆放或横向摆放时,标识方向必须一致。

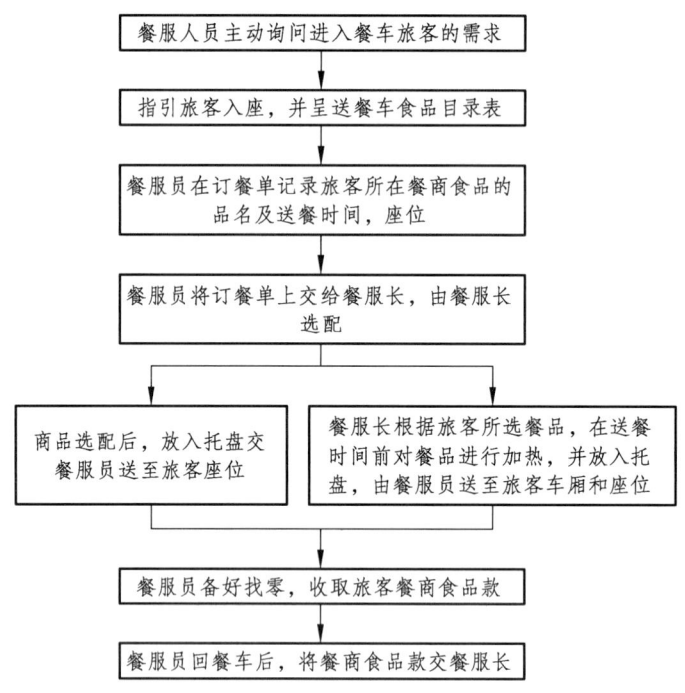

图 5-2-2　动车组餐吧车销售服务流程

正确的托盘姿势是左手五指张开，放于底部中心位置，右手握稳托盘右下角处，托盘重物必须靠近身体位置。手拿空托盘时，托盘与身体平行，双手抓稳托盘宽边上部放于身前，托盘禁止在旅客头上掠过。

（1）列车发车后及时托盘销售，可根据不同时段放置机制饮品、餐食、小吃零食等（供应热饮时，提醒旅客小心烫伤）。

（2）采用托盘服务时，托盘内摆放物品不宜过多，特别注意放有热饮或热的食物，过程中要随时提醒旁边旅客小心，防止烫伤，与旅客迎面时，注意礼让，请旅客先过。

（3）如遇列车晃动过大，应先停止销售，站稳扶好（可用右手扶旅客座位，车厢连接处把手），待列车恢复平稳后，继续服务工作。同时，车厢托盘服务时，声音不宜过大，严禁叫卖，不要影响旅客休息，做到无干扰服务。

（4）采用托盘时不使用凹凸不平的托盘。

（5）如遇车上客流过大，应停止使用托盘，改为使用手推车下车厢销售。

使用托盘销售服务如图 5-2-3 所示。

（三）售货车销售服务

推车货品按标准摆放，备货充足，及时整理并补充（完成当趟销售后马上补充货品）。

（1）列车发车后及时推车售卖商品，售货车配备热水瓶，及时为需要的旅客提供热水。

图 5-2-3 使用托盘销售服务

（2）车厢销售脚步不宜过快，不得在车厢内高声喧哗叫卖，若有旅客询问，需将推车停在过道一并踩下刹车（乘务组车厢内推车销售，通过连接处时，不要用力推行以免发出过大声响）。

（3）推车时要注意安全，及时观察车前方有无遮挡物品，旅客或行李挡住过道时要请旅客配合挪开。规范用语为"您好，请让，让，谢谢。"

（4）列车沿途停靠站时，手推车必须刹车靠边摆放，不能挡住过道，影响旅客上下车，待旅客上车完毕继续，推车服务需携带价目表，服务过程中可提供给旅客点餐。

（5）销售时，复述旅客所点的餐食、商品名称、数量、价格，做到唱收唱付。

售货车销售服务流程如图 5-2-4 所示。

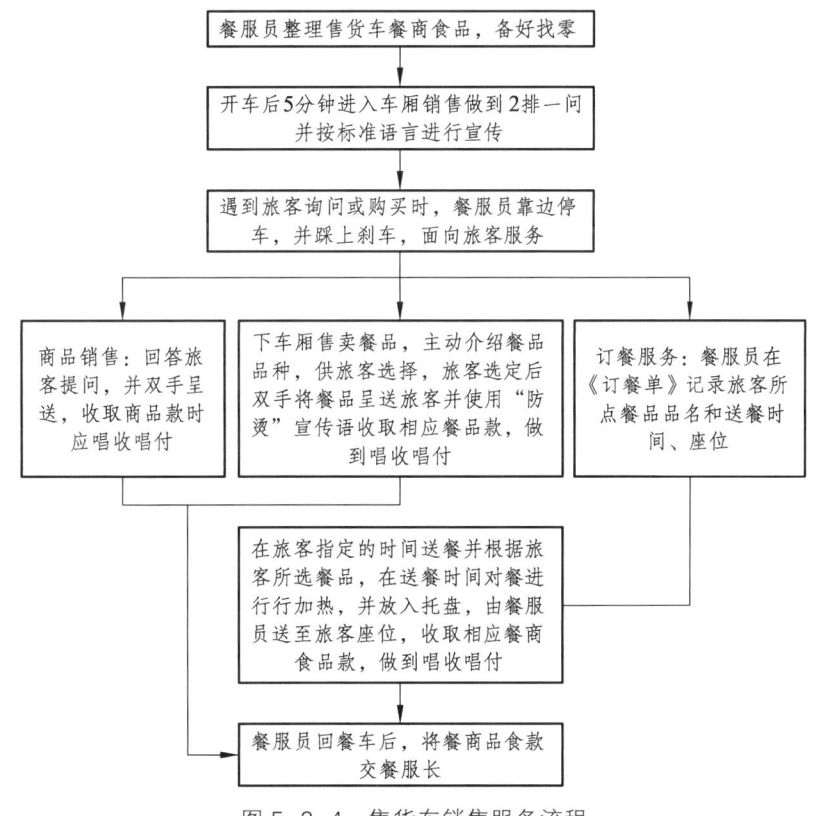

图 5-2-4 售货车销售服务流程

(四)"复兴号"动车组列车静音车厢餐饮销售服务

"复兴号"动车组列车静音车厢在车厢两端及车厢门玻璃上均张贴着静音车厢标识,每个座位后的网兜内摆放有服务提示卡,告知旅客静音车厢的相关注意事项。静音车厢内自动广播音量较其他车厢要小,列车工作人员将音量调整到 30%以下,以保障车厢内的静音需要。列车工作人员在静音车厢全程提供无干扰服务,在非必要情况下,不要通过静音车厢。需要通过静音车厢时,列车工作人员需保持"静、快、轻"的通过步伐。

销售餐食的餐饮服务人员进入静音车厢后,需停止餐食介绍,只有当旅客提出询问和购买意愿时,餐饮服务人员才会小声回复旅客,并进行相关服务。

五、动车组列车销售服务用语

营销语言的巧妙应用是餐饮服务人员专业知识和服务技巧的集中体现。动车组列车餐服乘务人员推车下车厢进行销售或为旅客进行订餐服务时,在车厢宣传时要求说普通话,口齿清晰,音量适中。

(一)餐车吧台销售服务用语

在介绍餐品时要突出重点并有针对性,对特殊情况要做好事先说明。如:热链餐食无须加热,可即食;冷链餐食微波炉加热充分后方可食用;常温链为真空包装罐头类食品,卫生安全。

(1)迎客:"先生(或女士),您好!欢迎光临餐车用餐,请这边!"

(2)引导旅客就座:"先生(或女士),您好!请问您有几位呢?大件行李请放 3 号车厢大件行李处,谢谢。"

(3)点餐:"这是我们的餐牌,您先看看,我稍后为您点餐""先生(或女士),您好!我现在可以为您点餐吗?您是用餐还是喝饮料呢""请问您是到哪个站下车呢,我好替您先安排,以便您有足够用餐时间""先生(或女士)您点了……和……,一共……元,收您……元,这是找您的……钱""请您稍等,马上为您送上"(必须做到唱收唱付)。

(4)上餐食:"先生(或女士),这是您点的餐,请慢用,祝您用餐愉快!"

(5)收拾餐后物品:"先生(或女士),我现在可以帮您收拾一下吗?"(如有未喝完的饮料应咨询旅客是否还需要)

(6)二次销售:"先生(或女士),现在离终点站还有一段时间,是否需要零食打发时间呢?我们这里有各地特产,你需要带点给您的亲朋好友一起分享吗?"

(7)提醒旅客收拾好随身携带物品:"先生(或女士),马上快到终点站了,请收拾好随身携带的物品,以免遗漏在列车上。"

(8)集体送客:"谢谢光临餐车,请慢走"或"欢迎下次光临餐车,再见"。

(二)咖啡奶茶类销售服务用语

(1)"您好,我们现在有新鲜现制的咖啡奶茶,请问有需要的旅客吗?"

（2）"您好先生（或女士），我们现制的意大利咖啡要来一杯吗？口感非常好，您可以品尝一下！"

（3）"您好先生（或女士），现在早上需要一杯咖啡来提提神吗？"

（4）"您好先生（或女士），我们现在有机磨红茶，有助于您的消化，需要来一杯吗？"

（5）"您好先生（或女士），我们新推出的花式咖啡、花式红茶，品质非常好，保证物超所值，您要品尝一下吗？"

（6）"您好先生（或女士），夏日炎炎，我们现在有冰咖啡、冰红茶，需要来一杯解暑吗？"

（三）根据现有餐饮品种销售服务用语

作为一名销售人员，为了更好地为旅客介绍商品，需要了解商品的一些基本信息，比如商品品牌、名称、规格、产地、有效时间、基本味道等。在这个基础上我们也可以了解一些商品的广告标语、趣味故事、营养成分、制作工艺等，在推销的时候可以更大地提高商品的售出概率。

（1）按品种分类宣传用语："各类零食、饮料、小吃、点心、酒水供应，有需要的旅客吗""午餐（或晚餐）供应……有需要的旅客吗"。

（2）根据现有品种名称宣传用语："鸭脖、牛肉干、凤爪、花生，有旅客需要吗""现供应红烧牛肉，宫保鸡丁……套餐，有旅客需要吗"。注意一次不喊过多的品种，语句不宜过长，以免旅客听不清楚。

（3）利用品牌效应宣传语言："某鸭脖，某啤酒，某咖啡，有需要的旅客吗"。旅客在餐车或者推车上选购时，餐服乘务人员要主动热情地为旅客服务。

（四）送餐服务用语

（1）旅客所点餐食需送餐时，若加热时间较长时，主动解释，告知等待时间，如"不好意思，您点的餐品需加热，你可能需要多等一会儿，可以吗？"，如果旅客等不及，主动推荐一些快捷食品，如"您如果等不及，可以先吃点其他食品，我们这里还有一些蛋糕点心（面条）等"。

（2）订送服务时要做好登记，登记内容包括旅客所在车厢号，座位号，预订食品品种、数量、价钱，食用时间等，送到后再结账。如"您买了套餐2份，蛋花汤2份，矿泉水1瓶""收您钱，找您钱，您清点一下""您好，您点的餐好了，麻烦您接一下，小心烫，谢谢您""请您慢用"等。

六、发票管理

（1）铁路局、站段必须给列车和车站的餐饮及售货人员配备足量发票以供使用。旅客消费后需要发票时，餐饮和售货人员必须及时提供，不得推诿拒绝。

（2）动车组列车餐吧车的发票为单张两联式，即存根联和发票联平行设置，左侧为存根联，右侧为发票联。定额发票的面额为壹元、贰元、伍元、拾元、伍拾元和壹佰元。

（3）动车组列车餐吧车发票不得超范围使用，倒买倒卖。对违反发票管理法规的行为，各级税务机关应严格依照《税收征收管理法》和《发票管理办法》及其实施细则进行处理。

（4）各班组餐服长为发票保管责任人，日常消耗凭装订完整的存根联换领新票。

（5）定额发票只能用于旅客在列车上餐饮消费的收据。各班组需按提供餐饮服务的额度，提供发票并按收取款项的日期如实填写开票日期。

（6）各班组对发票的日常管理应严防丢失、损坏。每趟退勤应清点发票的使用情况，防止脱销。

> 任务实施

1. 任务准备

（1）设备准备：仿真动车组餐吧车设备，动车组列车餐饮供应食品，专业训练服（可着正装）。

（2）实训资料准备：实训任务单、动车组列车服务质量规范、教材等。

（3）情景准备：实训前各小组查阅、收集资料，选择动车组列车途中餐饮销售作业时，餐服长和餐饮服务人员按照作业程序进行情景，情景中包括动车组列车乘务组中的餐服长、餐饮服务人员和需要餐饮服务的旅客，人数自定，情景涉及动车组列车餐饮销售服务环节。

（4）人员准备：实训分小组进行，每组6~8人，每小组做好人员分工。

2. 实施步骤

（1）认知动车组列车餐饮营销策略。

（2）动车组餐吧车吧台销售服务。

（3）动车组列车小推车销售服务。

（4）组内互查，教师总结并评分、评价。

3. 任务单

任务训练	动车组列车餐饮销售服务训练		
班　级		姓　名	
1. 正确制定动车组列车餐饮营销策略。			
2. 正确使用动车组列车餐饮销售服务用语。			
3. 动车组餐吧车吧台销售服务。			
4. 正确使用小推车销售商品。			
任务总结：			

4. 效果评价

	项目	A—优	B—良	C—中	D—及格	E—不及格	综合
小组评价	餐饮营销策略（10%）						
	吧台销售（20%）						
	小推车销售（20%）						
	团队合作（10%）						
教师评价	餐饮销售（20%）						
	任务单（20%）						
	教师签名						

任务 3　动车组列车重点旅客餐饮服务

任务引入

动车组列车餐饮供应品种应多样，有高、中、低不同价位的旅行饮食品。尊重外籍旅客和少数民族的饮食习惯。

请思考：动车组列车餐饮服务人员如何做好重点旅客餐饮服务？

相关知识

动车组列车餐饮服务要做到全面服务，重点关注，优先照顾，保障重点旅客服务。做到无需求无干扰。通过广播、电子显示屏等方式方便旅客自助服务。有需求有服务。

一、重点旅客餐饮服务

重点旅客是指老、幼、病、残、孕旅客。特殊重点旅客是指依靠辅助器具才能行动等需特殊照顾的重点旅客。

（一）老年人的餐饮服务

（1）降低热能供应。

（2）适当供给富含优质蛋白质的食物，优质蛋白质应占蛋白质总量的 50%，如大豆类、乳类、瘦肉、蛋类等，同时避免胆固醇和饱和脂肪酸的过多摄入。

（3）增加无机盐和各种维生素的供应，特别是选择含钙，含维生素 A、D、B、E、B_2、C 丰富的食物，还需多吃些杂粮蔬菜、水果、海带、紫菜等。

（4）减少脂肪的摄入量，尽量用植物油。

（5）定时定量进餐，克服偏食、暴食等不良习惯。

（6）烹调方法要适合老年人：易咀嚼，易消化，口味宜清淡，减少食盐用量。

（二）儿童的餐饮服务

（1）供给优质蛋白质，应多供给动物性食物或豆类蛋白。

（2）供给含钙、含铁高的食物，如海带、紫菜、虾皮、骨汤、肝脏、动物血、瘦肉、海产品等。

（3）适量食用新鲜菜果，以补充维生素和其他无机盐的需要；烹调要做到色美味香，以提高进食兴趣；主副食要合理搭配，力求营养平衡；食物要质地细软，易于消化。

（三）孕妇、乳母的餐饮服务

1. 孕妇的膳食特点

妊娠初期（前 3 个月）主要是在成人膳食的基础上适当加以调整。为减轻妊娠反应，要坚持少油腻、味清淡。

妊娠中期（4~7 个月）多供给营养丰富的食物，如蛋、奶、瘦肉、鱼、豆类、蔬菜、水果，以补充足够的钙、磷、铁以及优质蛋白。

妊娠末期（最后两个月）应增加膳食品种，粗粮、细粮、豆类及其制品、动物性食物以及菜果要进行合理搭配，做到膳食多样化。

2. 乳母的膳食特点

（1）保证蛋白质和钙的供给。选用动物性食物和大豆制品作为优质蛋白质的来源，在炖骨头汤和制作排骨、鱼类等菜肴时，适当加醋，有利钙的溶出和吸收。

（2）保证维生素 E 和膳食纤维的供给，多食鲜菜、鲜果。

（3）适当食用含脂肪酸的油脂、类脂、无机盐的食物，如芝麻、花生、核桃等硬果。

（4）采用炖、煮、熬、蒸等不易损害各种营养成分的烹调方法，不宜使用油炸、煎、烤等损害营养成分的烹调方法。

（四）残疾旅客餐饮服务

餐饮服务人员要用平等、礼貌、热情、专业的态度为残疾旅客服务，尽量将他们安排在不受打扰的位置。

1. 盲人旅客

盲人客人因为看不见，服务员应给予其方便，具体做法如下：

（1）为其读菜单，给予必要的菜品解释，同时，在交谈时，避免使用带色彩性的词作描述。

（2）每次服务前，先礼貌提醒一声，以免旅客突然的动作，使你躲避不及，造成意外发生。

（3）菜品上桌后，要告诉旅客什么菜放在哪里，不可帮助旅客用手触摸以判断菜品摆放的位置。

2. 肢体残疾旅客

（1）应将旅客安排在角落、墙边等有遮挡面，能够遮挡其残疾部位的座位上。

（2）帮助旅客收起代步工具，需要时帮助旅客脱掉外衣。

（3）旅客需要上洗手间时，要帮助旅客坐上残疾车，推到洗手间外，如果需要再进一步服务的，请与旅客同性的餐饮服务人员继续为之服务。

3. 聋哑旅客

对于聋哑客人，服务员要学会用手势示意，要细心地观察揣摩，可以利用手指菜肴的方法征求客人的意见。

手语是人们在聋人环境中使用手的指式、动作、位置和朝向，配合面部表情，按照一定的语法规则来表达特定意思的交际工具。中国手语在使用中还可以分为手势汉语和自然手势。

手势汉语是依照汉语的语法规则，按照手势与词的一一对应的关系打出来的，因而它没有独立的语法和构词体系，它的语法和构词规则是从属于现代汉语的。

部分餐饮服务的手语图解见表5-3-1。

表5-3-1　部分餐饮服务手语

图示	说明
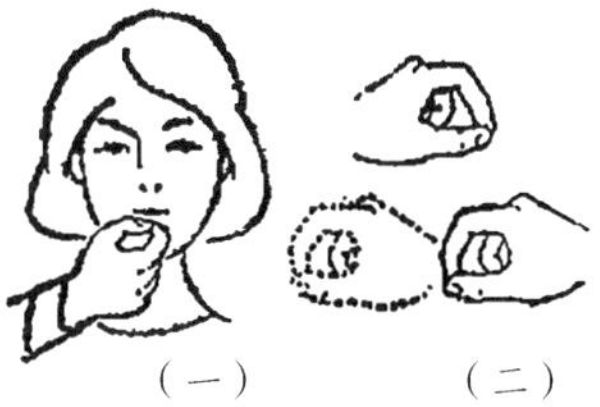	食品 （一）一手拇、食指捏成圆形，送至口边做吃东西状。 （二）双手拇、食指捏成圆形，左手在上不动，右手在下连打两次，仿"品"字形
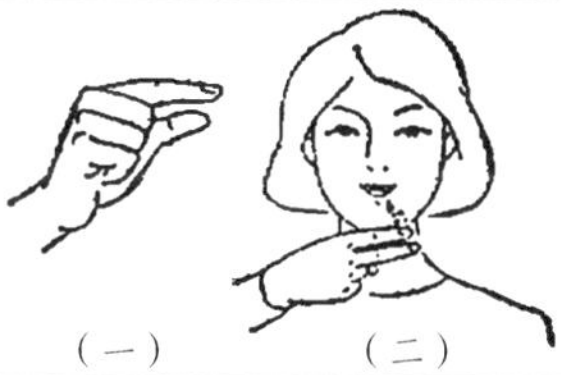	米饭（粮食） （一）一手拇、食指相对，中间留有米粒大小距离。 （二）一手伸食、中指做吃饭动作
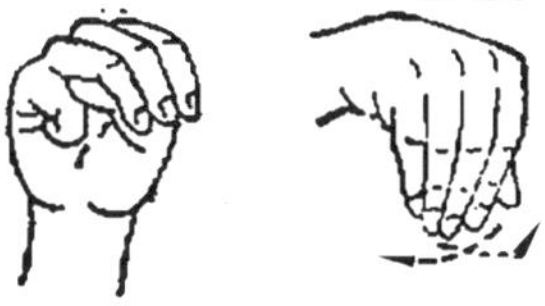	面粉 （一）一手打手指字母"M"的指式。 （二）一手五指指尖朝下互捻两下
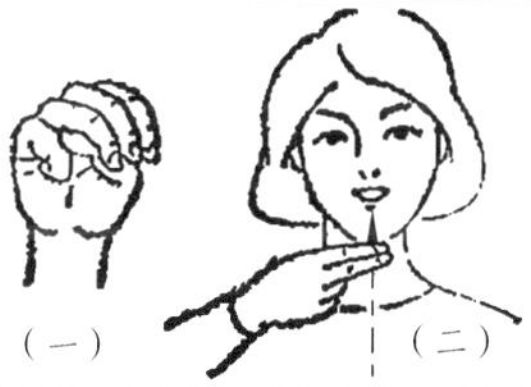	面条 （一）一手打手指字母"M"的指式。 （二）一手伸食、中指，由胸部向嘴边提，如用筷子夹吃面条状
	面包 （一）一手打手指字母"M"的指式。 （二）双手拇指与四指分别搭成"["和"]"形，指尖相对捏动几下
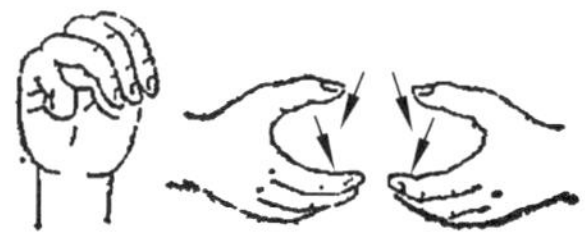	馒头 （一）一手打手指字母"M"的指式。 （二）双手五指微曲，指尖相对成圆形，前后交错揉动，如揉馒头状
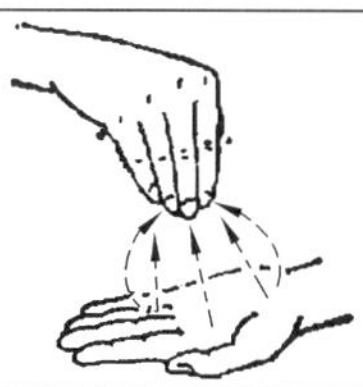	包子 左手横伸，右手五指朝下张开，在左掌心上揪一下再提起，如做包子动作

续表

	饺子 双手拇、食指相捏,左手在下不动,右手在上边捏边移动,如捏合饺子动作
	油条 (一)一手伸拇、小指,拇指尖向下转一圈,如持油壶倒油状。 (二)双手拇、食、中指相捏,指尖相对,边向两边拉开,边扭转,然后向下一甩,如炸油条动作
	豆浆 (一)一手拇、食指捏成小圆形。 (二)双掌掌心相贴,作研磨动作。 (三)一手虚握做喝的动作
	豆腐 (一)一手拇、食指捏成小圆形。 (二)双手成"[ ]"形,指尖相对,从中间向两侧微移一下
	蛋糕 (一)双手拇、食指搭成椭圆形,再向下一甩,做打蛋动作。 (二)一手五指做"["形,轻捏几下
	咖啡 左手虚握如拿杯子状;右手打手指字母"K"的指式,中指对准左手虎口做搅拌动作
	牛奶 (一)一手伸拇、小指,拇指指尖抵于太阳穴上,小指尖朝前。 (二)一手虚握做喝的动作
	快餐 (一)一手拇、食指相捏,从一侧向另一侧做快速挥动。 (二)一手伸食、中指做吃饭动作

续表

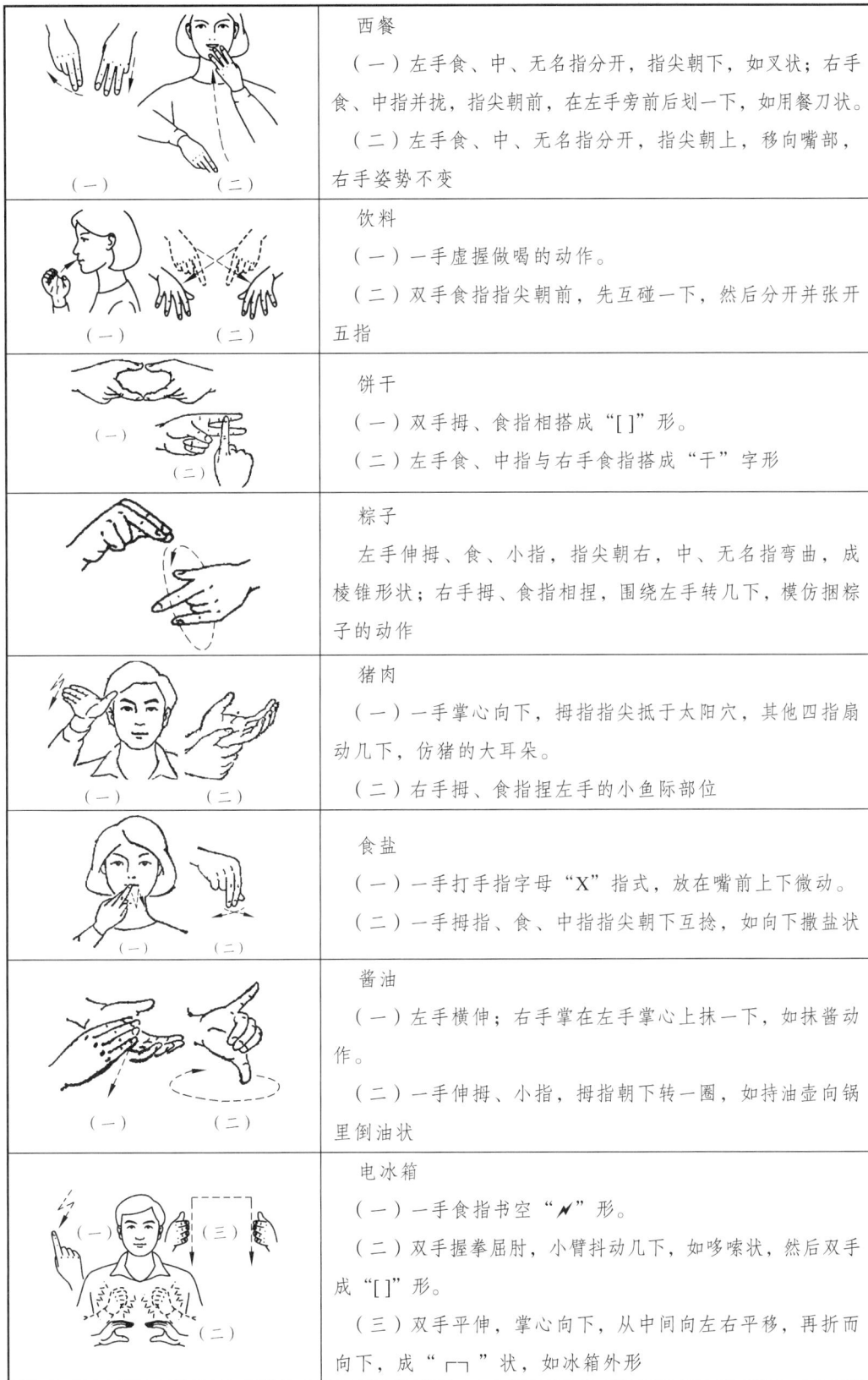

西餐
（一）左手食、中、无名指分开，指尖朝下，如叉状；右手食、中指并拢，指尖朝前，在左手旁前后划一下，如用餐刀状。
（二）左手食、中、无名指分开，指尖朝上，移向嘴部，右手姿势不变

饮料
（一）一手虚握做喝的动作。
（二）双手食指指尖朝前，先互碰一下，然后分开并张开五指

饼干
（一）双手拇、食指相搭成"[ ]"形。
（二）左手食、中指与右手食指搭成"干"字形

粽子
左手伸拇、食、小指，指尖朝右，中、无名指弯曲，成棱锥形状；右手拇、食指相捏，围绕左手转几下，模仿捆粽子的动作

猪肉
（一）一手掌心向下，拇指指尖抵于太阳穴，其他四指扇动几下，仿猪的大耳朵。
（二）右手拇、食指捏左手的小鱼际部位

食盐
（一）一手打手指字母"X"指式，放在嘴前上下微动。
（二）一手拇指、食、中指指尖朝下互捻，如向下撒盐状

酱油
（一）左手横伸；右手掌在左手掌心上抹一下，如抹酱动作。
（二）一手伸拇、小指，拇指朝下转一圈，如持油壶向锅里倒油状

电冰箱
（一）一手食指书空"N"形。
（二）双手握拳屈肘，小臂抖动几下，如哆嗦状，然后双手成"[ ]"形。
（三）双手平伸，掌心向下，从中间向左右平移，再折而向下，成"冂"状，如冰箱外形

续表

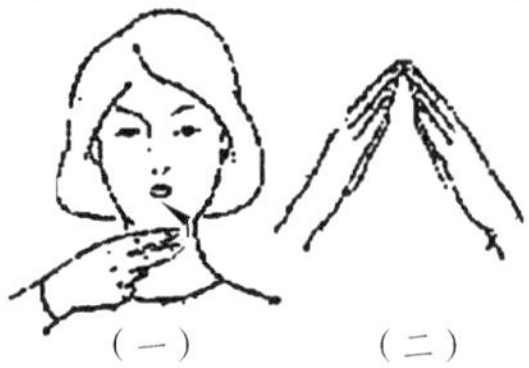 （一） （二）	餐厅 （一）一手伸食、中指在口边划动，如用筷子吃饭状。 （二）双手搭成"︿"形，如屋顶状
	要（需要） 一手平伸，掌心向上，由外向里微微拉动
	饱 一手五指并拢，掌心向下，自下向上移到喉部，表示吃饱了
	吃 一手伸食、中指，由外向嘴边拨动，模拟用筷子吃饭状
	我 一手食指指自己
	买 双手平伸，手心向上，一手在另一手掌心上拍打一下，然后向里移，表示买进东西
	钱 一手拇、食指捏成小圆形，向外微动几下
	给 一手五指虚握，掌心向上，向外伸出，张开手掌，如把物品归还给别人

二、我国部分少数民族的餐饮习惯

（一）东北部分少数民族餐饮习惯

1. 满　族

满族是中国最古老的民族之一，分布在全国的 31 个省、自治区、直辖市，主要分布于东北三省，尤以辽宁最多。满族烹调以烧、烤见长，擅用生酱（大酱）。传统上以小米、高粱为主食，喜黏食，在副食上，满族人喜食猪肉、酸菜、血肉肠等。满族人祭祀时除用家禽、家畜肉外，还有鹿、獐、狍、雁、鱼等。设大宴时多用烤全羊，逢年过节爱吃饺子，农历除夕必须吃手扒肉。满式小吃独具特色，如"萨其玛"和酸汤子就是满族有名的风味小吃。当然，最能代表满族饮食文化的是"满汉全席"，它既保留了满族特色，又吸收了许多汉族饮食的特点。

2. 朝鲜族

中国现代朝鲜族主要聚居于吉林、黑龙江、辽宁以及内蒙古四省区，尤以吉林最多，达60%以上。朝鲜族的主食以米饭为主，其次是冷面和米糕。以汤、酱、咸菜和泡菜为副食。烹调方法以煎、煮、炒、氽、烤等为主，口味以咸辣为主。对猪肉的消费量相对较少，不喜欢吃羊肉、河鱼，也不喜欢吃馒头。朝鲜族喜欢吃牛肉、鸡、蛋品、海味、大酱和泡菜等。朝鲜族的饮食特点之一是每餐必喝汤，最讲究的是汤浓味重的浓白汤。

3. 赫哲族

赫哲族是我国东北地区一个古老的民族。作为一个渔猎民族，赫哲族主要以鱼为食。赫哲族人喜爱吃鱼，尤其喜爱吃生鱼。从鱼皮、鱼子到鱼肉、鱼脆骨都有生吃的妙法。刹生鱼、炒鱼片、烤"塔拉哈"、炒鱼毛、钢刨花鱼片成为食鱼的传统习俗。赫哲族招待客人时，常以"刹生鱼"表示尊敬，先请客人吃第一口，表示敬重对方。如果客人不吃，则被认为是失礼。对客人须奉上鱼头，以示尊敬，上桌的鱼菜，总是把鱼头朝着客人。吃菜时，总是用筷子点点鱼头，示意让客人吃。另外，"冻鱼片"、炒鱼毛、苏拉卡也是宴请宾客时最常出现的菜肴。

（二）西北部分少数民族餐饮习惯

1. 回　族

回族在全国绝大多数县都有分布。宁夏回族自治区为主要聚居区，西北地区及河南、河北、山东、安徽、云南、辽宁、北京分布较多。回族人偏爱面食。其主食为蒸馍、包子、饺子、馄饨、汤面、拌面、牛羊肉泡馍和油炸食品等。副食中对肉类的选择比较严格，只吃反刍类的牛、羊、骆驼肉和食谷类的鸡、鸭、鹅肉以及带鳞的鱼类，不食自死的禽畜和畜血。大部分蔬菜都受他们的欢迎。喜食各种富有民族风味的传统小吃，如味美汁浓的清汤羊肉、羊羔肉、牛羊肉夹馍、羊杂碎汤、拉面、酿皮、白水鸡、切糕等。油香和馓子是各地回族都很喜爱的油炸食品。

2. 维吾尔族

维吾尔族主要分布在新疆维吾尔自治区，其中80%居住在南疆的喀什、和田和阿克苏。全民族使用维吾尔语，该语言属于阿尔泰语系突厥语族。维吾尔族人在饮食习惯上很讲究主食，主食以面食为主。喜食瓜果，少吃蔬菜。有的地区喜欢边喝奶茶边吃馕。维吾尔族人喜欢喝奶茶和红茶。饭前必须洗手，但只限3人以下同时洗。不能把手放在水盆里冲洗，要用被维吾尔族称之为"阿布塔巴"的壶冲洗。入座时让长者坐在上座，吃饭先端给长者。

3. 蒙古族

蒙古族主要居住在内蒙古自治区，其余分布在黑龙江、辽宁、吉林、河北、河南、甘肃、宁夏、青海、新疆等地。蒙古族的饮食大致分四类：面食、肉食、奶食、茶食。通常，蒙古族称肉食为"红食"，称奶食为"白食"，而农区多以谷物蔬菜为主食，以肉食为辅。在食用白食时，一般都有"德吉"的礼仪，也就是把第一杯或第一碗食品首先让客人品尝的礼节。

（三）西南部分少数民族餐饮习惯

1. 苗 族

苗族主要分布在湖南、湖北、贵州、四川、云南、广西、海南等七个省区。苗族的食物以大米为主，辅以包谷、小米、高粱、小麦和薯类等杂粮。苗族人最喜食糯米。副食品主要有瓜类、豆类、蔬菜以及作为佐料的辣椒、葱、蒜等。肉类有猪、牛、羊、鸡、鸭及鱼类。口味以酸、辣为主，尤其喜食辣椒。酸汤、糯米饭、腌鱼等都是苗族特有的美食。苗族人都喜欢酒，大部分人家都能自己酿酒。

2. 彝 族

彝族主要分布于云南、四川、贵州、广西等地。其中，四川凉山彝族自治州是全国最大的彝族聚居区。大多数彝族习惯于日食三餐，主要食物大部分是玉米，次为荞麦、大米、土豆、小麦和燕麦等。肉食主要有牛肉、猪肉、羊肉、鸡肉等，喜欢切成拳头大小煮食。

3. 藏 族

藏族主要聚居在西藏自治区以及青海、甘肃、四川、云南等省。藏族的饮食大部分主食是糌粑，食用糌粑时，要拌上浓茶或奶茶、酥油、奶渣、糖等一起食用；藏族过去很少食用蔬菜，副食以牛、羊肉为主，猪肉次之。酥油茶和青稞酒也是藏族人民非常喜爱的饮料。

（四）中、东南部分少数民族餐饮习惯

1. 壮 族

壮族主要分布于广西壮族自治区及云南、广东、贵州等地。多数地区的壮族习惯于日食三餐，有少数地区的壮族也吃四餐，即在中、晚餐之间加一小餐。早、中餐比较简单，一般吃稀饭，晚餐为正餐，多吃干饭，菜肴也较为丰富。主食多为大米、玉米，比较偏爱糯米，日常所食蔬菜种类较多，且以水煮最为常见，也有腌菜的习惯。大部分壮族对任何禽畜肉都不禁吃。壮族自家还酿制米酒、红薯酒和木薯酒。一般婚丧节庆、访亲待友都喜欢用糯米做成糍粑、褡裢粑、火草粑、花米饭、甜酒等款待客人。

2. 土家族

土家族主要分布在长江以南的武陵山、大娄山余脉的溪洞间,湘、鄂、渝、黔四省接壤地。土家族一般日食三餐,闲时减为两餐,农忙时加到四餐。主食以苞谷、大米、高粱、红薯、杂豆、洋芋为主。加工花样颇多,吃法也很讲究。菜肴讲究酸、辣、香味。最喜欢喝油茶汤和吃糯米粑。猪肉合菜则是年节必不可少的大菜。土家族爱喝酒,但不喜烈酒。

3. 黎族

黎族主要聚居于在海南省中南部的琼中县、白沙县、昌江县、东方市、乐东县、陵水县、保亭县、五指山市、三亚市等七县二市之内,其余散居在海南省的万宁、屯昌、琼海、澄迈、儋州、定安等市县。黎族习惯一日三餐,饮食比较简朴,以稻米、番薯、玉米为主食。多以狩猎、采集所得为副食,只种少量蔬菜。

三、部分外籍旅客的餐饮习惯

1. 韩国

韩国是非常注重礼仪的一个国家。韩国人以米饭为主食,早餐也习惯吃米饭,不吃粥。汤是每餐必不可少的,有时候汤里放猪肉、牛肉、狗肉、鸡肉烧煮,有时候也简单地倒些酱油、加点豆芽。韩国是世界上最喜欢吃泡菜的国家,除此之外,韩国人还喜欢吃辣椒。

2. 日本

日本人饮食过程中非常注意保持膳食平衡,一餐饭食包括一碗饭、一碗味噌汤、两道或三道菜肴。用餐的正确次序是先喝小口热汤,不要只集中吃光同一道菜肴,应按顺序循环吃每道菜肴,使各份比例均等,才可同一时间吃光所有菜肴。日本人在家吃饭一般实行分餐。日本人以大米为主食,其他的主要粮食有小麦、大麦、小米、玉米、荞麦、糯米、大豆、小豆、甘薯等。他们爱吃鱼,尤为爱吃生鱼片,有"彻底的食鱼民族"之称。烹煮鱼类的方法多为低温煮熟、清蒸等,并且选用的鱼类都是健康的海鱼。酱和酱汤也是日本人家庭中不可或缺的食物。日本人逢年过节总喜欢吃红豆饭,以示吉祥。日本人爱喝清酒、烧酒和啤酒。一般情况下,客人在主人为其斟酒后,需立即接过酒瓶并为主人斟酒。另外,日本人嗜茶,一般喜欢喝温茶;倒茶时,倒到八成满最为恭敬。

3. 越南

越南菜口味比较清淡,讲究菜多肉少,习惯菜肴炒齐后一起上水果。以米饭为主食,喜爱吃糯米,用大米、糯米来制作各种可口的食物。他们也吃包子、糖包、豆沙包、馄饨等食品。副食包括鱼、虾、蟹、鲍鱼、海参、鱼翅、广肚、鸡、瘦猪肉、狗肉等。蔬菜涉及西红柿、黄瓜、油菜等;调味喜用鱼露、咖喱粉、豆酱、蒜、番石榴叶、辣椒粉、盐等。越南人爱饮酒,但不饮烈酒,尤喜米酒和花酒。此外越南人也爱喝咖啡,且喝法独特。另外,他们还爱吃槟榔,并用槟榔请客,凡重大的礼仪,如婚礼、葬礼、祭祀、喜庆,均少不了槟榔。

4. 马来西亚

马来西亚人通常以大米为主食，以牛、羊肉、鱼虾等海鲜和鸡、鸭等家畜还有新鲜蔬菜为辅食，口味较重，多以胡椒和咖喱调味，忌食狗肉、猪肉，忌饮酒，在用餐时，不以酒来招待客人。他们用餐十分讲究卫生和礼节，一般用右手抓饭来吃，用餐前及用餐后洗手是餐桌上的礼节。

5. 俄罗斯

俄罗斯人一日三餐中早餐较简单，以奶制品为主，午餐和晚餐比较讲究。他们一般以俄式西餐为主，每顿饭中都搭配面包，几乎每餐都会有牛肉、羊肉、牛排、香肠等。吃肉一般在午餐和晚餐的时候，正餐之后往往有饭后甜食，包括甜点心、蛋糕、冰激凌以及水果。俄罗斯人爱喝酒是世界闻名的，其中最重要的酒类当数伏特加。俄罗斯人有喝茶的习惯，主要饮用红茶，且必须加糖。

6. 德　国

德国人一日三餐，有的地方午餐和晚餐之间喝午后咖啡，吃蛋糕。他们口味较重，偏油，主食以肉类为主，德国人最爱吃猪肉，其次才能轮到牛肉。以猪肉制成的各种香肠，令德国人百吃不厌，但不爱吃鱼。他们还爱吃马铃薯、色拉等。每个人进餐时，桌上必须备有奶油，午餐一定要以黑咖啡或牛奶咖啡结束。午餐和晚餐则用啤酒，如果还有葡萄酒，宜先饮啤酒，后饮葡萄酒。水果凉菜必须是冷的。

7. 英　国

英国的普通家庭一日三餐，以午餐为正餐。条件好的家庭则一日四餐（即早餐、午餐、茶点和晚餐）。他们口味清淡，米饭和点心是英国人爱吃的主食，并辅以牛肉、羊肉、禽类、蛋类、甜点和水果。他们一般喜欢喝啤酒、威士忌和茶。英国的宴请主要有茶会和宴会，茶会包括正式和非正式。英国人在席间不布菜也不劝酒，客人凭兴趣取用酒菜。一般要将取用的菜吃光才礼貌，不喝酒的人在侍者斟酒时，将手往杯口一放就行。同时，在宴会上吸烟，会被视为失礼。当然，英国是世界上最爱喝茶的国家之一。他们每天喝茶的次数很多，而且十分注重喝茶的礼仪，从沏茶、喝茶到收茶都有严格的规定，如果错了就是对客人的大不敬。

8. 法　国

法国人十分讲究饮食。他们爱吃面食和奶酪。在肉食方面，他们爱吃牛肉、猪肉、鸡肉、鱼子酱、鹅肝。法国人特别善饮，他们几乎餐餐必喝，讲究在餐桌上要以不同品种的酒水搭配不同的菜肴；除酒水之外，法国人平时还爱喝生水和咖啡。在西餐之中，法国菜可以说是最讲究的，一顿标准式法国式大餐的上菜顺序主要为冷盘菜、汤类、主菜和甜品。

9. 加拿大

加拿大人习惯吃冷食，以肉食为主，特别爱吃奶酪和黄油。一日三餐中最重视晚餐。就餐时，一般先喝汤，其次是主菜，如鱼、牛肉、蛋或鸡中任何一种，再配以蔬菜或土豆等，还有面包，最后是甜点或水果、冰淇淋、咖啡。餐具一般都习惯用刀叉。

> 任务实施

1. 任务准备

（1）设备准备：仿真动车组餐吧车设备，动车组列车餐饮食品，专业训练服（可着正装）。

（2）实训资料准备：实训任务单、动车组列车服务质量规范、教材等。

（3）情景准备：实训前各小组查阅、收集资料，选择动车组列车途中餐饮服务作业时，餐服长和餐饮服务人员按照作业程序为重点旅客、外籍旅客、少数民族旅客服务情景，情景中包括动车组列车乘务组中的餐服长、餐饮服务人员和就餐旅客，人数自定。

（4）人员准备：实训分小组进行，每组 6~8 人，每小组做好人员分工。

2. 实施步骤

（1）了解掌握重点旅客乘车情况。

（2）主动征求旅客服务需求，根据现有服务条件，组织完成餐饮需求。

（3）了解不同民族风俗习惯，设计好个性服务需求计划。

（4）尽量满足个性需求。

（5）根据旅客需求推荐特色菜肴。

（6）组内互查，教师总结并评分、评价。

3. 任务单

任务训练		动车组列车重点旅客餐饮服务训练	
班　级		姓　名	
1. 为老年旅客餐饮服务。			
2. 为儿童旅客餐饮服务。			
3. 为残疾旅客餐饮服务。			
4. 为外籍旅客餐饮服务。			
任务总结：			

4. 效果评价

	项目	A—优	B—良	C—中	D—及格	E—不及格	综合
小组评价	掌握重点（10%）						
	制定服务方案（10%）						
	餐饮服务（30%）						
	团队合作（10%）						
教师评价	餐饮服务（20%）						
	任务单（20%）						
	教师签名						

任务 4　动车组列车餐饮投诉处理

任务引入

动车组列车餐饮服务人员实行首问首诉负责制。受理旅客咨询、求助、投诉，须及时回应，热情处置，有问必答，回答准确；对旅客提出的问题不能解决时，指引到相应岗位，并做好耐心解释。

请思考：动车组列车餐饮服务人员如何正确处理旅客餐饮投诉？

相关知识

动车组列车餐饮服务人员应维护旅客的合法权益，自觉接受旅客监督，虚心听取旅客意见，认真及时地处理旅客投诉，实行首问首诉负责制，让旅客满意。对非本职工作的投诉应及时转告列车长。接到关于餐饮工作的投诉要立即核实并向相关部门汇报。

一、动车组列车餐饮旅客的心理需求及服务

（一）动车组列车旅客消费种类

餐饮服务人员与消费者直接打交道、直接为消费者服务，为了向旅客提供优质的服务，就要了解掌握一些心理学知识，特别是对来餐吧车用餐的消费者饮食心理需求要有了解。掌握了消费者的饮食消费心理需求，才可以去满足消费者的要求，才会为消费者提供优质服务。掌握了旅客的消费需求，更有利于餐饮服务人员开展促销工作，在满足客人饮食消费心理的前提下，提高餐吧车的营业额。消费者有不同的消费类型，具体如下：

1. 生理性消费类型

生理性消费其实就是必需的饮食消费，指由餐饮消费场所提供的能够直接食用的食物。这种消费类型是以吃饱和满足生理要求为目的，多为单一的个体购买，属于经济型，是必需的、自动的消费类型。

2. 理智性消费类型

理智性消费目的性很强，是为了达到某个目的而产生的消费需求。例如，祝寿宴、迎宾宴、节日宴等。这种消费类型的消费者，对用餐环境、食品的质量、规格、品种、价格都有所选择，对服务的优劣也非常在意。

3. 非计划性消费类型

非计划性饮食消费的情况比较复杂，往往是一时决定的饮食消费活动。例如，老

同学、老同事、老战友很久没有见到，偶然相遇，又恰逢吃饭时间，不吃一顿就过意不去。有的是有了创新的菜肴，或是有了新的服务方式等，排场和品味兼而有之。饮食服务对这种消费是难以预测和掌握的，因其偶然性多于规律性。对此餐饮服务人员应该注意观察、调查、研究，搞好服务工作。

（二）消费者的心理需求

来餐吧车用餐的旅客，由于他们的职业、身份各不相同，就餐的具体需求也有一定的差别，但满足"饮食"需求是基本一致的。大多数来餐吧车用餐的旅客就餐消费的心理需求有：① 有要求饮食品干净卫生的心理需求。② 有要求得到尊重的心理需求。③ 有要求餐饮食品符合口味的心理需求。④ 有要求得到快捷服务的消费心理。⑤ 有求知求新的消费心理。⑥ 有要求食品饮料价格实惠的消费心理需求。⑦ 有要求餐吧车雅静和舒适的消费心理需求。⑧ 有怀旧的心理需求。

（三）针对消费者的消费心理需求，提供有针对性的服务

（1）满足就餐消费者求安全、求饮食品卫生的需求。

（2）满足旅客求受尊重的心理需求。

（3）满足旅客要求食品符合口味的心理需求。

（4）满足旅客求新的心理需求。

（5）满足旅客求价格实惠的消费心理需求。

（6）满足旅客求舒适、雅致的心理需求。

（7）满足旅客的怀旧心理需求。

二、动车组列车餐饮服务投诉处理

遇到旅客投诉时要真诚聆听，无论旅客投诉的问题是否存在，都应让旅客先提出他的需求，再结合实际情况予以反馈。餐饮服务人员采取正确的处理办法，能最大限度地消除投诉。如旅客存在不当用语，切记不可与旅客发生争论冲突。如发生"餐食质量"等较为严重的投诉，务必做好证据留存，可采用拍照、录音等方法，并留取旅客联系方式以备后续跟踪处理。

（一）旅客投诉心理分析

服务是动车组餐吧车的主要产品，餐吧车通过销售服务而盈利。旅客与餐吧车餐饮服务的关系是买和卖的关系，也是被服务与服务的关系。当旅客认为所付出的费用与得到的服务产品质量不成正比，即认为所购买的产品非所值时，就会产生投诉行为。旅客投诉的一般心理如下：

1. 求尊重的心理

旅客投诉之后，都希望别人认为他的投诉是对的，希望得到同情、尊重，希望有关部门重视其意见，向其表示歉意，并立即采取相应的措施。

2. 求发泄的心理

旅客在碰到他们烦恼的事情之后，心中充满了怨气、怒火，要利用投诉的机会发泄出来，以维持他们的心理平衡。

3. 求补偿的心理

旅客在遭到一定损失而向餐服长、列车长投诉时，希望能得到补偿。

4. 求平衡的心理

在节奏快、压力大的现代生活里，轻松的机会太少，旅客出门到餐吧车一般都希望能获得轻松愉快的、周到细致的服务，借此减轻日常生活中的压力。

（二）处理旅客投诉的基本原则

动车组列车餐饮服务人员应事先做出预案以及设计出投诉发生后的补救方法。在处理餐吧车旅客投诉时，应注意遵守以下基本原则：

1. 正确认识旅客的投诉行为

旅客投诉意味着旅客的某些需要未能得到满足，反映了旅客对餐吧车、对餐饮服务人员服务工作质量和管理工作质量的一种评价。餐饮服务人员通过投诉，可以发现自己发现不了的工作漏洞；通过投诉，可以鞭策餐吧车及时堵塞工作漏洞，对症下药，解决以前存在的严重影响餐吧车声誉的工作质量问题，提高经营管理质量，积累经验，不断完善工作制度。

2. 真心诚意地帮助旅客解决问题

旅客投诉，说明餐吧车的管理及服务工作有漏洞，说明旅客的某些需求尚未被重视。餐饮服务人员应理解旅客的心情，同情旅客的处境，努力识别及满足他们的真正需求，满怀诚意地帮助旅客解决问题。只有这样，才能赢得旅客的信任与好感，才能有助于问题的解决。

3. 决不与旅客争辩

当旅客怒气冲冲前来投诉时，首先应适当地选择处理投诉的地点，避免在餐吧车公共场合接受投诉；然后让旅客把话讲完，对旅客的遭遇表示歉意，应感谢旅客对餐吧车的关心。当旅客情绪激动时，餐饮服务人员更应注意礼貌，决不能与旅客争辩，应设法平息旅客怒气，解决问题。

4. 不损害餐吧车的利益

餐饮服务人员对旅客的投诉进行解答时，必须注意合乎逻辑，不推卸责任，不随意贬低他人或列车其他部门。对于大部分旅客投诉，餐吧车可通过提供面对面的额外服务，以及对旅客的关心、体谅、照顾来解决投诉问题，维护餐吧车形象。

（三）处理旅客投诉问题的技巧

妥善处理旅客投诉是一门艺术。在处理过程中，不但要体现您的服务技巧，还要做好补救工作，用细心服务打动旅客。

在餐吧车服务的交往过程中，旅客求尊重的心理十分明显，而在进行投诉活动时这种心理更加突出。他们希望得到有关部门的重视，要求尊重他们的意见，希望工作人员向他们表示歉意，并立即采取行动，恰当处理投诉。具体做法：

（1）感谢顾客的投诉；仔细聆听，找出投诉的问题所在。表示同情，决不争辩。

（2）对顾客投诉问题的回应一定要迅速，正视顾客的问题，不回避问题。在接到顾客投诉时应立即登记事由并以最快的时间由经办人到现场取证核实。

（3）搜集资料，找到问题，汲取教训，立即改进。

（4）既成事实的赔偿，一般是在双方友好协商的基础上达成共识。

（5）建立完整的顾客投诉处理的流程与记录。

动车组列车餐饮服务主要投诉问题的处理办法及服务用语见表5-4-1。

表5-4-1 动车组列车餐饮服务主要投诉问题的处理办法及服务用语

投诉类型	具体问题	解决方法	服务用语
餐食问题	餐食配发不足	向旅客表示客流量较大，用餐人数较多，并推荐其他餐食	先生（或女士），您好！由于今天的客流量较大，许多旅客都有用餐需求，所以这款餐食目前已经卖完了。我们还有其他特色餐食也深受旅客喜欢，您是想要口味清淡的，还是要具有地方特色一点的呢
	餐食质量	1. 餐服长前往判断是否存在餐食质量问题，并对餐食进行拍照，与旅客对话并进行现场录音。 2. 如不存在餐食问题，向旅客说明情况，并倒水安抚。 3. 如存在餐食问题，尽可能邀请旅客前往餐车以协商后续事宜，向旅客道歉并询问是否食用。 （1）如没有食用，更换或退款，回收问题产品，并留取旅客联系方式，汇报车队长。 （2）如已食用，询问旅客身体状况，汇报车队长，协商更换或退款，留取旅客联系方式。 （3）等待上级指示	1. 先生（或女士），您好！您的意见我已经明白了，为了事件后续跟踪，以最大限度地保障您的权益，我们需要对餐食拍一下照，谢谢。 2. 感谢您的意见，我们会一如既往地向您提供卫生美味的餐食、专业优质的服务。 3. 很抱歉为您带来这样的用餐体验。请问餐食您是否已经食用了呢？ （1）餐食我们会回收处理，并找出原因。目前这款餐食还有库存，先生（或女士）您需要更换餐食还是退款呢？ （2）真的很抱歉为您带来这样的用餐体验。您现在身体有哪里不适吗？由于事情超出了我的处理权限，为了最大限度地保障您的权益，我现在马上联系上级为您妥善处理，请稍候（马上联系车队长，等待上级指示，为维护旅客权益留取旅客联系方式）

续表

投诉类型	具体问题	解决方法	服务用语
餐食问题	无15元米饭和2元水	1. 向旅客解释客流量较大，用餐人数较多，导致15元米饭和2元水已售罄，请求谅解。 2. 向旅客推荐其他餐食	先生（或女士），您好！列车按照规定有配备15元米饭和2元水，但因为今天客流量较大，用餐人数较多，目前15元米饭和2元水已售罄。我们还有其他特色餐食也深受旅客喜欢，您是想要口味清淡的，还是要具有地方特色一点的呢
	不满意餐食口味、分量	听取旅客不满意餐食哪一点，询问旅客希望如何改善，并记录下来，在"乘务日志"中进行反馈	（手拿笔与记事本）先生（或女士），您不太满意餐食的哪一点呢？您希望可以更咸一点、更辣一点还是其他要求呢？我会记录下来，向上级反馈您的宝贵建议
	餐食加热时间不足	道歉，并马上为旅客安排加热餐食；加热完后请旅客再尝一口，看是否加热充足	先生（或女士），很抱歉。餐食加热时间我们是有严格标准的，但会因为微波炉或天气原因造成餐食热量不足。现在马上为您再次加热，请稍候（加热完餐食后）这是您的餐食，您尝尝热度是否充足
	不满意现制饮品质量	道歉，表示现制饮品制作的难度，请旅客原谅，今后我们会加强学习，期待为旅客带来更专业优质的服务	先生（或女士），很抱歉为您带来这样的用餐体验。因为现制饮品的制作比较复杂，我还在学习中，所以没有做得十分完美，还请您原谅。今后我会加强学习，争取下次能为您带来更专业优质的服务（鞠躬）
	对餐食生产日期不理解	向旅客解释餐食在特定温度下保存，保质期是经过审批的，保质期内食用是安全的	先生（或女士），您好！餐食的生产工艺符合相关企业标准，保质期也通过食品药品监督管理局的审批。餐食只要储存在零下10 ℃~0 ℃下，即可保质。在保质期内，餐食都是安全可食用的，您可放心食用
	产品价格贵	向旅客解释价格是根据物价标准制定的，如有任何问题可进入微信公众号进行反馈，会有专门的工作人员解答	先生（或女士），您好！感谢您对我们工作提出的宝贵建议，我们餐食的价格都是根据物价标准制定的，您如果有其他疑问可以关注我们的公众号进行咨询，会有专门的工作人员为您解答

续表

投诉类型	具体问题	解决方法	服务用语
餐食问题	价格与标签、餐牌不符	道歉,并表示标签、餐牌在安排更新中,请旅客谅解。感谢旅客的指正,表示会向上级反映	先生(或女士),您好!实在抱歉。因为标签、餐牌最近正在安排更新,所以出现了个别产品价格不符的现象,还请您谅解(鞠躬)。同时也非常感谢您的指正,我会记录下来向上级反映,及时更新
服务质量	服务态度问题	1. 微笑鞠躬,向旅客道歉,解释因为工作忙碌,一时没有注意措辞,请旅客原谅。询问是否需要其他服务。 2. 如旅客不接受道歉,请餐服长倒茶前往解释	先生(或女士),您好!因为今天的客流量较大,车上事务较多,一时没有注意措辞,冒犯了您,真的很抱歉,还请您原谅(鞠躬)。今后我会加强服务标准的学习,希望下次能为您带去更专业优质的服务。您还需要其他服务吗
	服务意识问题	1. 向旅客解释因为工作忙碌,没有及时为旅客处理问题,请旅客原谅。 2. 询问旅客需要什么服务	先生(或女士),您好!由于今天的客流量较大,车上事务较多,没有及时为您处理问题,实在抱歉(鞠躬)。您这边需要什么呢,马上为您服务
	错配餐食	1. 向旅客解释因为工作忙碌,导致记忆错误,错配餐食。 2. 马上拿出错配餐食的金额,双手递给旅客,请旅客谅解	先生(或女士),您好!因为今天的客流量较大,用餐的旅客较多,导致一时记错,给您错配了餐食。这是错配餐食的金额(双手呈上),还请您谅解。今后我会加强服务标准的学习,希望下次能为您带去更专业优质的服务
	误会产品已售罄	1. 向旅客解释因为工作忙碌,导致记忆错误,以为产品已售罄。 2. 马上拿出产品,双手递给旅客,请旅客谅解	先生(或女士),您好!由于今天客流量较大,用餐的旅客较多,我以为这款产品已经卖完了,实在抱歉,还请您谅解(鞠躬)(拿出产品,双手递给旅客),您看还需要吗
售后问题	未及时送餐	1. 向旅客解释客流量较大,用餐人数较多,导致未能及时送餐,请求谅解。 2. 表示马上为旅客安排送餐	先生(或女士),您好!因为今天的客流量较大,用餐的旅客较多,导致没有及时送餐,还请您谅解(鞠躬)。现在马上为您安排送餐,请稍候
	未及时提供发票	向旅客道歉,表示可以提供发票,询问旅客所购买餐食的金额,并拿出发票马上给对应金额的发票	先生(或女士),您好!很抱歉没有及时为您提供发票,餐车的任何餐食我们都可以提供发票的,请问您所购买的餐食的金额是

续表

投诉类型	具体问题	解决方法	服务用语
售后问题	未提供用餐座位	向旅客表示餐车已坐满,向旅客表示可在餐车稍等一下	先生(或女士),实在抱歉!因为今天客流量较大,餐车已经坐满了,您可以在这里稍等一下,等其他旅客离开后即可就座,我们也会为您留意的
	餐车环境差	道歉,并请教旅客具体是哪里没做好,并在自己能力范围内整改(如不在自己能力范围内,告知旅客已超过权限,会向上一级反映)	先生(或女士),您好!很抱歉为您带来这样的用餐体验,很感谢您对我们工作提出的宝贵建议。您是觉得餐车哪一点做得不够好呢(在自己的能力范围内整改)
微信点餐	微信点餐未退款	为旅客解释微信点餐退款流程与时间	先生(或女士),您好!我们会在1个工作日内为您完成退款操作,如无异常,退款会于2~5个工作日内执行完成,原路退回用户支付账户
	微信订单已确认,实际商品已经售完	向旅客道歉并解释可能是因为网络延迟的问题,导致商品实际已售完但仍可以确认订单。会向上级反映请技术解决。向旅客推荐其他餐食,介绍餐食特色	先生(或女士),很抱歉!可能是因为网络延迟问题,导致商品实际已售完但仍可以确认订单。我会记录下来向上级反映,请技术人员尽快解决。餐车目前还有其他特色美食(根据实际情况介绍),您比较喜欢哪一款呢?我们可以马上为您安排
	微信点餐未及时送餐	1. 向旅客解释微信点餐送餐时间。 2. 因客流量较大,用餐人数较多,导致未能及时送餐,请求谅解。 3. 表示马上为旅客安排送餐	先生(或女士),您好!微信点餐的送餐时间为下单后20分钟内,如有特殊情况,会稍有延迟。因今天的客流量较大,用餐的旅客较多,导致没有及时送餐,还请您谅解(鞠躬)。现在马上为您安排送餐,请稍候
	微信未及时上下架产品	向旅客道歉,并解释由于客流量较大,用餐人数较多,导致没有及时上下架产品。向旅客表示餐车在×号车厢,旅客可到餐车即时点餐	先生(或女士),很抱歉!因为今天客流量较大,用餐的旅客较多,导致没有及时上下架产品,还请您谅解,餐车在×号车厢,您可前往餐车即时点餐,会有乘务员为您服务

续表

投诉类型	具体问题	解决方法	服务用语
微信点餐	微信点餐重复收款	1. 向旅客解释重复收款的原因为：旅客下单时车次字母输入有误。 2. 请旅客再次付款，误付的金额会按照微信点餐退款流程进行。 3. 与旅客协商完后与队长报备；退乘时与财务报备，并提供订单号	先生（或女士），您好！因为高铁动车和城际的车次字母不一样，您刚才输入车次信息的时候可能输错了，金额付到别的车次去了。你这边如果方便的话，能否再付一次？错付的金额我会与上级汇报，1个工作日内为您完成退款操作，如无异常，退款会于2~5个工作日内执行完成，原路退回用户支付账户

> 任务实施

1. 任务准备

（1）设备准备：仿真动车组餐吧车设备，动车组列车餐饮食品，专业训练服（可着正装）。

（2）实训资料准备：实训任务单、动车组列车服务质量规范、教材等。

（3）情景准备：实训前各小组查阅、收集资料，选择动车组列车餐饮投诉处理时，餐服长和餐饮服务人员按照作业程序进行情景，情景中包括动车组列车乘务组中的餐服长、餐饮服务人员和投诉旅客，人数自定，情景涉及动车组列车餐饮投诉处理环节。

（4）人员准备：实训分小组进行，每组6～8人，每小组做好人员分工。

2. 实施步骤

（1）做出预案以及设计出投诉发生后的补救方法。

（2）真诚聆听投诉旅客的需求。

（3）处理旅客餐饮投诉。

（4）组内互查，教师总结并评分、评价。

3. 任务单

任务训练		动车组列车餐饮投诉处理训练	
班　级		姓　名	
1. 动车组列车餐食问题投诉处理。			
2. 动车组列车餐饮服务质量投诉处理。			
3. 动车组列车餐饮售后问题投诉处理。			
4. 动车组列车微信点餐问题投诉处理。			
任务总结：			

4. 效果评价

	项目	A—优	B—良	C—中	D—及格	E—不及格	综合
小组评价	了解需求（10%）						
	预防与补救（10%）						
	投诉处理（30%）						
	团队合作（10%）						
教师评价	投诉处理（20%）						
	任务单（20%）						
	教师签名						

复习思考题

1. 动车组列车餐饮供应有何规定？
2. 动车组列车餐饮经营规范有何规定？
3. 简述外籍旅客的饮食习惯。
4. 简述少数民族旅客的饮食习惯。
5. 如何做好重点旅客餐饮服务？
6. 处理旅客投诉的基本原则有哪些？

项目六　高速铁路动车组列车餐饮作业安全管理

项目描述

　　动车组列车食品生产经营单位应当保证食品质量安全。动车组列车的餐饮品、商品有检验、签收制度，采购、包装、贮存、加工、运输、销售符合食品卫生安全要求。不出售无生产单位、生产日期、保质期和过期、变质的食品。超过保质期限的食品单独存放、回收销毁。本项目主要介绍动车组列车餐饮服务安全管理及餐吧车应急处置。本项目的学习，可使学生掌握动车组列车餐饮服务安全管理制度，能够进行动车组餐吧车应急处理工作。

学习目标

　　1. 思政目标

　　热爱中国共产党、热爱社会主义祖国、热爱人民、热爱集体；遵守法律、遵规守纪；具有社会责任感和参与意识。

　　2. 素质目标

　　树立"人民铁路为人民"的职业情操，具有良好的职业道德和职业素养，具有较强的集体意识和团队合作精神。

　　3. 能力目标

　　能够做好动车组列车餐吧车安全管理工作；能够熟练使用动车组列车餐吧车各种安全应急设备，清楚本岗位火灾应急处置职责和应急处置要点；能够及时处理突发事件。

　　4. 知识目标

　　掌握动车组列车餐饮服务安全管理的相关规定，熟悉动车组列车餐吧车安全设备的配置情况和使用要求。

任务1　动车组列车餐饮作业安全管理

任务引入

　　动车组列车餐饮服务在采购、加工、储存、配送、销售、回收过程中，必须确保餐饮质量卫生安全；在配送、销售、回收过程中，应避免造成旅客人身伤害。餐饮服务人员站内作业时，必须遵守车站相关管理规定，服从车站工作人员指挥，确保铁路行车安全。餐饮服务人员在站内和列车上进行食品加热、加工作业时，应规范操作，确保不发生火灾事故。

请思考：动车组列车餐饮服务人员如何做好餐饮安全管理工作？

相关知识

动车组列车发生食品安全事故时，应立即封闭经营场所和封存经营食品，组织救治患者，并及时报告前方停靠车站、主管部门和铁路食品安全监督机构，协助做好调查处理工作。

一、动车组列车餐饮安全管理相关规定

（一）《铁路运营食品安全管理办法》

铁路运营食品经营指铁路站车和铁路运营站段范围内的食品销售、食品贮存、食品运输、餐饮服务等活动。

铁路站车是指铁路车站和铁路客货运列车。铁路车站范围指铁路车站主体站房前风雨棚以内、候车室、站台等站内区域。铁路运营站段包括直属车站、车务段、客运段、机务段、供电段、车辆段、动车段、工务段、电务段，以及行车公寓（招待所）、配餐基地等铁路基层单位。铁路运营站段范围指铁路运营站段所属单位维护设施结构以内的地域。

铁路运营食品安全管理办法实行铁路运营食品安全统一监督管理制度。国家食品药品监督管理总局负责指导铁路运营食品安全监督管理工作。中国铁路总公司负责组织铁路运营食品安全监督管理工作。铁路食品安全监督管理机构具体承担铁路运营食品安全监督管理工作，并接受所在地省级人民政府食品药品监督管理部门的业务指导。任何组织或者个人均可向铁路食品安全监督管理机构举报铁路运营食品安全违法行为，了解食品安全信息，对铁路运营食品安全监督管理工作提出意见和建议。

1. 食品经营要求

（1）铁路运营中的食品生产经营者应当遵守国家食品安全法律法规、食品安全标准和铁路运营食品安全管理要求，建立健全食品安全管理制度，开展食品安全自查，改善食品生产经营环境，落实进货查验记录和索证索票制度，建立食品安全追溯体系，加强从业人员培训和健康管理，建立食品召回制度，不得从事法律法规禁止的食品生产经营活动。

铁路站车及规模以上食品生产经营企业应当建立食品安全信息化管理系统，推行食品安全质量体系认证，开展诚信体系建设，提高食品安全管理水平。

（2）铁路站车食品销售应当实行统一采购、统一进货制度，加强食品销售台账管理，保持场所环境整洁，禁止销售变质或者超过保质期的食品。

（3）铁路餐车应当实行集中统一进货制度，净菜、冷热链食品配送上车，食品分类冷藏、即时加工；物品定位存放，餐饮具洗消合格，环境卫生整洁，避免交叉污染；食品加工设备齐全、功能完好，保证食品安全。

（4）铁路运营站段职工食堂应当建立开办者第一责任人制度，做到设施设备齐全、功能完好，食品分类冷藏、即时加工和餐饮具洗消合格。落实食品贮存、食品加工、通风防尘、防鼠防虫、垃圾处理等风险控制要求，实施食品留样制度，保证食品安全。

（5）铁路运营集中加工快餐盒饭的食品经营企业应当达到厂房洁净、封闭加工、流程合理等控制要求，落实原料检验、半成品检验、成品出厂检验等检验控制要求，实施食品留样措施，做到全程可追溯。盒饭应当标注生产日期，配送应当达到贮运温度、时间等控制要求。

（6）铁路站车生活饮用水应当符合国家生活饮用水卫生标准。

2．贮存与运输要求

（1）承运食品的车站应当建立健全食品安全管理制度，符合铁路货物运输规定，保持货场环境卫生整洁，实施食品定点货位存放，做好货品查验登记，保证食品可追溯。

（2）承运食品的车站应当落实食品贮存通风、防潮、鼠虫害等风险控制要求，保证食品贮存货位达到贮存温度、湿度等食品安全标准，禁止食品与有毒有害物品混放、混装。

（3）承运食品的车辆应当符合铁路货物运输管理规定，贮存、运输和装卸食品的容器、工具和设备应当安全、无害，保持清洁，标有清洗合格标识，禁止食品与有毒有害物品混运，防止食品交叉污染。

（4）承运鲜肉类、水产品等易腐败变质食品，应当具有冷藏冷冻设施，并符合温度、湿度等食品安全控制要求。

3．监督管理

（1）铁路食品安全监督管理机构应当依照《中华人民共和国食品安全法》（以下简称《食品安全法》）等法律法规规定，对辖区内铁路运营中的食品生产经营活动实施许可和日常监督管理。

（2）铁路食品安全监督管理人员凭执法证件在辖区内开展食品生产经营监督检查工作。

（3）铁路食品安全监督管理机构应当按照规定对食品进行抽样检验，公布检验结果，并及时向食品药品监督管理部门通报。

（4）铁路食品安全监督管理机构在食品安全监督管理工作中可以采用国家规定的快速检测方法对食品进行抽查检测。

对抽查检测结果表明可能不符合食品安全标准的食品，依照《食品安全法》第八十七条的规定进行检验。抽查检测结果确定有关食品不符合食品安全标准的，可以作为行政处罚的依据。

（5）发生铁路食品运输污染、食物中毒等食品安全突发事件的单位，应当立即报告所属铁路食品安全监督管理机构。

铁路食品安全监督管理机构应当按照《食品安全法》相关规定，制定食品安全突发事件应急预案。发生突发事件后，应当立即采取封存导致或者可能导致食品安全突发事件的食品及其原料、工具及用具、设施设备等控制措施，会同有关部门、铁路疾病预防控制机构进行调查处理，做好食品安全突发事件应急处置工作，并按预案要求报告。

（6）铁路食品安全监督管理机构应当与食品药品监督管理等部门建立应急处置工作协调机制，必要时向相关部门通报食品安全突发事件信息。

（7）铁路运营中的食品生产经营者违反食品安全法律法规的，由铁路食品安全监督管理机构依有关规定给予行政处罚。涉嫌食品安全犯罪的，按照有关规定移送公安机关依法处理。

(二)《动车组列车服务质量规范》

1. 餐饮经营

（1）餐饮经营符合有关审批、安全规定，证照齐全有效。食品经营单位的食品安全管理制度健全。

（2）餐车销售的饮食品符合国家有关规定。销售的商品质价相符，明码标价，一货一签，价签有"CRH"标志，提供发票。餐车明显位置、售货车、服务指南内有商品价目表和菜单，无只收费不服务行为。

（3）餐车整洁美观，展示柜布置艺术，与就餐环境相协调；厨房保持清洁，各种用具定位摆放。商品、售货车等不堵通道，不占用旅客使用空间。售货车内外清洁，定位放置，有制动装置和防撞胶条。

（4）商品柜、冰箱、吧台、橱柜不随意放置私人物品（乘务员随乘携带的餐食等定位存放）。餐食、商品在餐车储藏柜、冰箱内定位放置，不占用旅客使用空间。

（5）餐车配置的微波炉、电烤箱、咖啡机等厨房电器符合规定数量、规格和额定功率，保持洁净。

（6）经营行为规范，文明售货，不捆绑销售商品。非专职售货人员不得从事商品销售等经营活动。餐车实行不间断营业，并提供订、送餐服务。销售人员不得在车内高声叫卖、危险演示，销售过程中主动避让旅客。夜间运行时，不得进入卧车销售，座车可根据情况适当延长或提前销售时间，但不得超过1小时。

（7）供应品种多样，有高、中、低不同价位的旅行饮食品。尊重外籍旅客和少数民族的饮食习惯。盒饭以冷链为主，热链为辅，常温链仅做应急备用，有清真餐食。

（8）餐饮品、商品有检验、签收制度，采购、包装、贮存、加工、运输、销售符合食品卫生安全要求。

（9）不出售无生产单位、生产日期、保质期和过期、变质，以及口香糖、方便面等严重影响列车环境卫生的食品。超过保质期限的食品单独存放、回收销毁。

（10）一次性餐饮茶具符合国家卫生及环保要求。

2. 广告经营规范

广告发布的内容、形式、位置等符合有关规范，布局合理，安装牢固，内容健康，与列车环境协调，不挤占铁路图形标志、业务揭示、安全宣传等客运服务内容或位置，不影响安全和服务功能，不损伤车辆设备设施。

（三）动车组列车冷藏盒饭的食品安全管理

对动车组列车冷藏盒饭的运输、贮存、销售过程进行危害分析，温度和时间是动车组列车冷藏盒饭的关键控制点。冷藏盒饭的生产、保质时间要标注到年、月、日、时、分，采用封闭式专用车辆运输，从成品出库到复热前的中心温度应持续在 10 ℃ 以下，保存时间不超过 24 小时。

供餐前应充分加热，加热后盒饭的中心温度不低于 70 ℃，持续不低于 60 ℃，保存不超过 4 小时；无温控存放条件的，要求即时加热即时出售，存放不得超过 2 小时。每个乘务组配备食品中心温度计，按批次检测盒饭的中心温度，使用统一配备的微波炉进行加热，根据中心温度和每次加热的数量，确定不同的加热时间，充分保证食品中心温度不低于 70 ℃。

二、动车组列车餐吧车卫生管理

（一）餐饮从业人员要求

1. 餐饮从业人员资质

餐饮经营者应符合《铁路运营食品安全管理办法》的有关规定，经铁路食品安全监督机构许可后，方可从事食品经营活动。食品经营单位的食品安全管理制度健全，"餐饮服务许可证"有效，从业人员个人卫生良好，持有效健康证明上岗工作。

（1）食品餐饮及公共场所从业人员持有健康合格证和培训上岗证方可上岗。

（2）餐饮生产经营人员应当经常保持个人卫生，生产、销售食品等，必须将手洗净，穿戴清洁的工作衣帽，销售直接入口食品时，必须使用售货工具。

2. 不能参与饮食服务的人群

患有细菌性痢疾，伤寒，病毒性肝炎，活动性肺结核，渗出性、化脓性皮肤病以及其他有碍从事直接为顾客服务疾病的人不得从事食品和公共场所的服务工作。

（二）餐饮从业人员个人卫生要求

餐厅的每一名服务员，都必须特别注重个人卫生，养成良好的卫生习惯。

（1）在任何时间里，服装都要保持整洁、合身，上岗必须穿工作服，穿工作鞋，鞋袜清洁、无味，内衣、外衣要保持整洁。

（2）在工作前、便后、准备食物前、摸了脸或头发之后、处理完脏东西后、摸了钱后，都应该用肥皂、热水把手洗净，要保持指甲洁净，不涂指甲油。

（3）禁止浓妆艳抹，不要洒过多的香水。

（4）不要穿戴珠宝首饰。

（5）在工作区域内禁止吸烟、嚼口香糖、吃零食。

（6）在工作区域内不要梳理头发、喷洒发胶、修剪指甲或化妆。

（7）不要在离食品近的地方咳嗽、打喷嚏。不使用口袋里的手绢，如果有需要，可使用专门配置的纸巾，然后扔到指定的垃圾收集处。

（8）为客人服务前注意不食韭菜、大蒜、大葱和榴莲等有强烈气味的食品。如在客人面前咳嗽、打喷嚏须用手帕掩住口鼻，并背向客人。

（9）当手指割伤或戳伤时，应立即用止血胶带包扎好。

（10）当发生刀伤或烫伤事故时，应立即用止血胶带包扎好。

（11）女服务员上班要淡妆打扮，以保持皮肤的细润，显得年轻、有活力。男服务员不化妆，但要经常修胡须、剪鼻毛。

（12）餐车加热、供应餐食时，服务人员戴口罩、手套；女性穿系围裙。

（三）卫生防疫要求

动车组应达到无鼠蟑虫害的卫生要求，餐饮、食品售货场所需配备防鼠、防虫设施和药品。

三、动车组列车餐吧车安全管理

动车组旅客运输安全主要包括防火防爆、车门管理、乘降组织、人身安全、食品卫生、票据现金等安全关键项点。

（一）消防安全管理

动车组消防安全包括消防安全培训演练、消防设备使用、防控烟雾报警、用电安全管理等。

1. 消防安全培训

乘务班组全员经过消防安全培训考试合格，清楚列车灭火器种类、位置、数量及使用范围。能够熟练掌握列车各种灭火器的使用方法，会开关防火隔断门、紧急解锁开关车门、架设应急逃生梯，清楚本岗位火灾应急处置职责和应急处置要点。

2. 消防设备设施

列车长始发整备期间组织乘务员、餐饮服务人员对全列车厢所有消防器材数量、状态、存放位置进行检查确认，确保消防器材铅封良好、压力正常。

3. 防控烟雾报警

加强列车禁烟广播宣传，加强列车车门口、卫生间等关键处所和车内阴暗部位检查巡视。每站开车后播报安全宣传广播，区间根据实际情况增加调整播报次数。

发生烟雾报警后，要及时赶赴报警位置，确认吸烟旅客，列车长会同乘（辅）警记载核实旅客身份信息，乘警或列车长会同辅警将吸烟旅客交到站派出所进行处理。退乘后列车长将吸烟旅客有关信息录入征信系统。

4. 餐吧车内电气设备安全检查到位

餐吧车电气设备按照额定功率使用，始发前和运行中认真执行餐吧电茶炉、展示柜、微波炉、电烤箱、电冰箱、保温柜等电气设备的检查，确保接线、插座无松动，电源线无断裂，按钮开关、指示灯作用良好，各种电气设备做到有人监管，人离断电。

（二）人身安全管理

人身安全是指旅客在乘坐动车组期间的人身安全和乘务人员作业期间自身安全。旅客人身安全包括安全宣传和防止旅客意外伤害两部分。乘务人员自身安全包括人身安全教育、固定路线走行、加强"两纪"管理三个方面。

（1）旅客人身安全管理。

列车始发开车前、途中每站开车后播放旅客乘车安全常识。各类安全标识设置齐全、规范。服务指南包含旅客乘车安全宣传内容。

（2）旅客意外伤害防控。

① 旅客摔伤防控。及时清理地面水渍，防止旅客滑倒摔伤。到站前广播通报到站信息同时提示旅客下车时注意站台与列车缝隙。密切关注重点旅客，主动帮扶，提示到位。到站后乘务员车门立岗期间，关注旅客乘降情况，提示旅客注意乘降安全。

② 旅客砸伤防控。旅客行李放置平稳，发现行李放置在格挡上的现象及时纠正，发现铁器、锐器、玻璃器皿等物品时要提示旅客取下改为地面放置，发现侧兜存放水杯的背包时提示旅客取出。

③ 旅客撞伤防控。大件行李、地面放置行李摆放稳妥，对有万向轮的行李箱采取防溜措施，防止列车运行期间行李箱窜动伤人。列车使用航空车、垃圾车制动性能良好，防撞条完整，途中进入车厢作业主动避让旅客，停车必须将制动装置踩下，防止车辆窜动撞伤旅客。

④ 旅客烫伤防控。始发重点检查茶炉防烫伤标识是否完整齐全，始发前、每站开车后播放包含防烫伤安全广播。巡视作业期间重点提示旅客接水不要过满，水杯入槽，拧紧杯盖，帮助重点旅客接打开水，防止旅客烫伤。

动车组列车餐吧车发生旅客烫伤事故时处理方法及服务用语见表6-1-1。

表 6-1-1　旅客烫伤事故处理方法及服务用语

处理方法	服务用语
1. 餐服长处理：道歉、查看伤口情况（录音）。 2. 轻微创伤：伤口处理，茶水致歉；留取旅客联系方式，报备队长，后续跟踪。 3. 一般创伤：寻求车长协助（启用医药箱），处理伤口；征求旅客意见，留取联系方式；报备队长，等待指示。 4. 严重创伤：广播寻医，伤口紧急处理；留取联系方式；报备队长，等待指示。	1. 先生（小姐），您好！首先向您道歉，由于列车摇晃较大，导致餐服员操作不当，烫伤了您，实在非常抱歉（鞠躬）。请问您现在感觉伤口会很痛吗？是否需要冰块冷敷？（录音） 2.（双手递水给旅客）您请喝茶，如有任何不适可随时到餐车找我们，或者您看是否方便留下联系方式，后续如果有其他需求我们也能第一时间反馈给您？ 3. 实在抱歉（鞠躬），我马上联系车长启用医药箱，为您处理伤口。（处理完伤口后）您如有其他需求也可随时通知我，或者您看是否方便留下联系方式，我会转达上级，最大限度地保障您的权益，妥善处理今天的事？ 4. 非常抱歉（鞠躬），我马上联系车长进行广播寻医，为您进行伤口紧急处理。（处理完伤口后）先生（女士）您好，实在抱歉（鞠躬），您看是否方便留下联系方式，我会转发上级，最大限度地保障您的权益，妥善处理今天的事故

（三）食品卫生安全管理

食品安全主要通过卡控餐食生产、存储、加热、销售、报废 5 个环节，确保餐食符合食品卫生安全规定。

1. 生产许可管理

具备食品经营许可证，所售食品资质齐全有效，能提供第三方检测报告。

2. 食品储存管理

餐吧车供应的食品应符合食品储存的环境要求，冷链食品应在 0 ℃~8 ℃ 储存。热链食品存储温度不低于 70 ℃。动车组列车禁止销售常温链食品。食品与非食品应分开存放。列车工作人员自带食品统一放置在乘务冰箱内（环保包装袋严禁存放在冰箱内），与售卖餐食隔离存放。冷链盒饭测温如图 6-1-1 所示。

3. 食品加热管理

餐食使用微波炉加热，温度达标。餐食加热前使用打孔针或一体测温计扎眼，使用微波炉预热时人不得离开。打孔针和测温计使用前消毒，餐食加热每格菜品中心温度应达到 75 ℃ 以上，每批每种餐食首盒测温中心温度达到 75 ℃ 以上。中心温度测温如图 6-1-2 所示。

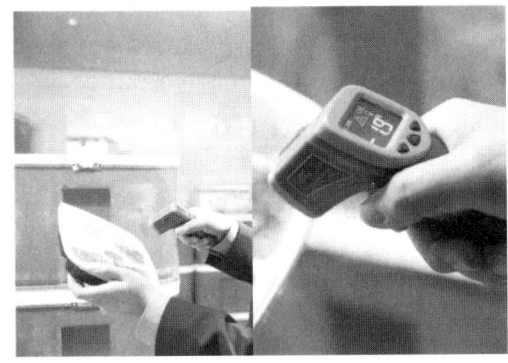

图 6-1-1　冷链盒饭测温

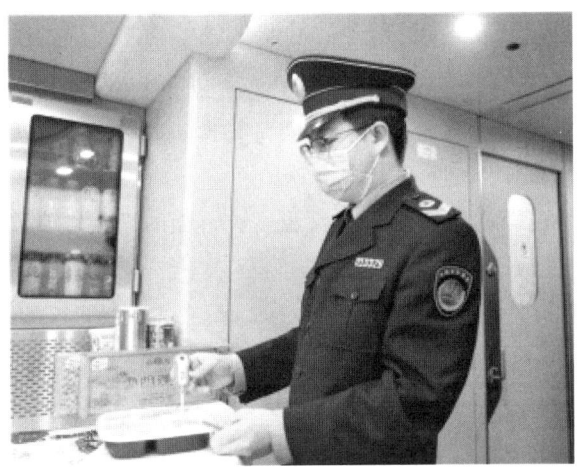

图 6-1-2　中心温度测温

4. 餐食销售管理

餐吧车餐售人员售卖加热、供应餐食时应符合食品卫生操作要求，佩戴口罩、手套。严禁出售"三无"和过期、变质食品。

5. 食品报废处置

动车组列车冷链盒饭应采取时间控制措施。对取得食品经营许可单位加工的冷链盒饭，食用时限应控制在 24 小时内，食品生产许可的冷链盒饭，在冷藏条件下，保质期设定不得超过 72 小时。

复热食品的中心温度达到 70 ℃ 以上并保存于 70 ℃ 热藏的，食用时限为复热后 4 小时，复热后在常温保存的食用时限为 2 小时。超过保质期，不得重复加热。

加强废弃盒饭控制。对超过食用时限等原因而未销售盒饭应粘贴"报废商品、不得出售"红色标志，并将其放入标有报废物容器箱中，交回配送中心集中报废处理，并填写报废记录。

（四）站台安全管理

（1）站台立岗扶车，严禁倚靠推车，单手扶车。
（2）严禁垃圾随意丢弃，丢弃纸箱需踩扁后装进垃圾袋，封口后丢弃在垃圾投放处。
（3）在规定黄线内列队行走。
（4）小推车上层严禁摆放任何物品，避免滑落轨道。
（5）及时接餐避免漏乘（12306餐食）。

四、动车组列车餐吧车食品储存方法

动车组列车销售的食品必须按照产品自身要求的贮藏条件操作，不得贪图方便放置在吧台。

1. 水果储存

按常温储藏操作，不得将水果放置在保温箱内，避免加快水果腐烂变质速度。

2. 冷链餐食储存

（1）清点冷链餐食时注意加快速度，避免餐食暴露在常温环境时间过长，每个保温箱清点时间不超过5分钟。
（2）每个餐食保温箱内均要放置圆盘温度计，随时盯控餐食温度变化情况，温度把控在 $0\ ℃ \sim 10\ ℃$。

3. 冷冻餐食储存

（1）点货时注意查看解冻标签，禁止标签模糊、脱落、过期等冻品流入餐车。
（2）加热牛腩拉面时注意检查包装是否完好。
（3）按照先进先出原则摆放餐食。
（4）回收冻品禁止直接接触干冰降温。

4. 热链餐食储存

（1）加热餐食之前必须使用配发的热水袋自制热水袋预热保温箱，取电茶炉的水倒热水袋里并扎口，取水过程要小心避免烫伤。
（2）预热餐食需撕膜，按要求使用标签填写预热时间，严禁二次加热。
（3）加热时间充分，加热中心温度至少在 $70\ ℃$，在2小时内售卖完毕。热链餐食贮存温度在 $60\ ℃$ 以上，保质期4小时。

5. 牛奶储存

（1）牛奶开封后倒接待杯，盖上盖子标注开启时间，贮藏在展示柜内，在2小时内使用完毕。
（2）超过保质期限的牛奶应及时处理，不得存放在展示柜内。

6. 雪糕储存

雪糕不得用托盘销售，融化的雪糕不允许回收。

动车组列车餐饮服务人员安全风险控制关键点及控制措施见表 6-1-2。

表 6-1-2　餐饮服务人员安全风险控制关键点及控制措施

关键点	控制措施
应急处置	1. 对作业环境进行分析判断。 2. 发生突发情况，配合列车长做好现场处置。 3. 通报信息，做好旅客安抚
车门管理	餐吧区后台门锁闭到位
旅客烫伤	1. 销售热饮、汤类食品时，对旅客做好防烫伤提示。 2. 餐吧人员在后台作业中，保温箱温度较高，防止烫伤
食品安全	1. 商品有"QS""CRH"标志，一货一签，明码标价。 2. 发现问题食品，立即停止销售
电器管理	1. 电源周围不放杂物。 2. 使用微波炉前，打开排风扇按钮。 3. 餐吧后台不进行个人手机充电
货款管理	1. 严格管理现金、票据，无关人员禁入后台。 2. 终到交款，保证货款相符
人身安全	1. 班前班后列队，走规定路线。 2. 电气化区段，与接触网保持 2 米以上的安全距离。 3. 车门作业时注意设施状态及脚下障碍

动车组列车餐服长安全风险控制关键点及控制措施见表 6-1-3。

表 6-1-3　餐饮服务长安全风险控制关键点及控制措施

关键点	控制措施
应急处置	1. 对作业环境进行分析判断。 2. 发生突发情况，配合列车长做好现场处置。 3. 通报信息，做好旅客安抚工作
车门管理	餐吧区后台门锁闭到位
旅客烫伤	1. 销售热饮、汤类食品时，对旅客做好防烫伤提示。 2. 餐吧人员在后台作业中，保温箱温度较高，防止烫伤
食品安全	1. 商品有"QS""CRH"标志，一货一签，明码标价。 2. 发现问题食品，立即停止销售

表 6-1-3　餐饮服务长安全风险控制关键点及控制措施

关键点	控制措施
电器管理	1. 电源周围不放杂物。 2. 使用微波炉前，打开排风扇按钮。 3. 餐吧后台不进行个人手机充电
货款管理	1. 严格管理现金、票据，无关人员禁入后台。 2. 终到交款，保证货款相符
人身安全	1. 班前班后列队，走规定路线。 2. 电气化区段，与接触网保持 2 米以上的安全距离。 3. 车门作业时注意设施状态及脚下障碍

任务实施

1. 任务准备

（1）设备准备：仿真动车组列车餐吧车设备，动车组列车供应的各种食品、饮品、特产及相关票据，专业训练服（可着正装）。

（2）实训资料准备：实训任务单、动车组列车服务质量规范、教材等。

（3）情景准备：实训前各小组查阅、收集资料，选择动车组列车餐饮服务某个情景，情景中包括动车组列车餐饮服务人员、旅客，人数自定，情景涉及动车组餐饮安全管理等工作环节。

（4）人员准备：实训分小组进行，每组6~8人，每小组做好人员分工。

2. 实施步骤

（1）动车组列车餐吧车消防安全管理。

（2）动车组列车餐吧车人身安全管理。

（3）动车组列车食品卫生安全管理。

（4）组内互查，教师总结并评分、评价。

3. 任务单

训练名称	动车组列车餐饮安全管理训练	
班　级		姓　名	
1. 模拟动车组餐饮服务工作场景，提高安全管理能力。		
2. 正确处理旅客烫伤事故。		
3. 正确储存动车组列车餐吧车食品。		
4. 正确使用消防设备。		
任务总结：		

4. 效果评价

	项目	A—优	B—良	C—中	D—及格	E—不及格	综合
小组评价	安全意识（15%）						
	安全管理能力（15%）						
	安全风险控制（20%）						
	团队合作（10%）						
教师评价	安全管理（20%）						
	任务单（20%）						
	教师签名						

任务 2 动车组列车餐吧车应急处置

任务引入

动车组列车食品经营单位应当制定食品安全事故应急处置方案,定期检查各项食品安全防范措施落实情况。动车组列车餐饮服务人员应该对作业环境进行分析判断,发生突发情况,配合列车长做好现场处置,及时通报信息,做好旅客安抚工作。

请思考:如何做好动车组列车餐吧车应急处置工作?

相关知识

动车组列车餐饮服务人员在发生动车组列车突发事件时要及时报告。报告的主要内容包括:时间、地点、车次、线路、区间、异常情况概况、人员伤亡情况和其他需请示的事项。

一、动车组列车餐吧车安全、应急设备设施

动车组列车各种安全、应急设备设施配置齐全、作用良好、定位放置。餐吧车灭火器压力正常、铅封完好;紧急制动阀手柄或按钮、紧急车门解锁装置、紧急破窗锤、厕所紧急呼叫按钮封套或铅封完好;防火隔断门性能良好,车门、气密窗无破损;反恐装备、车门防护网(带)、应急梯、紧急用渡板、应急灯(手电筒)、扩音器等数量准确、性能良好。部分动车组车型餐吧车应急备品存放位置及数量见表6-2-1。

表6-2-1 部分动车组车型餐吧车应急备品存放位置及数量

品名	CRH380 AL型	CRH380 B型	CRH380 BG型	CRH380 BL型	CRH380 CL型	CR400 BF型	CR400 BF-A型	CR400 AF-B型
定员	38	63	40	/	/	63	48	48
应急梯							4	
渡板		1	1	1	2	1		1
防护网		3	3			13	29	11
应急喇叭	1	1	1	1	1	1	1	1

"复兴号"动车组列车餐吧车应急安全设施布置如图6-2-1所示。

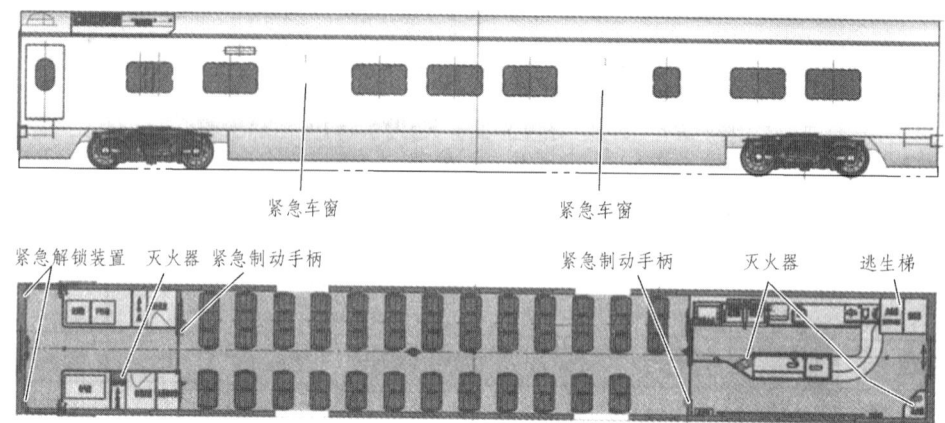

图 6-2-1 "复兴号"动车组列车餐吧车应急安全设施

二、动车组列车发生餐饮服务质量问题应急处置

1. 旅客发现餐吧车食品存在质量问题投诉的处理

当事人和餐服长需第一时间到达现场了解情况并致歉,仔细检查问题产品,如产品确实存在问题,诚恳地请求旅客谅解,为旅客提供全额退款或者更换同价产品,协商并取得旅客谅解。

留存问题产品按报废处理,退回由质检人员进行检验,餐服长退乘时将问题情况汇报乘务队长(在乘务日志上一并反馈)。

如旅客不接受线上处理,餐服长第一时间将事件汇报至乘务队长,跟进后续处理。

2. 发生旅客食用自带食品产生不良反应或疑似食物中毒现象的处理

发现后应及时向列车长进行汇报,取得旅客本人或见证人证明材料,并积极配合列车长做好抢救和服务工作,保护现场,协助相关部门进行调查。

3. 发生旅客(3人以下)食用列车经营食品产生不良反应或疑似食物中毒现象的处理

餐服长现场协助列车长处理并留样,汇报调度和乘务队长。汇报内容包括:车次、车内旅客中毒人数、中毒旅客所食用的商品、中毒旅客现状、乘务组所采取的各项抢救措施、给铁路部门的相关情况反映等,等待上级指示的同时在列车长的指挥下,做好相关旅客的抢救和善后工作,退乘后写分析总结报告。

三、动车组列车发生食物中毒事件应急处置

(一)食物中毒概念

食物中毒是指食用了被有毒有害物质污染的食品或者食用了含有有毒有害物质的食品后出现的急性、亚急性疾病。食物中毒的症状主要包括恶心、呕吐、腹痛、腹泻、头晕、头痛、乏力、发热、抽搐等。

旅客列车上发生 3 人以上集体性食物中毒或者有因中毒而死亡的病例时则为食物中毒事件。

（二）食物中毒特点

食物中毒发生的原因各不相同，但发病具有如下共同特点：

（1）潜伏期短、发病急，短时间内可能有许多人同时发病，病程较短。

（2）中毒病人一般具有相似的临床表现。

（3）发病与食物有关，患者在近期内都食用过同样的食物，发病范围局限在食用该有毒食物的人群，未食用者不发病，停止食用该食物后，发病很快停止。

（4）食物中毒病人对健康人不具传染性。

（三）食物中毒分类

食物中毒按病原物质可分为细菌性、真菌（霉菌）性、化学性和有毒动植物四类，细菌性食物中毒较为常见。

1. 细菌性食物中毒

细菌性食物中毒是指摄入含有大量细菌或细菌毒素的食物而引起的中毒。细菌性食物中毒主要有沙门氏菌、葡萄球菌、蜡样芽孢杆菌、副溶血性弧菌、志贺氏菌、肉毒梭菌等。细菌性食物中毒全年皆可发生，但在夏秋季节发生较多，主要是由于气温高，适合细菌的生长繁殖。此外，人体肠道的防御功能下降，易感性增强。细菌性食物中毒发病率高，但病死率一般较低（肉毒中毒除外），恢复快，预后良好。年长、体弱者如抢救不及时也可能造成死亡。

引起细菌性食物中毒的食物主要为肉、乳、蛋和水产等动物性食品，少数是植物性食品如剩饭、糯米凉糕等引起的葡萄球菌毒素中毒或蜡样芽孢杆菌中毒，豆制品、面包发酵食品也会引起肉毒梭菌毒素中毒。因为动物性食品营养丰富、水活性和酸碱度适宜，加上适宜的温度条件，适合病原菌繁殖产毒。细菌性食物中毒的发生与不同区域食物种类和人群的饮食习惯有密切关系，如副溶血性弧菌食物中毒多见于东南沿海，与丰富的海产品有关。

除肉毒中毒外，细菌性食物中毒与非细菌性食物中毒相比，一般潜伏期较长，急性胃肠炎症状明显，有低或中度发热，病情较轻，预后良好。抗菌药物是治疗的特效药。

2. 真菌（霉菌）毒素食物中毒

真菌在谷物或其他食物中生长繁殖产生有毒代谢物，称为真菌毒素。食入这种毒性物质发生的中毒症状称为真菌毒素食物中毒或真菌性食物中毒。植物在储存过程中霉变、未经适当处理即作食料，或是已做好的食物存放过久发霉变质误食，也有的是在制作发酵食品时被有毒真菌污染。发霉的花生、玉米、大米、小麦、大豆、小米和黑斑白薯是引起真菌性食物中毒的常见食品。

真菌毒素中毒发生的特点为：

（1）中毒发生主要通过被真菌污染的食品。

（2）用一般的烹调方法加热处理不能破坏食品中的真菌毒素。

（3）没有传染性和免疫性。

（4）真菌生长繁殖及产生毒素需要一定的温度和湿度，因此中毒往往有比较明显的季节性和地区性。

3. 化学性食物中毒

随着化工技术的发展，人类提纯或合成了大量能够致命的有毒有害化学物。这些化学物如果通过食物被人体摄入，很容易造成中毒或死亡。常见的引起中毒的有毒化学物，多是剧毒，在体内溶解度大，易被消化道吸收。化学性食物中毒发生的原因主要有：被有毒有害的化学物质直接污染食品或被误作食物，如误食用刚喷洒农药的蔬菜水果，农药拌种粮食；误用被化学毒物污染的容器；误将化学毒物当调味剂或添加剂。被有毒有害的化学物质间接污染食品。无毒或毒性小的化学物在体内转化为毒性强的物质，硝酸盐变亚硝酸盐。

化学性食物中毒的发病潜伏期较短，多在数十分钟至数小时，少数超过一天。多数患者无发热。

4. 动植物性食物中毒

有毒动植物食物中毒是指误食有毒动植物或食用方法不当而引起的食物中毒。包括有毒动物组织中毒，如河豚鱼、贝类、动物甲状腺及肝脏等；有毒植物中毒，如毒蕈、木薯、四季豆、发芽马铃薯、山大茴及鲜黄花菜等。

（四）食物中毒预防

1. 细菌性食物中毒预防

（1）防止细菌对食品的污染。对直接入口食品特别是动物性熟食品的加工、运输、贮藏及销售进行卫生监督。做到符合卫生规范要求，符合卫生标准，"生熟分开"，食品工具、容器和餐具消毒，提倡对食品小包装出售，冷冻运输、低温贮藏。防尘防蝇，从业人员个人卫生符合要求等。

（2）控制细菌繁殖及产生毒素。按食品的本质，不能完全避免微生物的污染。少量微生物与食品一起吃入，并不会引起食物中毒；大量被中毒菌污染繁殖的食品引起食物中毒，防止食品中细菌繁殖是预防食物中毒最重要的一环。为此，加工后的食品要尽早食用，低温储存，以防细菌繁殖及产毒。

（3）杀灭病原菌。主要措施是高温杀菌，食品的中心温度应达 80 ℃以上，以杀灭中毒菌及破坏不耐热的毒素。

2. 化学性食物中毒预防

（1）防止误食有毒化学物质：严格保管和使用化学毒物，有害有毒物质不能与食品同店出售，同库存放。

（2）加强农药管理：专库存放，防止污染食品。

（3）食品容器卫生：不用盛放或接触过有毒有害化学物品的容器来包装或盛放食品。

3. 有毒动植物中毒预防

（1）识别有毒动植物：加强宣传教育，防止误采误食有毒动植物。

（2）挑选有毒植物：采购、加工、捕捞、批发、零售的企业及人员要挑选剔出有毒植物。

（五）食物中毒事件应急处理

1. 报　告

（1）报告程序。旅客列车由列车长立即报告本单位值班室和前方车站，同时报告上级部门。

（2）报告内容。包括日期、车次、时间、运行区段、中毒人数、危重人数及死亡人数、患者车厢分布、主要中毒表现、可能引起中毒的食物、采取的急救措施、现场控制措施等。

2. 应急处理

（1）救治中毒患者。随车红十字卫生员对患者进行诊治，使用列车红十字药箱内的非处方药品进行对症治疗，并通过列车广播找专业医生。

对食物中毒病人抢救处置原则是加速排出体内的毒物，阻滞毒物的吸收和降低其毒性，给予特殊解毒药物，根据不同的症状以相应的对症治疗。及时催吐、洗胃、导泻。彻底地排除胃肠内的食物。

催吐可排出残留在胃内的毒物，多在中毒后不久，毒物尚未吸收时。患者胃内有大量食物或固体毒物时，催吐比洗胃更适宜。因为食物及固体毒物可能被吐出，而不易洗出。催吐时患者必须清醒，昏迷病人不宜催吐。剧烈呕吐病人可不必催吐。

常用催吐方法有盐酸阿扑吗啡（盐酸去水吗啡）皮下注射（5毫升）；用筷子等机械性刺激咽喉部；口服催吐剂，或温盐水、硫酸铜、硫酸锌等。有报告这样的案例，使用吐根糖浆88%可在服用后30分钟内引吐，使用2个剂量的吐根糖浆几乎引起100%患者呕吐。一般情况而言，催吐越早、效果越好。

洗胃是对中毒病减少毒物吸收最好的措施，药物催吐和机械刺激咽部引吐均达不到洗胃的效果（药物催吐仅能去除20%~30%胃内容物）。经口摄入中毒食物6小时以内均应洗胃，尤其在1小时内洗胃效果最好（有报告6小时后洗胃仍然有效）。洗胃以先出后入，快入快出，出入量大致相近，反复洗胃为原则。洗胃后给以硫酸钠、硫酸镁等泻药促进肠内容物排泄。病人已有剧烈呕吐的情况不宜用上述方法。

洗胃可以清除胃内含毒食物。最好在发病后4~6小时内洗出一切胃内容物，直至洗出液澄清为止。洗胃越早越彻底越好，洗胃的早晚、是否彻底和预后关系甚大。某些食物中毒即使超过6小时胃内仍可能有毒物存在，因为毒物的作用使胃排空作用减缓，排空时间延长。因此，特别要重视洗胃的作用，有中毒24小时后洗胃仍洗出食物（毒物）病例。经大量反复洗胃后可以用中毒物质的拮抗剂解毒保护胃黏膜方法，可以口服蛋清、牛奶、豆浆等阻止毒物吸收。给以大量输液亦是促进毒物排泄的方法。

常用硫酸镁（50%）液40~50 ml或硫酸钠（25%）液30~60 ml口服或洗胃后灌

入导泻。用生理盐水或肥皂水高位灌肠。

大量饮用水或糖盐水，静脉滴注生理盐水、5%葡萄糖水或10%葡萄糖等，促进利尿，加速毒物排出。

（2）停止列车食品生产经营活动，停止食用可疑中毒食品，保留所有食品及其原料、工具、设备、现场，封闭餐车，禁止人员进入。

（3）及时收集患者呕吐物、排泄物和剩余食品，使用密闭清洁容器存放，标识清楚（患者姓名、采集时间、是否用药、存放地点、收集人姓名等）。

（4）列车长、乘警开展调查，询问中毒患者，了解中毒经过，提取文字、影像资料，判定是否为投毒案件或恐怖事件。

（5）根据患者病情，确定下交车站，并做好下交患者各项准备工作。

四、动车组列车餐吧车发生火灾应急处置

（1）餐吧车遇一般零星起火时，迅速判明情况，根据起火性质就地取材，用水或灭火器扑灭火苗，及时扑灭初起火灾，车厢起火部位距离带电导线不足4米时，不得用水扑救，救火者所站位置要距离导线2米以外。

（2）列车运行途中发生重大火情或因爆炸发生火灾，确认用常规手段无法扑灭时，应当立即采取紧急停车措施，将旅客疏散到其他安全车厢，迅速关闭防火隔断门，及时协助列车长疏散旅客下车，防止发生混乱。

五、动车组列车旅客运输组织异常应急处置

（一）客流高峰应急处置

（1）餐服员对客流高峰期要有预估性，提前预热餐食，做好销售准备工作，加餐充分，以免供不应求。

（2）注意推车、托盘，防止撞伤或烫伤旅客。

（3）如餐吧车以外有旅客点餐，因客流量大未及时送到的情况下，立即向列车长汇报，通过广播向未用餐的旅客进行解释并致以歉意。

（4）对不可预料的原因造成误餐，应及时与列车长和调度室沟通，并尽力协调解决，不能过多强调误餐原因，更不能推诿责任。

（二）动车组列车晚点应急处置

（1）动车组列车晚点时，餐服人员要协助车长、列车员保持口径一致，做好解释工作，维护餐吧车秩序。

（2）及时向旅客提供服务和帮助，主动解决旅客困难。特别在用餐时间发生列车晚点时，要在列车长的领导下，做好旅客应急用餐工作。

（三）动车组列车中断列车运行时应急处置

（1）积极协助列车长做好旅客服务工作。

（2）及时汇报情况，等候命令，并随时在列车长的指挥下向旅客通报情况，做好解释、安抚工作。

（3）做好饮食、饮水供应，尽量满足旅客需求，不得涨价。同时注意节电、节水、节油，确保列车供电。

（4）坚守岗位，保证餐吧车秩序良好，做好防火、防盗、防破坏工作。

（5）.当发现旅客有异常情况时，应及时向列车长汇报。

（6）在暴雨期间，随时保持餐吧车地面的干爽，做到随脏随扫，随湿随拖、抹，防止旅客滑倒跌伤。同时，在雨季期间要做好职工人身安全工作，遵守电气化铁路作业规定，确保人身和电气化设备。

六、动车组列车发生旅客意外伤害情况时应急处置

动车组列车发生旅客意外伤害时需第一时间向上级汇报情况，包括旅客伤害部位及程度、旅客情绪、旅客个人信息、是否需异地就医等；要保留证据，与旅客沟通需录音，旅客伤势需拍照、拍摄视频；寻求旁观旅客、医生的证言等；真诚礼貌处理，与旅客建立感情联系，真诚道歉、真诚关心，以便获得旅客的谅解。

1. 旅客发生意外伤害应急处置

（1）因餐饮服务人员责任发生旅客意外伤害事件时，当事人向受伤旅客表示歉意，及时将事件报告当班列车长，协助列车长救治，尽量将旅客受伤情况降低至最低程度。同时将意外伤害详细情况报调度、队长，听从指示。

（2）因餐吧车设备设施发生旅客意外伤害时，应向旅客表示歉意，及时汇报列车长和随车机械师处理，协助列车长对受伤人员救治。餐服长将事件简况、设备设施问题、事件处理过程及时汇报调度和队长。

2. 旅客突发疾病或因病突然死亡应急处置

列车上遇有旅客突发疾病或死亡时，应第一时间报告列车长；协助列车长做好各项工作，配合公安机关等相关部门进行调查。

七、动车组列车餐吧车设备设施故障应急处置

1. 车门故障应急处置

始发站、中途站和运行途中发现列车车门故障时，应及时向列车长或列车员报告，在列车长或列车员未赶到现场时，做好安全宣传、车门防护等工作，杜绝开启车门和旅客上下列车，协助列车长或列车员做好应急处理工作，防止发生意外。

2. 空调发生故障应急处置

列车运行中餐吧车发生空调故障时，应迅速报告机械师和列车长及时维修。如故障未及时修复时，应在列车长的统一指挥下开展送水服务，根据列车长指示向旅客说明情况、诚恳致歉做好宣传解释工作。列车未满员时，听从列车长指令协助组织旅客

到其他车厢就座继续旅行，及时掌握车厢旅客动态，照顾好重点旅客，妥善解决旅客困难，稳定旅客情绪，维护车厢秩序。

3．冷餐柜发生故障应急处置

当冷餐柜出现故障时，汇报列车长，并使用冰板降温。

（1）当冰板不足时：3C 车型可使用餐吧车制冰机的冰块降温，取出冰块用白色透明塑胶袋封好，装在铁抽屉内，放置在餐食四周，期间需密切关注圆盘温度计变化情况；如中途温度升高且未到达中途站点，可申请将餐食调拨或加热。

（2）如遇制冰机异常不能制冰，向车长申请使用保温箱储藏餐食，如中途温度升高且未到达中途站点，可申请将餐食调拨或加热。

4．咖啡机、微波炉发生故障应急处置

当咖啡机、微波炉出现故障时，汇报调度及车长。

（1）填写报修单并汇报调度，启用备用设备。

（2）如备用设备也存在故障，立即汇报调度、维修人员和乘务队长，在列车折返站进行更换、补加。向旅客做好解释工作，优先售卖点心、饼干类、豆浆等产品。

> **任务实施**

1. 任务准备

（1）设备准备：仿真动车组列车餐吧车设备，动车组列车餐吧车应急设备，动车组列车供应的各种食品、饮品，专业训练服（可着正装）。

（2）实训资料准备：实训任务单、动车组列车服务质量规范、教材等。

（3）情景准备：实训前各小组查阅、收集资料，选择动车组列车餐饮服务某个情景，情景中包括动车组列车餐饮服务人员、旅客，人数自定，情景涉及动车组列车餐吧车应急处置等工作环节。

（4）人员准备：实训分小组进行，每组6~8人，每小组做好人员分工。

2. 实施步骤

（1）动车组列车餐吧车安全、应急设备设施使用训练。

（2）动车组列车发生餐饮服务质量问题应急处置训练。

（3）动车组列车餐吧车设备设施故障应急处置训练。

（4）组内互查，教师总结并评分、评价。

3. 任务单

训练名称	动车组列车餐吧车应急处置训练		
班　级		姓　名	
1. 正确操作动车组列车餐吧车安全、应急设备设施。			
2. 正确处理动车组列车餐饮服务质量问题。			
3. 正确处理动车组列车食物中毒事件。			
4. 做好动车组列车旅客运输组织异常时的餐饮服务工作。			
5. 正确处理动车组列车餐吧车旅客意外伤害。			
任务总结：			

4. 效果评价

	项目	A—优	B—良	C—中	D—及格	E—不及格	综合
小组评价	应急设备（15%）						
	服务质量（15%）						
	应急处置（20%）						
	团队合作（10%）						
教师评价	应急处置（20%）						
	任务单（20%）						
	教师签名						

复习思考题

1. 叙述动车组列车餐饮服务人员的安全风险控制关键点及控制措施。
2. 叙述动车组列车餐服长的安全风险控制关键点及控制措施。
3. 动车组列车餐吧车包括哪些安全、应急设备设施？
4. 动车组列车餐吧车发生火灾时如何做好应急处置工作？
5. 动车组列车如何预防食物中毒？

参考文献

[1] 铁路职工岗位培训教材编审委员会. 动车组列车员（长）[M]. 北京：中国铁道出版社，2012.

[2] 铁路职工岗位培训教材编审委员会. 餐车长[M]. 北京：中国铁道出版社，2013.

[3] 中国铁路总公司. 动车组列车服务质量规范[M]. 北京：中国铁道出版社，2016.

[4] 王慧，李丹. 高速铁路动车餐饮服务（第二版）[M]. 成都：西南交通大学出版社，2018.

[5] 动车组列车列车长培训及技能实训教材编委会. 动车组列车列车长培训及技能实训教材[M]. 北京：中国铁道出版社，2020.